あなたの予想と馬券を変える
革命競馬

日刊コンピ 新テクニカル6

日刊スポーツ公認コンピ指数研究家
田中洋平
&日刊コンピ研究チーム

はじめに

「やっぱり、そうだったか！」

２０２１年の某日、私は日刊コンピ指数（以下、コンピ）に関するあるひとつの事実を突きとめました。この瞬間、それまで抱いていた疑念は、確信に変わりました。あるタイミングを境に、コンピの仕様がリニューアルされていた（可能性がきわめて高い）のです。

時は２０２０年の暮れにさかのぼります。

「あれ？　コンピ、なんか変わった？」

「うーん、何かがおかしい……」

コンピを用いて毎週の予想を行ない、馬券を買い、データを検証するなかで、このような思いがこみ上げてくるケースが増えました。成績が著しく落ちたわけではありませんが、どこかに違和感があって、自信を持って勝負できるレースが明らかに減りました。

具体的にいうと、私のコンピ理論の屋台骨を支える【テクニカル６】（Ｐ18以降にて詳述）において、最も堅い傾向にあることを示す「パターン６」に該当するレースの出現率がハッキリと下がったのです。

一定の短い期間で統計上の偏りが発生することはよくありますし、理論がまったく機能しないというほど劇的な変化があったわけではないので、しばらくは様子見に徹することにしました。

しかし、一向に状況は変わりません。違和感をぬぐい去れない日々が続きます。我慢の限界を迎えた私は、時系列を逆にたどりながら本格的に検証を始めました。

すると……。

２０２０年の10月ごろから、コンピの出現傾向に変化が生じていることが明らかになりました。いちばん目立ったのは、**コンピ最大値の1位90の出現数が大幅に減少したこと。**そして、それにともなって精度が上がり、勝率・連対率・複勝率・単勝回収値・複勝回収値は総じて上昇傾向にあることが確認できたのです。

さらに詳しく調べていくと、**83くらいまでの上位指数にも同様の傾向**が見られました。冒頭の「やっぱり、そうだったか！」は、このとき私が心の中で発したひと言です。

２０２０年10月というのは、日刊スポーツ公式の競馬サイト『極ウマ・プレミアム』のＡＩ予想がリニューアルされたタイミング。よって私は、次のような仮説を立てました。

「時を同じくして、極ウマのＡＩ予想のロジックがコンピ指数に取り入れられるようになり、それによって1位90を中心に上位指数の精度がアップしたのだろう」

日刊スポーツ新聞社はコンピの仕様変更を公表していませんので、あくまでこれは推測です。理由がほかにある可能性も否定できません。

でも、コンピの出現傾向が変わったことは紛れもない事実です。

だから、きっぱりいいましょう。

“これまでのコンピの常識”は、もう通用しません。

私はこの事態を受け、【テクニカル6】の改良に踏み切りました。

【テクニカル6】はレースの波乱度合いを正確に判定できることが最大のセールスポイントです。コンピ指数上位馬のパフォーマンスが変わってきたのであれば、いわずもがな判定基準を見直さなければなりません。

そして、検証と実践を重ねながら、新たなレース判定基準と買い目ルールを構築しました。それが、本書で公開する【新テクニカル6】です。これは【テクニカル6】のパワーアップ版ではなく、コンピの仕様変更に対応したアップデート版であり、今現在のベスト版とお考えください。

【新テクニカル6】をすぐに発表しなかったのには理由があります。

ひとつは、新たな仕様変更や従来の仕様への引き戻しが行なわれないかどうかを慎重に見極めたかったから。もうひとつは、ビフォーアフターの違いを明確に示すデータの母数をしっかり揃えたかったからです。

そうしているうちに、コンピがリニューアルされた（と考えられる）2020年10月から2年以上が経過。その間、コンピの仕様が変えられる気配はなく、じゅうぶんなデータ母数を揃えることもできたので、満を持して発表することを決めました。

まずは、雑誌『競馬の天才！』にてコンピの仕様変更にまつわる一連の話と、【新テクニカル6】の概要を紹介。その後、本書にて全貌を公開。そんなあんばいです。

コンピの仕様変更に気づいていないファンは、まだまだたくさんいると思います。気づいていたとしても、具体的な変更箇所（傾向が変わったポイント）を押さえ、それを活かした戦術に切り替えて勝負している人は、かなり少ないことでしょう。

つまり大半のファンは〝これまでのコンピの常識〟を用いて、馬券を買っているということです（そう断言できる理由は、本編にて詳しく述べます）。

競馬はまさに情報戦。コンピの出現傾向が変わったという事実が広く浸透する前に、有利に戦って先行者利益を獲得しましょう。

現に私は、【新テクニカル6】を駆使して、思わず笑みがこぼれるような馬券をコンスタントに的中させています。

また、私のコンピ理論のよき理解者であり、本書の編集スタッフでもある穴党のHさんは、3連系馬券の高額配当を次々にしとめています（いずれも次ページに掲載）。

そう、儲かるチャンスは、そこかしこに転がっているのです。

ぜひ本書に最後まで目を通し、〝新たなコンピの常識〟を身につけて、オイシイ馬券をじゃんじゃんゲットしてください。

今ならまだ、間に合います！

日刊スポーツ公認コンピ研究家　田中洋平

万馬券的中証明書

田中　洋平様

2023年04月09日
JRA日本中央競馬会

あなたは下記の万馬券を的中させましたので
ここに証明いたします。

記

2023年　2回阪神6日　6R

馬連　09－10　100円購入

払戻金単価　@12,330円

払戻金合計　12,330円

←1万2330円

著者・田中の馬連万馬券。
2023年4月9日・阪神6R、コンピ8位⑨－5位⑩（詳細は2章）。

万馬券的中証明書

2023年03月12日
JRA日本中央競馬会

あなたは下記の万馬券を的中させましたので
ここに証明いたします。

記

2023年　2回中山6日　10R

3連単 04→05→06　100円購入

払戻金単価　@48,180円

払戻金合計　48,180円

←4万8180円

穴党編集Hの3連単万馬券。
2023年3月12日・中山9R東風S、コンピ6位④→1位⑤→6位⑥（詳細は3章）。

万馬券的中証明書

2023年03月19日
JRA日本中央競馬会

あなたは下記の万馬券を的中させましたので
ここに証明いたします。

記

2023年　2回中京4日　12R

3連単 08→09→12　100円購入

払戻金単価　@71,790円

払戻金合計　71,790円

←7万1790円

これも穴党編集Hの3連単万馬券。
2023年3月19日・中京12R、コンピ5位⑧→1位⑨→10位⑫（詳細は3章）。

第3章 【新テクニカル6】で獲る！
万馬券実践編
by穴党編集H

第4章 コンピの可能性無限大！

『極ウマ・プレミアム』コラボ大作戦

装丁●橋元浩明（sowhat.Inc.） 本文DTP●オフィスモコナ
写真●野呂英成 馬柱・コンピ表●日刊スポーツ 編集協力●キューブリック
※名称、所属は一部を除いて2023年5月22日時点のものです。
※成績、配当は必ず主催者発行のものと照合してください。

馬券は必ず自己責任において購入お願いいたします。

序章　田中洋平のコンピ理論と、その軌跡

その歴史が30年を超えた日刊コンピ指数

コロナ禍が訪れ、無観客競馬が実施されるようになり、一時は「この先、競馬はどうなってしまうんだろう……」と心配しましたが、いわゆる〝おうち時間〟が増えたことで公営競技のネット投票に注目が集まり、むしろ売上が上がるという予想外の展開が待っていました。

そして、そこにウマ娘ブームが重なり、新規ファンがさらに増える状況に。ここ数年で馬券の面白さに目覚めた方は、かなりの数に上るでしょう。

本書を手に取ってくださった方のなかにも、競馬を始めたばかりだったり、自分に合う予想方法を模索している最中だったり、という方は確実にいるはず。ここ最近、コンピに出会い、コンピの魅力にハマり、一生懸命研究するようになったという方も、当然いらっしゃると思います。

そこで本編に入る前に、日刊コンピ指数ならびに、私、田中洋平のコンピ理論の概要を紹介するページを用意いたしました。コンピ初心者や本書を通じて私の存在を初めて知った方は、必ず目を通してください。ベテランのコンピファンや、私のことをすでにご存知の方も、おさらいを兼ねてざっとご覧になるといいかもしれません。

まずはコンピの解説から。

日刊コンピ指数は、日刊スポーツ新聞社が開発・公開している競馬予想ツールで、競走馬の能力を独自に数値化したものです。日本で最も知名度が高く、ユーザー数の多い競馬予想の指数であることは間違いありません。

コンピが『日刊スポーツ』の紙面に掲載されるようになったのが1991年ですので、その歴史は30年以上（その前身となる「コンピュータ予想」の時代を含めると40年以上）。その間、まったく色あせることなく存在感を放ち、多くの競馬ファンの心をつかみ続けてきました。

その理由は「使えるから」にほかなりません。だから、競馬ファンはコンピに熱い視線を送り、こぞって研究に没頭しているのです。なかには当然、私よりも長くコンピを研究・活用しているベテランユーザーもいらっしゃるでしょう。

コンピの正体とは何か

コンピは、日刊スポーツ新聞社が運営する競馬予想サイト『極ウマ・プレミアム』に登録すればレース前日の午後7時ごろに、また駅売店やコンビニなどで『日刊スポーツ』本紙を購入（あるいは定期購読）すればレース当日の朝に、それぞれ入手可能。同紙公式サイトでは、コンピを次のように定義しています。

馬の能力指数を数値化したもので最高点は90点（最低40点）で、数字が大きい方が有利です。指数算出のための素材は、馬の過去の実績や血統など日刊スポーツ新聞社の競馬データベースに登録されたデータをはじめ、追い切り時の調子など取材でしか得られない情報まで多岐にわたります。これらを日刊スポーツオリジナルの方法で算出、平均値化したものが「コンピ指数」です。

要するに、コンピは能力指数ということなのですが、私はこの定義の仕方に対して少々懐疑的な考えを持っています。

なぜなら、コンピの順位は能力順というよりは、人気順に並んでいるとしか思えないからです。それは、コンピの仕様が変更されたと私が考える、２０２０年10月以降も変わっていません。

能力は高いのに人気の盲点になっていて、レースで圧勝する馬は時に出現します。終わってからファンがその馬の強さに気づかされる、というケースです。

優秀な能力指数というのは本来、そういった「人気はないけれど、じつは強い馬」をレース前に見抜き、高い指数を示すことによって私たちに「妙味のある穴馬だよ」ということを教えてくれるもの。逆に「人気先行タイプ」に低い指数を示すことで、「危険な人気馬」「軽視してしかるべき馬」であることを教えてくれる場合もあります。

指数が2位なのに8番人気＝買い
1番人気なのに指数が9位＝消し

精度の高い能力指数であれば、このような判断が可能になるわけです。もちろん、人気の有無にかかわらず指数上位の馬を中心に馬券を組み立てるのが、基本スタンスにして正しい活用法になります。

しかし、コンピは順位がほぼ人気順になるため、同じように扱うことができません。コンピ2位が8番人気だったり、コンピ9位が1番人気だったり、というケースは皆無に等しいのです。

1位はたいてい1番人気か2番人気ですので、これをひたすら買い続けると、高い的中率はキープできるものの、長期的には必ずマイナス収支を記録することになります。

だから私は、コンピは能力指数というよりは、人気指数ととらえるべきと主張しているのです。2020年10月から、極ウマのAI予想のロジックがコンピに取り入れられるようになったと私は考えており、上位指数の馬のパフォーマンスは確かに上がりましたが、それでも順位がほぼ人気順になる特徴に変わりはありません。

「指数順に買っても儲からないのなら、使えないのではないか?」

そう考える方もなかにはいらっしゃるでしょう。

でも、それは違います。能力指数ではなく、最初から人気指数だと思っていれば、攻略の糸口が見えてくるからです。

レースによって、外せない1番人気や絶対に買っておいたほうがいい8番人気がいるように、コンピにも鉄板級の1位や激走確率の高い8位が存在します。

逆に、信頼できない1番人気（コンピ1位）やバッサリ切ってしまっても構わない8番人気（コンピ8位）もいます。

つまり、上から順に買えばいいのではなく、そのコンピ順位（詳しくは後述しますが、正確にはコンピ順位のゾーン）の馬は買う価値があるかないかを、レースごとに判断していけばいいのです。

コンピは、その指数順と人気順が高確率でリンクする、とても精度の高い人気指数です（能力指数ではなく、あえて人気指数と呼びます）。指数値の高低をオッズに置き換えれば、きわめて優秀な予測オッズと考えることもできるでしょう。

それゆえに、レース条件や指数値の出現形態によって傾向がハッキリと出ます。

その傾向をパターン化し、好走確率の高い馬に狙いを定めるのが、コンピの正しい使い方。そのようにお考えください。

三大特性をつかむことが第一歩

私が開発した【テクニカル6】も、そんなコンピの特性を最大限に利用した理論なのですが、その大前提を踏まえ、あらかじめ把握しておくべきコンピの特性を3つ挙げていきます。

①最高値が90、最低値が40と決まっている

ディープインパクト、オルフェーヴル、アーモンドアイ、イクイノックスのような圧倒的存在の馬が

出走していても、１００や１１０といった高数値が出ることはありません。

逆に、10戦連続最下位というように、目も当てられないようなひどい成績の馬に、10や20といった低数値が付けられることもありません。

91ですら出現しませんし、39というケースもゼロ。すべては40から90の間で指数値が付けられます。

②同じ指数値が出現することはない

実際にはあり得ないことですが、同じ遺伝子を持ったクローンの馬が18頭出走してきたレースがあったとしても、必ずすべてに1以上の差が付けられます。

下馬評にほとんど差がなく、人気割れ確実のレースでもそれは同じ。つまり、持っている能力や世間の評価がまったく同じでも、10以上の大きな指数差が付くケースがあるということです。

③絶対評価ではなく相対評価

例えばスピード指数などの能力指数の場合、競走馬の能力から算出した指数は絶対値で表され、１００と70の馬が同じレースに出走すると、１００の馬のほうが速く走れると考えることができます。

まったく同じ能力であれば、１００の馬が2頭存在するケースも発生するわけです。

しかしコンピの場合は、最高評価の馬に90という指数値が与えられ、そのレースに同レベルのライバルが参戦してきたとしても、同値が存在しないため90で横並びになることはありません。２位は81、３位は80というように、必ず一定の差が付けられます。

すなわち、コンピの指数値は絶対的なものではなく、相手関係次第で変わるということ。馬の能力を純粋に表す指数ではないのでご注意ください。

以上の3つのポイントを念頭に置き、コンピをさまざまな角度から研究した結果、私は次のように結論づけました。

・同じ馬でも相対的に指数が変わってくるので、指数値の大小をピンポイント（点）で見ても意味がない。
・1位が抜けた指数を示しているレースよりも、上位数頭の指数が高値で安定しているレースのほうが堅く収まる傾向にある。よって、コンピの順位や指数を点ではなくゾーン（面）で見て、傾向を分析したほうが効果的。
・最低値が40と決まっているので、下位（目安は10位以下）の馬ほど指数差が小さくなる傾向にある（ほとんどが50を下回る）。すなわち、下位について分析しても、的中に結び付く有力なデータは得られない。
・少頭数レースは、コンピが一ケタ順位でも、下位であれば自ずと40台の数値が付く。9頭立ての9位は、ほとんどが最低値の40になる。つまり、下位になればなるほど指数の出方が曖昧になる。

コンピを点ではなくゾーンで見る

こうして私は、コンピの特性やある種の弱点を効果的に利用した、数々のコンピ理論を開発してきました。なかでもとりわけ「コンピを点ではなくゾーンで見る」というスタイルには、こだわりを持っています。

いちばんの理由は、コンピを点で見る理論は、大きな欠陥を抱える可能性をはらんでいるからです。コンピを点で見る理論とは、例えば「過去10年において、コンピ1位の指数値が80かつコンピ5位が50以上のレースでは、コンピ7位が単勝回収率110％を記録している。よって、同じ指数パターンのときはコンピ7位を狙いましょう」といったたぐいのもの。データ母数は過去10年と豊富で、一見理にかなっているアプローチ方法のように感じるかもしれません。

しかし、ここには大きな落とし穴が潜んでいます。

なぜ7位が高い回収率を計上しているのか、明確な理由を説明できないからです。「事実、そういう数字が出ているから」では説得力がありません。

偶然、その指数形態のときに7位の好走が多かった可能性は否定できない。

未来も同じような傾向をたどる保証はどこにもない。

それが実態であり、「この情報を知ってから7位を買い始めたら急に当たらなくなった」というのは、よくある話です。

いわばこれは、再現性に乏しい単なる出目理論。コンピを有効活用するためには、指数の構造上の特性に目を向け、高い再現性に期待できるパターンを狙っていく必要があります。

一方、コンピをゾーンで見る理論は、ゾーンごと（例えば1～3位、4～6位など）の指数の偏りや全体における指数値の比率を分析することにより、馬券になる確率の高いゾーンを統計的にあぶり出すこと（これはすなわち、レースが堅く収まりやすいか、荒れやすいかを事前に予測するということ）に主軸を置いていますので、「データを出したとたんに当たらなくなる」という事態に陥ることはありません。

「この馬が来る」とピンポイントで予想するのではなく、「このあたりのゾーンの数頭が馬券に絡む可能性が高い」と予想するので、総崩れに終わるケースを高い確率で回避することができます。

その点が、コンピを点で見る理論とゾーンで見る理論の決定的な違いといっていいでしょう。

レースの波乱度を6分類する【テクニカル6】の登場

コンピに着目した当初の私は、現在では否定的な見解を示している〝再現性に乏しい単なる出目理論〟に傾倒し、何度も挫折を味わうことになりましたが、コンピを点ではなくゾーンで見ることの有効性に気づくことによって状況は一変。「コンピで競馬に勝つ」ことを実現できるようになりました。

そして、メディアデビュー作となった【コンピ・アナライズ】、その進化版の【ゾーンレベル】、過去作のよい部分のみを踏襲しつつパワーアップさせた【テクニカル6】（精度をさらに向上させたアップデート版の【テクニカル6　バージョンα】）、テクニカル6の外伝的な理論となる【断層インパクト】、テクニカル6に出走頭数の概念を取り入れた【テクニカル6　ハイブリッド】というように、数々の理論を世に送り出してきたのです。

本書で紹介する【新テクニカル6】がどういうものであるかについては、第1章以降で詳しく紹介します。その前に、ここではテクニカル6そのものについての概要を説明しておきましょう。

テクニカル6は、端的に表現すると「堅く収まりやすいレースなのか、それとも荒れやすいレースなのか、あるいはその中間くらいなのか、ということをたちどころに明らかにしてくれるコンピ理論」です。

シンプルな手順を踏むだけで、レースの決着構図を事前にクリアにイメージできます。

テクニカル6の予想手順は次の通りです。

■手順①

これから行なわれるレース（予想するレース）のコンピ一覧を用意し、**1〜3位の指数の合計値**を算出してください。

コンピ1位が80、2位が68、3位が62であれば、合計値は210となります。

計算は、暗算でもいいですし、電卓を使っても構いません。オススメなのは、スマホに搭載されている電卓機能を利用する方法です。

■手順②

合計値が出たら、パターン早見表に照らし合わせ、1から6のどのレースパターンに該当するかをチェックします。

数字が大きいパターンのレースほど堅く収まりやすく、小さいパターンのレースほど荒れやすいと予測できます。

文章にするとほんの数行で済んでしまいますが、1～3位の合計値とレースの決着構図（1～3着馬の人気や配当）との相関関係を正確に把握すべく、膨大な数のレース検証を行なった末に導き出した結論ですので、その判定精度はバッグンです。高い確率で判定通りの決着パターンに収まることは、理論の考案者である私が保証します。

ただし、下のパターン早見表は従来のテクニカル6のもの。新テクニカル6ではレース判定基準が変わっています。詳細は第1章にてご確認ください。

■手順③

レースパターンの判定が終わったら、続いてパターン別の軸馬ゾーン・相手馬ゾーンを示す、下の買い目ルール一覧表をチェック。それぞれに該当する馬が、軸馬候補、相手馬候補になります。

例えば、これから勝負しようと思っているレースがパターン2に判定されたとしたら、軸馬候補は4～5位の2頭、相手馬候補は4～10位の7頭になるということ。そして、軸馬→相手馬に流して買うのが基本です。

ただしこちらも、従来のテクニカル6の基準となります。新テクニカル6では買い目ルールも若干変更されました。馬券の買い方については、第2章で詳しく触れていますので、後ほど目を通されてください。

【旧テクニカル6】の買い目ルール

パターン	軸馬の範囲	紐馬の範囲
6	1～2位	1～3位
5	1～2位	1～3位
4	2～3位	1～4位
3	3～4位	3～9位
2	4～5位	4～10位
1	4～6位	4～14位

【旧テクニカル6】のパターン早見表

パターン	1～3位の和	レース傾向
6	223以上	順当
5	219～222	順当
4	215～218	平均
3	212～214	やや波乱
2	209～211	波乱
1	208以下	波乱

■手順④

コンピ以外のファクターを用いて、買い目（購入対象馬）の絞り込みを行ないます。

手順③で浮かび上がる軸馬と相手馬は、あくまで「候補」です。レースパターンによっては、さらには3連系馬券の流しやフォーメーションを買う場合は、買い目が膨大な点数に膨れ上がってしまいます。一般的な競馬ファンの馬券資金で勝負するためには、絞り込み作業が欠かせません。

コンピ以外のファクターを用いる理由は、私が「コンピのみで結論を出すことには限界があり、コンピ一本でいくよりも、プラスαがあることによって、より正解に近づける」と考えているからです。

その際は、血統、騎手、調教、上がり3ハロンタイムなどなど、ご自身がふだん使いこなしているファクターや熟知しているファクターを取り入れるといいでしょう。私の理論を自身の予想スタイルに上手に組み込んで、穴馬券を次から次へと獲っている編集スタッフHさんがいいお手本です（詳細は第3章を参照）。

ただ、これといったファクターが見当たらないという方のために、私はいくつかのファクター（ならびに絞り込み条件）を推奨しています。

馬齢、馬体重、脚質に注目した「バージョンα」、出走頭数によって軸馬候補と相手馬候補の範囲を絞る「ハイブリッド」、軸馬選びの精度を上げる「ゾーンレベル」など、これまでいくつかの手法を公開してきましたが、多くの情報を詰め込みすぎると、かえってわかりにくくなるもしれないので、ここでは割愛いたします。

これらの手法は、第2章後半に簡単にまとめましたので、そちらをご覧になってください。

以上がテクニカル6の概要になります。だいぶ駆け足になってしまいましたが、コンピの基本情報と、私のコンピに対する考え方ならびに本作のベースとなるテクニカル6について、ご理解いただけたのではないでしょうか。

ここでひとつ強調しておきたいのは、旧テクニカル6がまったく使えなくなったわけではないということ。コンピの仕様変更により、波乱度合いを示すパターンの出方のバランスが悪くなった（本命サイドで勝負しづらくなった）だけで、今でもしっかり機能しています。精度が落ちたわけではありません。そこは、誤解なきようにお願いします。

高い精度を求めて勝負レースを狙い撃ちするのなら旧テクニカル6。

本命から大穴までバランスよく馬券を買う場合は新テクニカル6。

そのように認識していただけると幸いです。

では、第1章にお進みください。本題となる、新テクニカル6の全貌を公開していきます。

第1章

コンピに起こった異変と現状

【新テクニカル6】登場へ!

極ウマAI予想のリニューアルが、コンピ異変の引き金!?

2020年10月ごろ、コンピに異変が起こり、出現傾向が変わったことは「はじめに」で述べた通り。最も顕著な変化のポイントは、最大値の1位90を筆頭に上位指数の出現数が減少し、パフォーマンスが上がったことです。

まず、本章では「具体的にどれくらい変わったのか」と「そう主張できる根拠」について言及。その後に、新テクニカル6のレース判定基準を紹介していきます。

いちばんわかりやすい変化の根拠は、年度別の1位90の成績の推移です。2016年から2022年までの成績を左ページの表1にまとめたのでご覧ください。

一目瞭然、2021年から出現数（着別度数欄のいちばん右の数字）が大幅に減り、勝率・連対率・複勝率・単勝回収値・複勝回収値が総じて上がっています。2020年から2021年に変わるあたりのタイミングで「何かがあった」と考えるのが自然な状況です。

私はこの変化に気づいたとき、「おそらく、厳選して少数精鋭で臨む仕様に変更されたんだな」と思いました。

これを掘り下げて、月別に見ていきましょう（左ページの表2）。

2020年8月までは1カ月に10頭以上出現するケースが多かったのですが、9～10月ごろから月平均4～5頭に減り始めました。これは一時的なことではなく、その後もずっと続いているので、なんらかの仕様変更が施されたことは間違いないでしょう。

表1●1位指数90の年度別成績

年	着別度数	勝率	連対率	複勝率	単回値	複回値
2016年	127- 44- 28- 34/233	54.5%	73.4%	85.4%	86	95
2017年	117- 52- 23- 39/231	50.6%	73.2%	83.1%	77	91
2018年	103- 30- 19- 22/174	59.2%	76.4%	87.4%	88	95
2019年	87- 25- 14- 18/144	60.4%	77.8%	87.5%	97	97
2020年	56- 21- 15- 20/112	50.0%	68.8%	82.1%	75	90
2021年	28- 9- 3- 5/ 45	62.2%	82.2%	88.9%	96	98
2022年	37- 5- 4- 6/ 52	71.2%	80.8%	88.5%	108	93

表2●1位指数90の月別成績

年月	着別度数	勝率	連対率	複勝率	単回値	複回値
2019年9月	15- 0- 2- 0/ 17	88.2%	88.2%	100.0%	142	110
2019年10月	12- 3- 0- 2/ 17	70.6%	88.2%	88.2%	102	96
2019年11月	4- 2- 2- 0/ 8	50.0%	75.0%	100.0%	98	113
2019年12月	2- 2- 1- 2/ 7	28.6%	57.1%	71.4%	52	87
2020年1月	6- 0- 0- 2/ 8	75.0%	75.0%	75.0%	103	81
2020年2月	6- 4- 2- 1/ 13	46.2%	76.9%	92.3%	78	102
2020年3月	9- 2- 2- 4/ 17	52.9%	64.7%	76.5%	82	85
2020年4月	5- 2- 0- 1/ 8	62.5%	87.5%	87.5%	81	93
2020年5月	8- 3- 3- 3/ 17	47.1%	64.7%	82.4%	77	90
2020年6月	3- 4- 1- 2/ 10	30.0%	70.0%	80.0%	47	93
2020年7月	7- 0- 1- 0/ 8	87.5%	87.5%	100.0%	132	112
2020年8月	6- 5- 2- 1/ 14	42.9%	78.6%	92.9%	63	100
2020年9月	0- 0- 1- 4/ 5	0.0%	0.0%	20.0%	0	22
2020年10月	2- 1- 2- 0/ 5	40.0%	60.0%	100.0%	58	112
2020年11月	2- 0- 1- 1/ 4	50.0%	50.0%	75.0%	67	85
2020年12月	2- 0- 0- 1/ 3	66.7%	66.7%	66.7%	100	70
2021年1月	1- 1- 0- 1/ 3	33.3%	66.7%	66.7%	66	76
2021年2月	4- 1- 0- 0/ 5	80.0%	100.0%	100.0%	158	116
2021年3月	5- 0- 2- 0/ 7	71.4%	71.4%	100.0%	110	110
2021年4月	0- 1- 1- 0/ 2	0.0%	50.0%	100.0%	0	120
2021年5月	0- 0- 0- 1/ 1	0.0%	0.0%	0.0%	0	0
2021年6月	2- 4- 0- 1/ 7	28.6%	85.7%	85.7%	37	91
2021年7月	2- 1- 0- 0/ 3	66.7%	100.0%	100.0%	86	106
2021年8月	1- 1- 0- 0/ 2	50.0%	100.0%	100.0%	65	120
2021年9月	4- 0- 0- 1/ 5	80.0%	80.0%	80.0%	132	90

極ウマTOP > ニュース　RSS

ＡＩ予想リニューアル！的中率、回収率がアップ

[2020年10月16日 12時22分]

ツイート　いいね！　シェアする　B!

秋G1も開幕。競馬AI予想が今週からリニューアルしました。新アルゴリズムによっ

このデータを見たとき、私はピンときました。２０２０年10月に、日刊スポーツ公式競馬サイト『極ウマ・プレミアム』のＡＩ予想がリニューアルされたからです。

コンピに異変が起こったタイミングともろに重なるので、コンピにもテコ入れがあったのだろう。

極ウマＡＩ予想のロジックが、コンピにも取り入れられ、90をはじめとする上位指数の精度が上がったのではないか？

私はそう推測しました。

ちなみに、極ウマＡＩ予想のリニューアルはアナウンスされましたが（上の画像参照）、コンピの仕様変更についてはいっさい公表されていません。だから、あくまで推測の域を出ないのです。

指数83以上の1位の成績がグンとアップしていた！

しかし、公表されていなくても、仕様が変更されたことに疑う余地はありません。実際に、極ウマＡＩ予想のリニューアルと同じタイミングで、コンピ上位指数のパフォーマンスが一変したわけですから。

いったい、どれくらい差があるのか？

２０２０年10月にコンピもリニューアルされたものとして、その前後2年間のコンピ1位の指数値別の成績を比較してみましょう（次ページの表３、４）。

ご覧のように、上限値の90をはじめ、上位指数の成績が軒並み上昇しています。明確に線を引くことはできませんが、だいたい83以上の上位グループが全体的に上がっているということが明らかになりました。

コンピはファンのあいだで『正確な予測オッズ』として愛されています。ゆえに1位の指数値が高いと、リアルオッズでも一本かぶりの人気になりやすい傾向にあり、ずっと「信頼度は高いけれど単体ではあまり馬券妙味がない」とされてきました。

しかし、リニューアル後の成績を見ると、**単複ともに回収値が格段にアップ**しています。これはつまり、コンピの仕様変更にまだ気づいていないファンが多く、積極的に買われていないということです。

私が「はじめに」で、「大半のファンは〝これまでのコンピの常識〟を用いて、馬券を買っている」「儲かるチャンスは、そこかしこに転がっている」と述べた理由はここにあります。今、コンピ上位は単体でも馬券妙味のある存在になっているのです。

コンピの出現傾向が変わったことにともない、テクニカル6のパターンの出方も変わりました。高い指数値のコンピ1位の出現数が減ったことに連動するかたちで、堅い傾向にあることを示すパターン6が出にくくなったのです。

表3●1位の指数値別成績・前2年(2018年10月～2020年9月)

指数値	着別度数	勝率	連対率	複勝率	単回値	複回値
90	171- 50- 30- 41/292	58.6%	75.7%	86.0%	90	94
88	202- 76- 55-104/437	46.2%	63.6%	76.2%	80	86
87	21- 16- 13- 20/ 70	30.0%	52.9%	71.4%	58	83
86	193-101- 59-120/473	40.8%	62.2%	74.6%	78	87
85	61- 30- 17- 48/156	39.1%	58.3%	69.2%	84	84
84	200-100- 80-146/526	38.0%	57.0%	72.2%	82	87
83	92- 51- 36- 93/272	33.8%	52.6%	65.8%	76	82
82	169-105- 74-162/510	33.1%	53.7%	68.2%	79	85
81	104- 68- 52-130/354	29.4%	48.6%	63.3%	72	83
80	161- 96- 74-163/494	32.6%	52.0%	67.0%	84	87
79	104- 81- 60-160/405	25.7%	45.7%	60.5%	67	81
78	119- 95- 59-179/452	26.3%	47.3%	60.4%	76	83
77	106- 57- 44-173/380	27.9%	42.9%	54.5%	83	76
76	108- 63- 52-172/395	27.3%	43.3%	56.5%	86	81
75	84- 52- 45-136/317	26.5%	42.9%	57.1%	88	86
74	69- 60- 46-181/356	19.4%	36.2%	49.2%	66	74
73	35- 47- 39-138/259	13.5%	31.7%	46.7%	46	73
72	41- 26- 26-118/211	19.4%	31.8%	44.1%	84	73
71	34- 20- 16- 89/159	21.4%	34.0%	44.0%	82	73
70	27- 23- 14- 77/141	19.1%	35.5%	45.4%	78	80
69	16- 9- 12- 47/ 84	19.0%	29.8%	44.0%	80	78
68	9- 8- 3- 36/ 56	16.1%	30.4%	35.7%	81	68
67	4- 3- 1- 22/ 30	13.3%	23.3%	26.7%	63	64
66	3- 3- 1- 12/ 19	15.8%	31.6%	36.8%	132	95
65	1- 1- 1- 6/ 9	11.1%	22.2%	33.3%	67	80
64	0- 1- 0- 1/ 2	0.0%	50.0%	50.0%	0	100
63	1- 0- 0- 0/ 1	100.0%	100.0%	100.0%	350	170

表4●1位の指数値別成績・後2年（2020年10月～2022年9月）

指数値	着別度数	勝率	連対率	複勝率	単回値	複回値
90	64- 14- 10- 13/101	63.4%	77.2%	87.1%	96	94
88	143- 56- 24- 46/269	53.2%	74.0%	82.9%	85	92
87	18- 2- 3- 5/ 28	64.3%	71.4%	82.1%	119	94
86	220- 81- 37- 89/427	51.5%	70.5%	79.2%	95	90
85	50- 16- 16- 29/111	45.0%	59.5%	73.9%	89	89
84	216-103- 59-143/521	41.5%	61.2%	72.6%	81	85
83	93- 32- 35- 65/225	41.3%	55.6%	71.1%	92	90
82	176-110- 73-170/529	33.3%	54.1%	67.9%	71	82
81	130- 80- 40-116/366	35.5%	57.4%	68.3%	87	88
80	162- 95- 70-199/526	30.8%	48.9%	62.2%	76	79
79	115- 79- 40-132/366	31.4%	53.0%	63.9%	87	85
78	157-114- 68-215/554	28.3%	48.9%	61.2%	78	83
77	117- 78- 64-167/426	27.5%	45.8%	60.8%	85	85
76	93-- 92- 66-187/438	21.2%	42.2%	57.3%	68	80
75	98- 74- 65-184/421	23.3%	40.9%	56.3%	78	83
74	89- 57- 40-174/360	24.7%	40.6%	51.7%	80	78
73	60- 59- 51-151/321	18.7%	37.1%	53.0%	68	83
72	59- 48- 29-134/270	21.9%	39.6%	50.4%	80	80
71	42- 33- 30-101/206	20.4%	36.4%	51.0%	81	84
70	36- 24- 15- 79/154	23.4%	39.0%	48.7%	94	86
69	11- 20- 15- 66/112	9.8%	27.7%	41.1%	42	72
68	14- 11- 9- 36/ 70	20.0%	35.7%	48.6%	96	90
67	5- 8- 5- 30/ 48	10.4%	27.1%	37.5%	44	80
66	4- 3- 2- 10/ 19	21.1%	36.8%	47.4%	116	103
65	0- 2- 0- 3/ 5	0.0%	40.0%	40.0%	0	74

ここで「あれ？　何かがおかしい」と気づいたことが、コンピのリニューアルという事実を突きとめるキッカケになりました。

テクニカル6のパターンについても、コンピがリニューアルされた前後2年間の出現数を比較してみましょう（下の表5）。

リニューアル前はパターン4〜6とパターン1〜3の比率が、約45％：約55％だったのに対し、リニューアル後は約35％：約65になっています。とくにパターン6の出現数がリニューアル前の半分ほどになっており、減少度合いが顕著です。その原因は、上位に高い指数値が付きにくくなったことにほかなりません。

このままでは、全レースのレース波乱度を公平にジャッジすることが難しい。

よって私は、コンピのリニューアルに対応できるように、テクニカル6の判定基準も見直すことにしました。

現状に合わせて、しきい値変更――【新テクニカル6】へ

テクニカル6は、1〜6の各パターンがまんべんなく出現するようなルール設定を心がけています。穴党も本命党も、オールラウンダーも、すべてのレースでバランスよく勝負できるようにするためです。

表5●テクニカル6のパターン別出現数比較

パターン	該当数 リニューアル前		リニューアル後	
6	307	3072	166	2421
5	1111		779	
4	1654		1476	
3	1216	3836	1268	4482
2	1013		1192	
1	1607		2022	
全体	6908		6903	

※前＝2018年10月〜2020年9月、後＝2020年10月〜2022年9月

また出現数だけでなく、高い判定精度を保つために、各パターンのコンピ一ケタ順位の勝率が、全レース平均と比較して一定の差になることも意識しています。全レース平均の勝率が、パターン3と4の間に入るようでないと、適度なバランスがキープできているとはいえません。

全体平均がちょうど中間にあり、パターン4→5→6と堅い傾向になるにしたがい、コンピ上位（1〜3位）の勝率が上昇し、逆にパターン3→2→1と荒れ傾向が強まるごとに、勝率が下降していくという、キレイな比例関係が確認できてはじめて、高いレベルでレースの波乱度の判定が可能になるのです。

しかしながら、コンピの仕様変更によって、このバランスが大きく崩れることになりました。出現数の減少は先ほど示した通りですが、同時に勝率のバランスも悪くなったのです。

全体平均の勝率はパターン3と4の間に入るのが理想的なのですが、コンピ1〜3位、7〜9位はいずれもパターン2と3の間に入ってしまっています。

コンピ4〜6位にしても、中間ではなくパターン3と同じ数字。ひと言、アンバランスな状態で、フェアにレース判定をすることができません。

ここからは、ただひたすら試行錯誤の日々。パターンごとの出現バランスがよくなることを目指しつつ、

表6●旧テクニカル6のパターン別・順位別の勝率比較
（2020年10月〜2022年9月）

パターン	1〜3位	4〜6位	7〜9位	出現数
6	84%	13%	3%	166
5	78%	16%	5%	779
4	71%	19%	8%	1476
3	64%	23%	9%	1268
2	59%	26%	11%	1192
1	50%	27%	14%	2022
全レース	63%	23%	10%	6903

なおかつ判定精度を落とさないように、検証と実践を重ねながらベストの基準を追求していきました。

そして、ようやく納得のいく変更基準を見つけ出すことに成功！

旧テクニカル6のしきい値を3ポイントずつ下げる――これにより、パターンごとの出現数の平均化と、判定精度の維持を同時にクリアすることができたのです（左ページの表7、8）。

各パターンの出現数の偏りは大幅に緩和され、コンビ1〜3位、4〜6位、7〜9位ともに、全体平均の勝率がパターン3と4の間にしっかり入っています。すなわち、パターンごとの出現バランスがよくなり、判定精度も担保することができたということです。実際に運用してみて、「これならいける」という手応えも得られました。

「3ポイントずつ下げただけ？　それで終わり？」

おそらく、そう感じた方もいると思いますので、あらかじめ強調しておきます。各パターンのしきい値を一律3ポイントずつ下げる、というのは結果的にそうなっただけで、その結論に至るまでには、それ相応の時間を要しています。

例えばパターン6のしきい値を4つ下げた場合、パターン1〜5はどうすればいいか？

一律4つずつ下げるか、あるいは3つ、5つといったように差をつけるか？

そういったことを考えながら、何度も微調整を施しました。

そして、「一律3ポイントずつ下げる」というファイナルアンサーにようやくたどり着いたのです。

小手先で少し変化をつけただけというわけではないので、そのあたりは誤解しないでください。「これがベスト」と納得するまでには、かなりの労力がかかっているのです。

表7●新テクニカル6（しきい値変更後）のパターン早見表

パターン	1～3位の和	レース傾向
6	220 以上	順当
5	216 ～ 219	順当
4	212 ～ 215	平均
3	209 ～ 211	やや波乱
2	206 ～ 208	波乱
1	205 以下	波乱

表8●新テクニカル6のパターン別・コンピ順位別の勝率比較（2020年10月～2022年9月）

パターン	1～3位	4～6位	7～9位	出現数
6	81%	13%	5%	637
5	72%	19%	7%	1385
4	66%	22%	9%	1666
3	59%	26%	11%	1192
2	55%	26%	12%	879
1	47%	28%	15%	1144
全レース	63%	23%	10%	6903

参考●新・旧テクニカル6比較

	5月6日（土）				5月7日（日）			
競馬場	レース	新	旧	変化	レース	新	旧	変化
東京	01R	5	4	○	01R	5	4	○
	02R	4	3	○	02R	1	1	—
	03R	5	4	○	03R	5	5	—
	04R	1	1	—	04R	4	3	○
	05R	6	5	○	05R	4	3	○
	06R	6	5	○	06R	6	5	○
	07R	3	2	○	07R	2	1	○
	08R	4	3	○	08R	5	4	○
	09R	6	6	—	09R	5	4	○
	10R	4	3	○	10R	4	3	○
	11R	6	6	—	11R	1	1	—
	12R	5	4	○	12R	4	4	—
京都	01R	6	5	○	01R	4	4	—
	02R	6	6	—	02R	4	3	○
	03R	2	1	○	03R	2	1	○
	04R	4	3	○	04R	6	6	—
	05R	4	3	○	05R	5	4	○
	06R	1	1	—	06R	3	2	○
	07R	5	4	○	07R	5	4	○
	08R	1	1	○	08R	4	3	○
	09R	6	6	—	09R	1	1	—
	10R	1	1	—	10R	1	1	—
	11R	3	2	○	11R	1	1	—
	12R	1	1	—	12R	6	6	—
新潟	01R	1	1	—	01R	2	1	○
	02R	4	3	○	02R	4	4	—
	03R	4	3	○	03R	1	1	—
	04R	4	3	○	04R	2	1	○
	05R	2	1	○	05R	5	4	○
	06R	2	1	○	06R	4	3	○
	07R	6	5	○	07R	4	3	○
	08R	5	4	○	08R	2	1	○
	09R	3	2	○	09R	4	3	○
	10R	5	4	○	10R	1	1	—
	11R	4	3	○	11R	3	2	○
	12R	1	1	—	12R	1	1	—

表9●新テクニカル6のパターン別・順位別の馬連・3連複決着率比較

（2020年10月～2022年9月）

	馬連			3連複		
パターン	上位3頭	上位6頭	上位9頭	上位3頭	上位6頭	上位9頭
6	60%	90%	97%	25%	73%	89%
5	47%	82%	94%	15%	61%	87%
4	35%	72%	90%	10%	52%	82%
3	28%	67%	87%	7%	49%	78%
2	26%	65%	86%	6%	44%	76%
1	18%	54%	80%	4%	33%	67%
全レース	29%	66%	87%	8%	46%	76%

レース判定基準が変更されたことにより、従来はパターン3だったレースがパターン4に判定されるようになった、というケースが増加。コンピリニューアル後に旧テクニカル6でレース判定を行なうと、数字の大きい本命傾向のパターンが出にくかったのですが、新テクニカル6を用いることで偏りが緩和され、全体のバランスが取れるようになりました。

実際にどれくらい変わるものなのか？

参考までに、2023年5月6日～7日の土日2日間における、開催全場（東京、京都、新潟）の全レースについて、旧テクニカル6と新テクニカル6のパターン比較一覧を右ページに掲載しています。こちらでイメージをつかんでください。

パターン5～6、指数83以上の1位は勝率5割超、複勝率8割！

さらに私は、もう一歩踏み込んで検証を行ないました。コンピ上位頭数別の馬連・3連複の決着率もチェックしたのです（上の表9）。

すると、コンピの上位3頭（1～3位）、上位6頭（1～6位）、上位9頭（1～9位）のすべての条件において、馬連・3連複ともに全体平均（最下段のアミ部分）がおおむねパターン3と4の間に入る格好になりました。

これにより、各パターンのコンピ上位馬が馬券に与える影響も、大きな偏りがなく、バランスが取れていることが証明されたわけです。

最後にダメ押しとして、各パターンのコンピ順位別の成績を確認。コンピのリニューアル前の傾向と比較し、大きな差が生じていないかどうかをチェックしました。

各パターンの傾向と、リニューアル前との差について、主立ったポイントを挙げていきましょう。

【パターン6】（**順当**）※順位別成績表はP38
コンピ1位の強さがとにかく目立ちます。
コンピ2位も強いです。
馬券はこの上位2頭が中心になります。

【パターン5】（**順当**）※順位別成績表はP39
コンピ1位の強さが突出しています。
コンピ2位は、パターン6ほどではないものの、悪くはありません。
旧テクニカル6と同じような扱いでよさそうです。

【パターン4】（**平均**）※順位別成績表はP40

すべての順位が平均的な成績です。

この傾向も、旧テクニカル6と変わりません。

【パターン3】（やや波乱）　※順位別成績表はＰ41

このパターンからコンピ上位の成績が平均以下になります。

中位、下位の台頭もそれほど多くなく、狙いどころは少ない印象です。

【パターン2】（波乱）　※順位別成績表はＰ42

コンピ1～3位の信頼度が落ちます。

そのぶん、コンピ4～7位に妙味が生まれます。

【パターン1】（波乱）　※順位別成績表はＰ43

パターン2よりもさらに、コンピ1～3位の信頼度が落ちます。

コンピ4～7位の妙味が増すので、こちらを馬券の中心に。

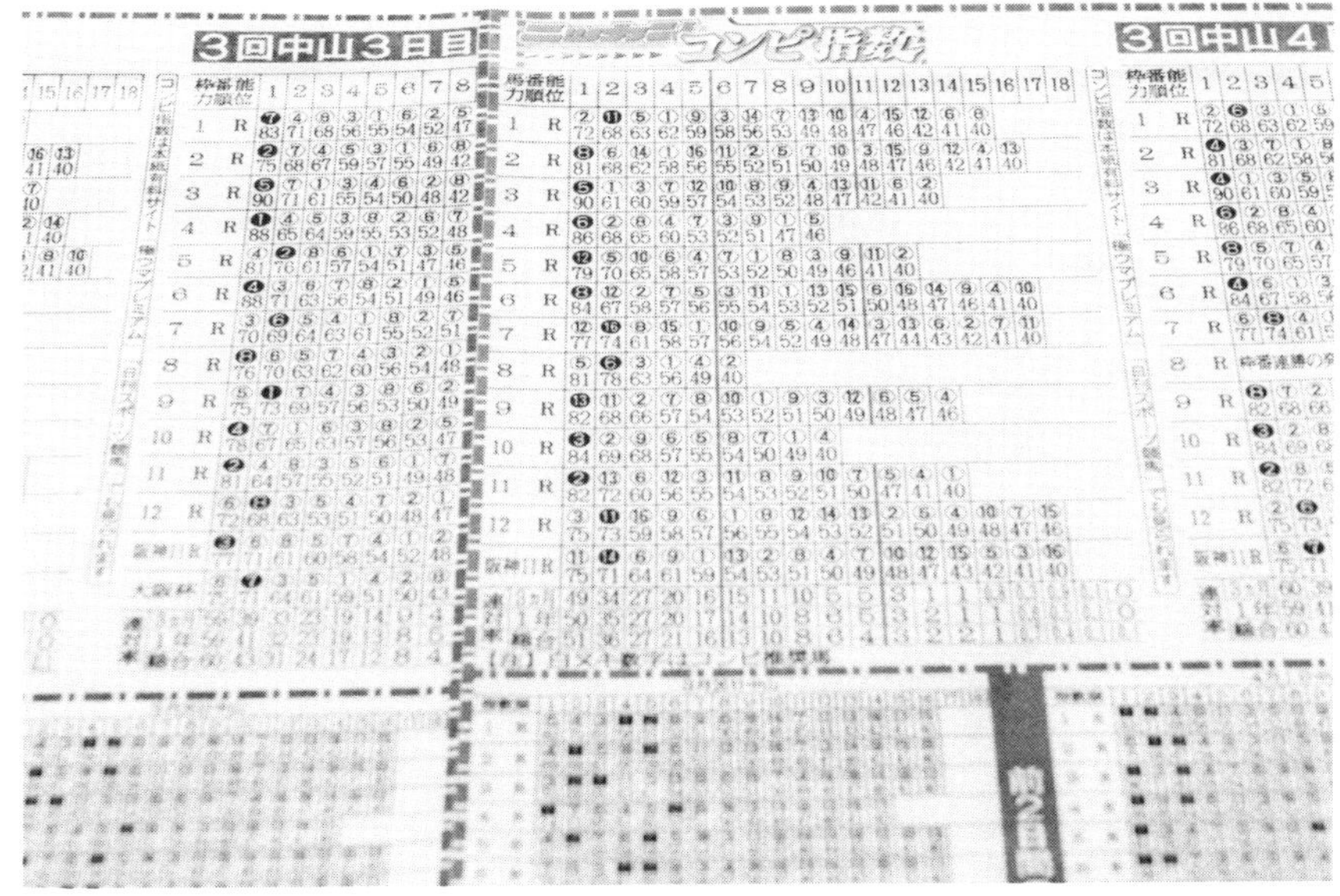

3回中山3日目

枠番能力順位	1	2	3	4	5	6	7	8
1R	❼83	④71	⑧68	③56	①55	⑥54	②52	⑤47
2R	❷75	⑦68	④67	⑤59	③57	①55	⑥49	⑧42
3R	❺90	⑦71	①61	③55	④54	⑥50	②48	⑧42
4R	❶88	④65	⑤64	③59	⑧55	②53	⑥52	⑦48
5R	④81	❷76	⑧61	⑥57	①54	⑦51	③47	⑤46
6R	❹88	③71	⑥63	⑦56	⑧54	②51	①49	⑤46
7R	③70	❻69	⑤64	④63	①61	⑧55	②52	⑦51
8R	❽76	⑥70	⑤63	⑦62	④60	③56	②54	①48
9R	⑤75	❶73	⑦69	④57	③56	⑧53	⑥50	②49
10R	❹78	⑦67	①65	⑥63	③57	⑧56	②53	⑤47
11R	❷81	④64	⑧57	③55	⑤52	⑥51	①49	⑦48
12R	⑥72	❽68	③63	⑤53	④51	⑦50	②48	①47
阪神11R	❸77	⑥71	⑧61	⑤60	⑦58	④54	①52	②48
大阪杯	⑧75	❼71	③64	⑤61	①58	④51	②50	⑥43
連対率 3年	56	39	30	23	19	14	9	4
連対率 1年	56	41	32	23	19	13	8	6
連対率 総合	60	43	31	24	17	12	8	4

コンピ指数

馬番能力順位	1	2	3	4	5	6	7	8	9	10	11	12	13	14	15	16	17	18
1R	②72	⓫68	⑤63	①62	⑨59	③58	⑭56	⑦53	⑬49	⑩48	④47	⑮46	⑫42	⑥41	⑧40			
2R	❽81	⑥68	⑭62	①58	⑯56	⑪55	②52	⑤51	⑦50	⑩49	③48	⑮47	⑨46	⑫42	④41	⑬40		
3R	❺90	①61	③60	⑦59	⑫57	⑩54	⑧53	⑨52	④48	⑬47	⑪42	⑥41	②40					
4R	❻86	②68	⑧65	④60	⑦53	③52	⑨51	①47	⑤46									
5R	⓬79	⑤70	⑩65	⑥58	④57	⑦53	①52	⑧50	③49	⑨46	⑪41	②40						
6R	❽84	⑫67	②58	⑦57	⑤56	③55	⑪54	①53	⑬52	⑮51	⑥50	⑯48	⑭47	⑨46	④41	⑩40		
7R	⑫77	⓰74	⑧61	⑮58	①57	⑩56	⑨54	⑤52	④49	⑭48	③47	⑬44	⑥43	②42	⑦41	⑪40		
8R	⑤81	❻78	③63	①56	④49	②40												
9R	⓭82	⑪68	②66	⑦57	⑧54	⑩53	①52	⑨51	③50	⑫49	⑥48	⑤47	④46					
10R	❸84	②69	⑨68	⑥57	⑤55	⑧54	⑦50	①49	④40									
11R	❷82	⑬72	⑥60	⑫56	③55	⑪54	⑧53	⑨52	⑩51	⑦50	⑤47	④41	①40					
12R	③75	⓫73	⑯59	⑨58	⑥57	①56	⑧55	⑫54	⑭53	⑬52	②51	⑤50	④49	⑩48	⑦47	⑮46		
阪神11R	⑪75	⓮71	⑥64	⑨61	①59	⑬54	②53	⑧51	④50	⑦49	⑩48	⑫47	⑮43	⑤42	③41	⑯40		
連対率 3年	49	34	27	20	16	15	11	10	5	5	3	1	1	[illegible]	[illegible]	[illegible]	[illegible]	[illegible]
連対率 1年	50	35	27	20	17	14	10	8	8	6	3	2	1	1	[illegible]	[illegible]	[illegible]	[illegible]
連対率 総合	51	36	27	21	16	13	10	8	6	4	3	2	2	1	[illegible]	[illegible]	[illegible]	[illegible]

(A) 白ヌキ数字はコンピ推奨馬

3回中山4

表10●パターン6のコンピ順位別成績(2020年10月～2022年9月)

順位	着別度数	勝率	連対率	複勝率	単回値	複回値
1位	311- 150- 93- 157/ 711	43.7%	64.8%	77.9%	91	91
2位	173- 173- 107- 259/ 712	24.3%	48.6%	63.6%	80	87
3位	92- 138- 134- 347/ 711	12.9%	32.3%	51.2%	66	85
4位	39- 83- 102- 487/ 711	5.5%	17.2%	31.5%	61	75
5位	30- 53- 63- 566/ 712	4.2%	11.7%	20.5%	67	66
6位	23- 36- 49- 596/ 704	3.3%	8.4%	15.3%	61	59
7位	11- 34- 53- 595/ 693	1.6%	6.5%	14.1%	32	74
8位	13- 14- 35- 597/ 659	2.0%	4.1%	9.4%	72	81
9位	5- 12- 27- 538/ 582	0.9%	2.9%	7.6%	48	63
10位	7- 9- 20- 462/ 498	1.4%	3.2%	7.2%	109	48
11位	4- 5- 8- 400/ 417	1.0%	2.2%	4.1%	42	38
12位	2- 3- 10- 341/ 356	0.6%	1.4%	4.2%	66	58
13位	1- 1- 2- 289/ 293	0.3%	0.7%	1.4%	59	24
14位	3- 1- 3- 231/ 238	1.3%	1.7%	2.9%	61	36
15位	1- 0- 4- 180/ 185	0.5%	0.5%	2.7%	56	103
16位	0- 0- 2- 136/ 138	0.0%	0.0%	1.4%	0	18
17位	0- 0- 0- 25/ 25	0.0%	0.0%	0.0%	0	0
18位	0- 0- 0- 20/ 20	0.0%	0.0%	0.0%	0	0

表11●パターン5のコンピ順位別成績（2020年10月～2022年9月）

順位	着別度数	勝率	連対率	複勝率	単回値	複回値
1位	630- 299- 185- 438/ 1552	40.6%	59.9%	71.8%	88	87
2位	308- 334- 245- 667/ 1554	19.8%	41.3%	57.1%	75	85
3位	184- 236- 249- 887/ 1556	11.8%	27.0%	43.0%	70	81
4位	133- 180- 200- 1043/ 1556	8.5%	20.1%	33.0%	75	75
5位	107- 153- 157- 1136/ 1553	6.9%	16.7%	26.9%	86	75
6位	56- 98- 130- 1264/ 1548	3.6%	9.9%	18.3%	69	69
7位	46- 87- 105- 1303/ 1541	3.0%	8.6%	15.4%	53	70
8位	34- 48- 88- 1317/ 1487	2.3%	5.5%	11.4%	61	73
9位	23- 33- 52- 1307/ 1415	1.6%	4.0%	7.6%	66	63
10位	16- 33- 58- 1188/ 1295	1.2%	3.8%	8.3%	52	73
11位	8- 18- 33- 1099/ 1158	0.7%	2.2%	5.1%	32	58
12位	8- 14- 21- 974/ 1017	0.8%	2.2%	4.2%	51	52
13位	3- 9- 9- 822/ 843	0.4%	1.4%	2.5%	36	37
14位	0- 6- 9- 704/ 719	0.0%	0.8%	2.1%	0	27
15位	2- 5- 6- 575/ 588	0.3%	1.2%	2.2%	55	51
16位	5- 0- 11- 425/ 441	1.1%	1.1%	3.6%	257	121
17位	0- 1- 2- 65/ 68	0.0%	1.5%	4.4%	0	117
18位	0- 1- 1- 52/ 54	0.0%	1.9%	3.7%	0	68

表12●パターン4のコンピ順位別成績(2020年10月～2022年9月)

順位	着別度数	勝率	連対率	複勝率	単回値	複回値
1位	639- 366- 236- 653/ 1894	33.7%	53.1%	65.5%	80	84
2位	353- 343- 293- 902/ 1891	18.7%	36.8%	52.3%	80	87
3位	248- 244- 247- 1150/ 1889	13.1%	26.0%	39.1%	76	76
4位	174- 216- 228- 1278/ 1896	9.2%	20.6%	32.6%	72	75
5位	139- 171- 200- 1379/ 1889	7.4%	16.4%	27.0%	81	76
6位	101- 128- 173- 1488/ 1890	5.3%	12.1%	21.3%	74	73
7位	65- 113- 132- 1577/ 1887	3.4%	9.4%	16.4%	76	73
8位	63- 82- 107- 1618/ 1870	3.4%	7.8%	13.5%	81	78
9位	34- 68- 82- 1620/ 1804	1.9%	5.7%	10.2%	72	80
10位	27- 51- 57- 1594/ 1729	1.6%	4.5%	7.8%	57	64
11位	18- 44- 59- 1483/ 1604	1.1%	3.9%	7.5%	51	86
12位	12- 18- 24- 1390/ 1444	0.8%	2.1%	3.7%	62	44
13位	13- 13- 20- 1217/ 1263	1.0%	2.1%	3.6%	72	58
14位	9- 15- 15- 1066/ 1105	0.8%	2.2%	3.5%	90	63
15位	3- 16- 12- 871/ 902	0.3%	2.1%	3.4%	56	58
16位	2- 7- 6- 691/ 706	0.3%	1.3%	2.1%	15	54
17位	1- 0- 1- 131/ 133	0.8%	0.8%	1.5%	123	17
18位	0- 1- 2- 103/ 106	0.0%	0.9%	2.8%	0	73

表13●パターン3のコンピ順位別成績（2020年10月～2022年9月）

順位	着別度数	勝率	連対率	複勝率	単回値	複回値
1位	379- 251- 170- 532/ 1332	28.5%	47.3%	60.1%	78	82
2位	237- 212- 210- 677/ 1336	17.7%	33.6%	49.3%	80	85
3位	167- 188- 164- 814/ 1333	12.5%	26.6%	38.9%	78	80
4位	137- 158- 162- 879/ 1336	10.3%	22.1%	34.2%	79	80
5位	106- 114- 106- 1006/ 1332	8.0%	16.5%	24.5%	79	73
6位	96- 99- 129- 1010/ 1334	7.2%	14.6%	24.3%	91	84
7位	52- 82- 97- 1102/ 1333	3.9%	10.1%	17.3%	73	78
8位	65- 61- 83- 1113/ 1322	4.9%	9.5%	15.8%	104	89
9位	30- 48- 57- 1167/ 1302	2.3%	6.0%	10.4%	57	65
10位	27- 43- 37- 1154/ 1261	2.1%	5.6%	8.5%	72	67
11位	14- 30- 33- 1121/ 1198	1.2%	3.7%	6.4%	51	65
12位	13- 19- 28- 1061/ 1121	1.2%	2.9%	5.4%	66	63
13位	5- 15- 25- 972/ 1017	0.5%	2.0%	4.4%	19	62
14位	5- 8- 11- 887/ 911	0.5%	1.4%	2.6%	29	42
15位	3- 5- 10- 731/ 749	0.4%	1.1%	2.4%	32	41
16位	3- 3- 9- 573/ 588	0.5%	1.0%	2.6%	46	59
17位	1- 1- 3- 110/ 115	0.9%	1.7%	4.3%	140	70
18位	0- 2- 1- 93/ 96	0.0%	2.1%	3.1%	0	63

表14●パターン2のコンビ順位別成績(2020年10月～2022年9月)

順位	着別度数	勝率	連対率	複勝率	単回値	複回値
1位	255- 174- 120- 443/ 992	25.7%	43.2%	55.3%	78	81
2位	159- 145- 114- 574/ 992	16.0%	30.6%	42.1%	74	75
3位	132- 122- 112- 624/ 990	13.3%	25.7%	37.0%	78	76
4位	106- 105- 128- 654/ 993	10.7%	21.2%	34.1%	84	82
5位	76- 89- 100- 725/ 990	7.7%	16.7%	26.8%	83	73
6位	75- 81- 91- 744/ 991	7.6%	15.7%	24.9%	87	82
7位	52- 75- 71- 795/ 993	5.2%	12.8%	19.9%	92	79
8位	34- 46- 80- 829/ 989	3.4%	8.1%	16.2%	69	78
9位	37- 48- 54- 838/ 977	3.8%	8.7%	14.2%	85	89
10位	23- 32- 45- 854/ 954	2.4%	5.8%	10.5%	77	80
11位	15- 25- 22- 855/ 917	1.6%	4.4%	6.8%	87	64
12位	10- 17- 19- 803/ 849	1.2%	3.2%	5.4%	64	65
13位	9- 13- 15- 744/ 781	1.2%	2.8%	4.7%	87	75
14位	7- 11- 13- 672/ 703	1.0%	2.6%	4.4%	79	67
15位	3- 5- 8- 585/ 601	0.5%	1.3%	2.7%	64	51
16位	2- 5- 6- 471/ 484	0.4%	1.4%	2.7%	11	41
17位	0- 0- 0- 117/ 117	0.0%	0.0%	0.0%	0	0
18位	1- 0- 0- 80/ 81	1.2%	1.2%	1.2%	60	14

表15●パターン1のコンピ順位別成績（2020年10月～2022年9月）

順位	着別度数	勝率	連対率	複勝率	単回値	複回値
1位	256- 220- 151- 670/ 1297	19.7%	36.7%	48.3%	72	78
2位	191- 181- 143- 784/ 1299	14.7%	28.6%	39.6%	74	77
3位	165- 140- 133- 859/ 1297	12.7%	23.5%	33.8%	78	73
4位	152- 122- 126- 895/ 1295	11.7%	21.2%	30.9%	85	75
5位	115- 115- 138- 931/ 1299	8.9%	17.7%	28.3%	77	74
6位	98- 113- 121- 962/ 1294	7.6%	16.3%	25.7%	86	82
7位	99- 101- 87- 1011/ 1298	7.6%	15.4%	22.1%	102	81
8位	51- 83- 84- 1076/ 1294	3.9%	10.4%	16.8%	65	77
9位	47- 57- 84- 1101/ 1289	3.6%	8.1%	14.6%	73	74
10位	33- 48- 62- 1132/ 1275	2.6%	6.4%	11.2%	61	78
11位	29- 39- 56- 1125/ 1249	2.3%	5.4%	9.9%	93	87
12位	21- 25- 35- 1121/ 1202	1.7%	3.8%	6.7%	113	77
13位	12- 18- 31- 1067/ 1128	1.1%	2.7%	5.4%	49	62
14位	14- 14- 21- 994/ 1043	1.3%	2.7%	4.7%	53	65
15位	10- 15- 14- 856/ 895	1.1%	2.8%	4.4%	71	78
16位	4- 7- 13- 696/ 720	0.6%	1.5%	3.3%	44	61
17位	1- 3- 2- 156/ 162	0.6%	2.5%	3.7%	62	95
18位	3- 1- 1- 131/ 136	2.2%	2.9%	3.7%	178	61

表16●パターン5〜6のコンピ1位の成績

順位	着別度数	勝率	連対率	複勝率	単回値	複回値
1位	937- 449- 278- 593/2257	41.5%	61.4%	73.7%	89	88

表17●パターン5〜6のコンピ1位（指数値83〜90）の成績

順位（指数値）	着別度数	勝率	連対率	複勝率	単回値	複回値
1位（83〜90）	513-176- 97-197/983	52.2%	70.1%	80.0%	94	90

表18●パターン1〜2のコンピ4〜7位の成績

順位	着別度数	勝率	連対率	複勝率	単回値	複回値
4〜7位	770- 799- 858-6694/9121	8.4%	17.2%	26.6%	87	78

全体的に見て、旧テクニカル6とパターンごとの大きな差は確認できませんでした。

上の表16のように、堅い傾向のパターン5〜6ではコンピ1位が強く、荒れる傾向のパターン1〜2ではコンピ4〜7位に妙味が生まれる、という傾向も同じです（表18）。

新テクニカル6の場合は、83以上のパフォーマンスが上がったので、パターン5〜6×コンピ83以上の条件でデータを取ると、表17のように期待値は爆上がりとなります。

以上の説明で、新テクニカル6の有効性の高さをご理解いただけたのではないでしょうか。リニューアル後のコンピにしっかり対応していますので、全幅の信頼を置いて活用してください。

第2章

知られる前にコレで稼ぐ!

新たな買い目のルール

波乱パターンの1〜3でも、1位が絡んでくるケース

コンピのリニューアルに対応すべく判定基準（しきい値）を見直すことにより、納得のいく落としどころが見つかりました。それが、新テクニカル6です。

さまざまな角度から有効性の高さを検証。裏付けデータをとるとともに、実際のレースで運用してみて「使える」という手応えを得ることができました。

ただしこれは、レースの波乱度を予測するという段階までの話。競馬は、馬券を獲らなければ意味がありません。

どんなに荒れるとわかっていても、また、堅く収まる可能性が高いことを見抜いていたとしても、3着以内に入る馬に狙いを定めることができなければ、まさに画竜点睛を欠く状態。高い馬券的中精度を示すことができてはじめて、理論として成立します。

テクニカル6はコンピ1〜3位の合計値をもってレースの波乱度を予測する手法であり、新テクニカル6の予測精度には並々ならぬ自信を持っています。

しかし、完成後に実際に馬券を買うようになってから、何度も同じパターンでつまずくようになりました。

パターン1〜3のレースにおいて、コンピ1位が馬券に絡んで不的中、というケースがコンピリニューアル前よりも増えたのです。

旧テクニカル6の買い目ルールはご覧の通り。パターン1〜3の購入対象候補に、コンピ1位は含まれません。あくまで基本ルールに則って馬券を買えば、

表1●旧テクニカル6の買い目ルール

パターン	軸馬の範囲	ヒモの範囲
6	1〜2位	1〜3位
5	1〜2位	1〜3位
4	2〜3位	1〜4位
3	3〜4位	3〜9位
2	4〜5位	4〜10位
1	4〜6位	4〜14位

コンピ1位が絡んだ時点で不的中となってしまいます。

ではなぜ、パターン1～3でコンピ1位が馬券に絡んで不的中というケースが増えたのか？

理由はいたってシンプルでした。コンピリニューアル後は、上位指数（とくに83以上）のパフォーマンスが上がったから――これに尽きます。

例えばパターン3に判定されるレースの場合、コンピ1～3位の指数値がほぼ横並びというケースもあれば、1位が突出していて、2～3位が大きく離れて続くケースもあります。

前者の場合、大勢に影響はありません。1位が抜けた存在ではないからです。従来の買い目ルールで問題なく対応できます。

ところが後者の場合、1位の指数値が83以上というケースが出てくることがあります。コンピリニューアル後、より強力になった存在であることはわかっているのに、従来のルールでは買い目に含まれません。

じつはここに、1位が馬券に絡んで不的中というレースが増えた要因があったのです。

「レース判定基準だけでなく、買い目ルールも見直す必要がある」

私はそう考えて、リニューアル後に存在感を増すようになったコンピ83以上について、さらに深く分析していくことにしました。

1位83～90のリニューアル前・後を比較すると……

いちばん重要なのは、コンピ上位指数の馬たちが、各レースパターンで実際にどんな走りを見せているかということ。

そこで、コンピ1位の指数値83～90について、指数値別、パターンごとに成績を出し、コンピリニューアル前の成績と比較してみました。ビフォーアフターの主立った差を挙げていきますので、ご確認ください。

なお、データ集計期間内に、1位89は一度も出現していません。

【1位90】 ※パターン別成績の前・後2年比較データ（表2、3）はP50

パターン5と6の成績が大幅にアップしています。ほぼ鉄板級といってよいでしょう。軸候補を1～2位とせず、1位の1頭軸にしても問題なさそうです。

ほかに注目していただきたいのはパターン1～4で、リニューアル後は回収率が大幅にアップしています。

旧テクニカル6の買い目ルールでは、パターン1～4の軸候補に1位は含まれませんが、これは加えたほうがよさそうです。

ちなみに、リニューアル後にパターン1の該当例はありませんが、出現した場合はパターン2～4と同じ傾向になると推測できます。

【1位88】 ※パターン別成績の前・後2年比較データ（表4、5）はP50

コンピ1位90と同様に、パターン5～6の成績がアップしています。こちらも、1位の1頭軸がいいかもしれません。

またリニューアル後は、パターン1～4の成績と回収率がアップしているので、コンピ1位を軸候補に加えることを推奨します。

【1位87】 ※パターン別成績の前・後2年比較データ（表6，7）はP51

出現数は少ないですが、大幅に精度がアップしています。

当然、パターン5～6は買い。パターン1～4の場合も、軸候補に加えたほうがよさそうです。

【1位86】 ※パターン別成績の前・後2年比較データ（表8、9）はP51

全体の連対率が約62％から約70％にアップしています。

また、パターン1～4の好走率と回収率の上昇も目立ちます。

パターン6の精度はやや落ちていますが、これは該当数が少ないことが影響したブレと考えるべきでしょう。

【1位85】 ※パターン別成績の前・後2年比較データ（表10、11）はP52

連対率は変わりませんが、複勝率は大幅にアップしています。

勝率も高くなっているので、連対率がリニューアル前と似たような数値なのは、一時的なものなのかもしれません。

表2●1位指数90のパターン別成績・前2年(2018年10月～2020年9月)

パターン	着別度数	勝率	連対率	複勝率	単回値	複回値
6	15- 5- 3- 6/ 29	51.7%	69.0%	79.3%	72	84
5	71- 21- 14- 13/119	59.7%	77.3%	89.1%	90	97
4	66- 14- 10- 14/104	63.5%	76.9%	86.5%	102	96
3	14- 5- 3- 6/ 28	50.0%	67.9%	78.6%	76	89
2	4- 5- 0- 2/ 11	36.4%	81.8%	81.8%	63	93
1	1- 0- 0- 0/ 1	100.0%	100.0%	100.0%	160	110
全	171- 50- 30- 41/292	58.6%	75.7%	86.0%	90	94

表3●1位指数90のパターン別成績・後2年(2020年10月～2022年9月)

パターン	着別度数	勝率	連対率	複勝率	単回値	複回値
6	5- 3- 2- 0/10	50.0%	80.0%	100.0%	76	86
5	20- 5- 3- 2/30	66.7%	83.3%	93.3%	97	102
4	25- 2- 3- 8/38	65.8%	71.1%	78.9%	101	87
3	10- 1- 2- 2/15	66.7%	73.3%	86.7%	102	97
2	4- 3- 0- 1/ 8	50.0%	87.5%	87.5%	87	101
1	—	—	—	—	—	—
全	64- 14- 10- 13/101	63.4%	77.2%	87.1%	96	94

表4●1位指数88のパターン別成績・前2年(2018年10月～2020年9月)

パターン	着別度数	勝率	連対率	複勝率	単回値	複回値
6	15- 8- 1- 7/ 31	48.4%	74.2%	77.4%	80	84
5	59- 23- 17- 27/126	46.8%	65.1%	78.6%	82	87
4	86- 27- 24- 36/173	49.7%	65.3%	79.2%	85	90
3	21- 10- 9- 21/ 61	34.4%	50.8%	65.6%	60	75
2	17- 7- 4- 11/ 39	43.6%	61.5%	71.8%	74	82
1	4- 1- 0- 2/ 7	57.1%	71.4%	71.4%	108	90
全	202- 76- 55-104/437	46.2%	63.6%	76.2%	80	86

表5●1位指数88のパターン別成績・後2年(2020年10月～2022年9月)

パターン	着別度数	勝率	連対率	複勝率	単回値	複回値
6	9- 1- 0- 2/12	75.0%	83.3%	83.3%	111	90
5	42-27- 6-12/87	48.3%	79.3%	86.2%	78	95
4	51-15-13-18/97	52.6%	68.0%	81.4%	87	90
3	27-11- 4-10/52	51.9%	73.1%	80.8%	78	90
2	10- 2- 1- 3/16	62.5%	75.0%	81.3%	103	96
1	4- 0- 0- 1/ 5	80.0%	80.0%	80.0%	116	88
全	143- 56- 24- 46/269	53.2%	74.0%	82.9%	85	92

表6●1位指数87のパターン別成績・前2年(2018年10月～2020年9月)

パターン	着別度数	勝率	連対率	複勝率	単回値	複回値
6	2- 1- 2- 1/ 6	33.3%	50.0%	83.3%	65	93
5	3- 4- 3- 6/16	18.8%	43.8%	62.5%	36	68
4	6- 9- 5- 6/26	23.1%	57.7%	76.9%	40	89
3	7- 2- 1- 6/16	43.8%	56.3%	62.5%	68	73
2	3- 0- 2- 1/ 6	50.0%	50.0%	83.3%	165	116
1	—	—	—	—	—	—
全	21-16-13-20/70	30.0%	52.9%	71.4%	58	83

表7●1位指数87のパターン別成績・後2年(2020年10月～2022年9月)

パターン	着別度数	勝率	連対率	複勝率	単回値	複回値
6	2- 0- 0- 0/ 2	100.0%	100.0%	100.0%	180	110
5	4- 0- 1- 2/ 7	57.1%	57.1%	71.4%	111	84
4	3- 2- 1- 2/ 8	37.5%	62.5%	75.0%	63	83
3	6- 0- 0- 1/ 7	85.7%	85.7%	85.7%	154	100
2	2- 0- 1- 0/ 3	66.7%	66.7%	100.0%	143	116
1	1- 0- 0- 0/ 1	100.0%	100.0%	100.0%	180	110
全	18- 2- 3- 5/28	64.3%	71.4%	82.1%	119	94

表8●1位指数86のパターン別成績・前2年(2018年10月～2020年9月)

パターン	着別度数	勝率	連対率	複勝率	単回値	複回値
6	18- 8- 2- 3/ 31	58.1%	83.9%	90.3%	111	103
5	55- 33- 18- 32/138	39.9%	63.8%	76.8%	73	87
4	69- 40- 23- 42/174	39.7%	62.6%	75.9%	77	88
3	34- 9- 8- 19/ 70	48.6%	61.4%	72.9%	92	86
2	11- 8- 5- 17/ 41	26.8%	46.3%	58.5%	56	70
1	6- 3- 3- 7/ 19	31.6%	47.4%	63.2%	70	78
全	193-101- 59-120/473	40.8%	62.2%	74.6%	78	87

表9●1位指数86のパターン別成績・後2年(2020年10月～2022年9月)

パターン	着別度数	勝率	連対率	複勝率	単回値	複回値
6	9- 1- 5- 4/ 19	47.4%	52.6%	78.9%	80	81
5	55- 27- 11- 19/112	49.1%	73.2%	83.0%	87	93
4	77- 22- 11- 29/139	55.4%	71.2%	79.1%	100	90
3	45- 21- 6- 18/ 90	50.0%	73.3%	80.0%	94	92
2	28- 8- 4- 14/ 54	51.9%	66.7%	74.1%	102	89
1	6- 2- 0- 5/ 13	46.2%	61.5%	61.5%	96	75
全	220- 81- 37- 89/427	51.5%	70.5%	79.2%	95	90

表10●1位指数85のパターン別成績・前2年(2018年10月～2020年9月)

パターン	着別度数	勝率	連対率	複勝率	単回値	複回値
6	7- 7- 2- 6/22	31.8%	63.6%	72.7%	67	88
5	12- 4- 4-13/33	36.4%	48.5%	60.6%	72	70
4	17- 8- 6-15/46	37.0%	54.3%	67.4%	79	81
3	14- 9- 1- 4/28	50.0%	82.1%	85.7%	112	106
2	5- 2- 0- 6/13	38.5%	53.8%	53.8%	76	64
1	6- 0- 4- 4/14	42.9%	42.9%	71.4%	106	93
全	61- 30- 17- 48/156	39.1%	58.3%	69.2%	84	84

表11●1位指数85のパターン別成績・後2年(2020年10月～2022年9月)

パターン	着別度数	勝率	連対率	複勝率	単回値	複回値
6	2- 2- 0- 2/ 6	33.3%	66.7%	66.7%	58	83
5	14- 4- 3- 7/28	50.0%	64.3%	75.0%	105	87
4	18- 5- 5-11/39	46.2%	59.0%	71.8%	86	85
3	11- 1- 5- 3/20	55.0%	60.0%	85.0%	109	104
2	3- 4- 2- 5/14	21.4%	50.0%	64.3%	37	79
1	2- 0- 1- 1/ 4	50.0%	50.0%	75.0%	142	97
全	50- 16- 16- 29/111	45.0%	59.5%	73.9%	89	89

表12●1位指数84のパターン別成績・前2年(2018年10月～2020年9月)

パターン	着別度数	勝率	連対率	複勝率	単回値	複回値
6	15- 8- 3- 8/ 34	44.1%	67.6%	76.5%	90	87
5	50- 20- 20- 31/121	41.3%	57.9%	74.4%	89	85
4	73- 33- 31- 40/177	41.2%	59.9%	77.4%	92	94
3	32- 23- 10- 34/ 99	32.3%	55.6%	65.7%	67	80
2	18- 14- 10- 18/ 60	30.0%	53.3%	70.0%	67	88
1	12- 2- 6- 15/ 35	34.3%	40.0%	57.1%	72	70
全	200-100- 80-146/526	38.0%	57.0%	72.2%	82	87

表13●1位指数84のパターン別成績・後2年(2020年10月～2022年9月)

パターン	着別度数	勝率	連対率	複勝率	単回値	複回値
6	10- 5- 1- 3/ 19	52.6%	78.9%	84.2%	92	92
5	44- 22- 8- 17/ 91	48.4%	72.5%	81.3%	91	94
4	73- 38- 20- 50/181	40.3%	61.3%	72.4%	81	84
3	44- 13- 14- 39/110	40.0%	51.8%	64.5%	74	77
2	28- 19- 13- 22/ 82	34.1%	57.3%	73.2%	70	88
1	17- 6- 3- 12/ 38	44.7%	60.5%	68.4%	93	83
全	216-103- 59-143/521	41.5%	61.2%	72.6%	81	85

表14●1位指数83のパターン別成績・前2年（2018年10月～2020年9月）

パターン	着別度数	勝率	連対率	複勝率	単回値	複回値
6	7- 2- 2- 7/18	38.9%	50.0%	61.1%	81	71
5	18-18-12-16/64	28.1%	56.3%	75.0%	69	91
4	29-17- 8-29/83	34.9%	55.4%	65.1%	78	80
3	21- 8-10-17/56	37.5%	51.8%	69.6%	82	90
2	10- 3- 3-13/29	34.5%	44.8%	55.2%	70	66
1	7- 3- 1-11/22	31.8%	45.5%	50.0%	70	65
全	92- 51- 36- 93/272	33.8%	52.6%	65.8%	76	82

表15●1位指数83のパターン別成績・後2年（2020年10月～2022年9月）

パターン	着別度数	勝率	連対率	複勝率	単回値	複回値
6	4- 1- 2- 3/10	40.0%	50.0%	70.0%	95	74
5	13- 7- 5- 8/33	39.4%	60.6%	75.8%	78	91
4	39- 8-11-22/80	48.8%	58.8%	72.5%	108	91
3	25- 7- 7-16/55	45.5%	58.2%	70.9%	104	91
2	8- 7- 6-13/34	23.5%	44.1%	61.8%	51	85
1	4- 2- 4- 3/13	30.8%	46.2%	76.9%	85	100
全	93- 32- 35- 65/225	41.3%	55.6%	71.1%	92	90

このコンピ1位85も、パターン1～4の回収率が高いです。

【1位84】※パターン別成績の前・後2年比較データ（表12、13）はP52

ここまでくると全体的な成績の大幅アップは見込めませんが、パターン5～6の成績はわずかに上昇しています。

パターン1～4はやや横ばいながら、連対率は総じて高いです。コンピ1位84も軽くは扱えません。

【1位83】※パターン別成績の前・後2年比較データ（表14、15）はP53

コンピ1位84と同様に、全体の好走率は大きくアップしてはいませんが、回収率が一気に上昇しています。

パターン5～6はもちろん、パターン1～4でも1位83は大注目の存在です。

続いて、従来の買い目ルールでコンピ1位が軸候補に含まれるパターン5～6と、軸候補に含まれていないパターン1～4を、それぞれひとつのグループとし、各グループの指数値別の成績をコンピリニューアル前と後とで比較していきます。

果たして、このまま1位を軸候補に含めないままでいいのか？

これを検証するためです。

【パターン5～6】

指数値86以上は、鉄板級ともいえるほどのハイアベレージ。そして、指数値83～85はやや連対率が落ちるものの、それでもかなり高いレベルの成績を残しています（表16、17）。

従来のルールでは、1～2位が軸候補でしたが、ここは1位の1頭軸にしたほうが効率良よく勝負できると判断。**コンピ1位が83以上の場合、軸候補は1位のみ**というルールに変更することに決定しました。

【パターン1～4】

荒れる傾向が増すパターン1～4でも、1位の存在感が衰えることはありません。パターン5～6と同じように指数値86以上は鉄板級ですし、指数値83～85の場合でも、連対率がゆうゆう50％を超え、平均値は60％台の半ばに達しています（次ページの表18、19）。

表16●パターン5～6における【1位83～90】指数値別成績・前2年

（2018年10月～2020年9月）

指数値	着別度数	勝率	連対率	複勝率	単回値	複回値
90	85- 24- 13- 22/144	59.0%	75.7%	84.7%	94	95
88	128- 45- 37- 70/280	45.7%	61.8%	75.0%	79	85
87	16-11- 8-13/48	33.3%	56.3%	72.9%	65	87
86	120- 60- 39- 85/304	39.5%	59.2%	72.0%	77	85
85	42- 19- 11- 29/101	41.6%	60.4%	71.3%	91	88
84	135- 72- 57-107/371	36.4%	55.8%	71.2%	79	87
83	67- 31- 22- 70/190	35.3%	51.6%	63.2%	77	79

表17●パターン5～6における【1位83～90】指数値別成績・後2年

（2020年10月～2022年9月）

指数値	着別度数	勝率	連対率	複勝率	単回値	複回値
90	39- 6- 5-11/61	63.9%	73.8%	82.0%	99	91
88	92- 28- 18- 32/170	54.1%	70.6%	81.2%	86	91
87	12- 2- 2- 3/19	63.2%	73.7%	84.2%	115	96
86	156- 53- 21- 66/296	52.7%	70.6%	77.7%	98	90
85	34-10-13-20/77	44.2%	57.1%	74.0%	86	90
84	162- 76- 50-123/411	39.4%	57.9%	70.1%	78	83
83	76- 24- 28- 54/182	41.8%	54.9%	70.3%	95	91

表18●パターン1～4における【1位83～90】指数値別成績・前2年
（2018年10月～2020年9月）

指数値	着別度数	勝率	連対率	複勝率	単回値	複回値
90	86- 26- 17- 19/148	58.1%	75.7%	87.2%	86	94
88	74- 31- 18- 34/157	47.1%	66.9%	78.3%	82	87
87	5- 5- 5- 7/22	22.7%	45.5%	68.2%	44	75
86	73- 41- 20- 35/169	43.2%	67.5%	79.3%	80	90
85	19-11- 6-19/55	34.5%	54.5%	65.5%	70	77
84	65- 28- 23- 39/155	41.9%	60.0%	74.8%	89	86
83	25-20-14-23/82	30.5%	54.9%	72.0%	72	87

表19●パターン1～4における【1位83～90】指数値別成績・後2年
（2020年10月～2022年9月）

指数値	着別度数	勝率	連対率	複勝率	単回値	複回値
90	25- 8- 5- 2/40	62.5%	82.5%	95.0%	91	98
88	51-28- 6-14/99	51.5%	79.8%	85.9%	82	94
87	6- 0- 1- 2/ 9	66.7%	66.7%	77.8%	126	90
86	64- 28- 16- 23/131	48.9%	70.2%	82.4%	86	91
85	16- 6- 3- 9/34	47.1%	64.7%	73.5%	97	87
84	54- 27- 9- 20/110	49.1%	73.6%	81.8%	91	94
83	17- 8- 7-11/43	39.5%	58.1%	74.4%	82	87

従来の買い目ルールでは、パターン1〜4の軸候補に1位は含まれませんでした。

しかし、リニューアル後はコンピ1位を軸にしないと、確実に痛い目を見ることになるであろう状況になっています。

軸候補に加える、のではなく、1位の1頭軸に変更する。

私はこれがベストと結論づけました。

よって、**コンピ1位が83以上の場合は、パターン1〜4についても、1位の1頭軸というル**ールに改定いたします。

変更後の買い目ルールは左ページの表20、21の通りです（コンピ1位が82以下の場合は、従来通りのルールを推奨）。

すべてのパターンにおいて、コンピ1位が83以上のレースでは、1位の1頭軸というスタイルになりました。

表20●新テクニカル6の買い目ルール【コンピ1位83以上】

パターン	軸馬の範囲	ヒモの範囲
6	1位	2～3位
5	1位	2～3位
4	1位	2～4位
3	1位	3～9位
2	1位	4～10位
1	1位	4～14位

表21●新テクニカル6の買い目ルール【コンピ1位82以下】

パターン	軸馬の範囲	ヒモの範囲
6	1～2位	1～3位
5	1～2位	1～3位
4	2～3位	1～4位
3	3～4位	3～9位
2	4～5位	4～10位
1	4～6位	4～14位

ただし、指数値が83～85の場合は若干信頼度が落ちるので、的中重視のスタンスを貫くのであれば、2位を軸に加えてもいいかもしれません。

序章で述べたように、購入対象候補を絞り込む応用的手法はいくつもありますが、まずはこの基本ルールをベースに勝負してみましょう。

新テクニカル6「1位83以上」から獲る馬券の手順

では、実際に行なわれたレースをいくつかピックアップして、新テクニカル6の予想手順を確認していきます。これからレースが行なわれるものとして、頭の中で流れをしっかりイメージしてください。

■2023年1月28日・小倉7R（4歳上1勝クラス）

【手順①】コンピ1～3位の合計値を算出

このレースの出走馬のコンピは、P61に掲載した一覧の通りです。

1位⑫トップスターサンは「83」、2位⑤ベンチャーアウトは「63」、3位①クリノパイソンは「62」。

83＋63＋62＝「208」

【手順②】レースパターンを判定

新テクニカル6のパターン早見表（P33）と照合。コンピ1～3位の合計値が「208」のレースは、パターン２に判定されます。

【手順③】軸馬候補と相手馬候補を選出

コンピ１位の指数値が83なので、１位が83以上の際の買い目ルール（Ｐ57上）を採用します。

パターン２の軸馬は１位、相手馬は４～10位です。

旧テクニカル６では、パターン２のレースで１位が軸馬候補にはならなかったので、ここが新テクニカル６になっての最も大きな変更点となります。

［軸馬］
１位　⑫トップスターサン

［相手馬］
４位　⑬ロイヤルダンス
５位　⑦キングレリック
６位　②ケイティレインボー
７位　⑪メジャークオリティ
８位　③ベイビールビオ
９位　⑮モズミツボシ

小倉 7

4歳上1勝クラス（混合・定量）

発走＝13時05分

ダート1700メートル

好走枠 内枠　脚質 逃げ

レコード＝1・40・9　21年メイショウカズサ

軸不動　平均ペース

枠馬番	白1 1	黒2 2	黒2 3	赤3 4	赤3 5	青4 6	青4 7	黄5 8	黄5 9
父	スマートファルコン	サトノアラジン	ビッグアーサー	ダノンレジェンド	リアルインパクト	シビルウォー	キングカメハメハ	カレンブラックヒル	アスカクリチャン
馬名	㊞クリノパイソン	ケイティレインボー	㊞ベイビールビオ	アテンパーティ	ベンチャーアウト	㊞メイマックス	キングレリック	㊞チャールストン	クリノザウルス
性齢	騸5	牡4	牡4	牡4	牡5	騸4	牡4	騸4	牡5
母（母の勝利・生産国）	モエレエターナル（0勝）	ファンディータ（1勝）	カルテブランシェ（1勝）	ライブリーダンス（0勝）	トウカイファイン（1勝）	ペイデュソレイユ（0勝）	ドリームオブジェニー（輸入）	メイショウデンコー（0勝）	クリノスレンダー（2勝）
母父	ゴールドヘイロー	パイロ	ゴールドアリュール	サンデーサイレンス	フレンチデピュティ	シンボリクリスエス	ピヴォタル	ジェイドロバリー	タヤスツヨシ
人気指数	40	28	24	1	56	1	30	1	1
木南	△	○	☆	…	△	…	△	…	…
マイク	62 △ …	56 △ B	54 … …	41 … …	63 ◎ …	43 … B	57 △ …	40 … …	44 … …
本紙伊嶋	③ △ …	⑥ △ 圕	⑧ … 圕	⑭ … 圕	② ▲ 圕	⑫ … 圕	⑤ ☆ …	⑮ … …	⑪ … …
重量騎手	55▲佐々木	53☆永島	57柴山	57和田翼	58西村淳	57富田	57松若	57原田	57☆秋山稔
厩舎	美蛯名利	栗杉山佳	美田村	栗谷	栗庄野	美和田正	栗高野	美小桧山	美本間
生月日毛色賞金	5.3鹿110	5.5青鹿400	5.2栗90	3.27黒鹿400	4.27栗400	5.7鹿90	3.31栗0	5.6黒鹿90	4.29鹿400
馬主	栗本博晴	滝本和義	大塚亮一	斉藤直信	吉澤HD	古賀和夫	ターフS	三岡陽	栗本博晴
生産者	横井哲	スイートF	杵臼牧場	平野牧場	碧雲牧場	上井農場	谷川牧場	高柳隆男	上井農場
1700ダ持	小重1.43.8	兵1.39.2	稲不1.45.5	札良1.46.9	福重1.44.9	小重1.46.6	小重1.43.7	稲不1.45.9	小重1.45.2
千七ダ	0002	0000	0010	0005	0122	0001	0001	0004	0001
前々走	5中12.25 10 ⑧1勝クラス ダ1.56.1 56秋山稔7人	5東11.6 6 ②1勝クラス ダ1.39.2 56城戸7人	笠松10.31 1 ①B1特 ダ1.59.5 56渡辺竜2人	2札9.3 13 ⑦1勝クラス ダ1.49.6 54菱田9人	1福4.30 2 ⑤1勝クラス ダ1.44.9 57西村淳2人	5中12.10 12 ③1勝クラス ダ1.56.7 56津村12人	6名12.4 4 ②1勝クラス ダ1.55.1 56松若8人	2地0中 1方1央 1通3 2算4	6阪12.25 13 ⑧1勝クラス ダ1.14.4 56松本13人
前走	1小1.15 5 ❷1勝クラス 4歳上C41.7 ダ1.43.8 55佐々木10人 16ト6番 478 M③37.8 2 2 1 06 サンライズジ	6名12.18 6 ⑥1勝クラス 3歳上坂53.6 ダ1.57.3 56長岡2人 10ト4番 498 H⑤41.0 6 9 8 19 スナー・キミコ⑮	地方戦績 笠 中 2松0央 0 2 0 2 0 3 3カ月休 0100	1小1.14 15 ❶帆柱山 1勝C40.0 芝2.43.4 57幸15人 16ト15番 448 M⑥37.4 16 16 16 30 フィレンツェ	1名1.9 6 ④1勝クラス 4歳上坂51.4 ダ1.25.5 58坂井5人 16ト14番 500 H⑯37.3 14 13 03 タガノトラン	1小1.15 16 ❷1勝クラス 4歳上坂56.4 ダ1.46.6 57丹内15人 16ト9番 470 M③39.6 9 10 11 34 サンライズジ⑮	1小1.15 4 ❷1勝クラス 4歳上坂54.4 ダ1.43.7 57松若4人 16ト14番 518 M③37.3 5 5 6 05 サンライズジ	1小1.22 11 4 1勝クラス 4歳上C39.7 ダ1.47.4 57原田15人 16ト16番 480 S⑤38.0 11 11 9 17 サトノスライ	1小1.15 13 ❷1勝クラス 4歳上C39.0 ダ1.45.2 57秋山稔16人 16ト16番 486 M③38.3 14 10 10 20 サンライズジ
ダ左右小全 重回回倉成 成りり 績ダダダ績	00000 01001 00000 34529	01001 01001 01112 273112	00000 02002 21102 01203	00101 00000 00000 01519	01001 22103 00313 22517	00000 00000 00000 12219	00000 00000 00000 12214	00000 01001 03003 31526	11001 01001 00000 379123
単予想オッズ	8.2	13.6	16.2	79.1	5.2	79.6	12.4	75.1	78.6
今回調教 6F/5F/3F/1F	― 強 小ダ67.0 38.6め 12.4B	4F54.5末 栗坂40.3強 25.9め 12.6B	― ― 小ダ69.0杯 40.0追 12.0B	80.9― 栗C67.1杯 39.2追 13.3C	4F53.1馬 栗坂39.0な 25.4り 13.2C	4F55.8馬 栗坂40.4な 27.3り 13.9C	4F58.0馬 栗坂41.8な 26.9り 13.1B	連闘軽め	― 馬 小ダ76.7な 43.6り 13.3C
短評	前進可能	残り目も	中央では	狙えない	上積み大	様子見か	堅実駆け	ここでは	大敗続き

単⑫ 350 円　複⑫ 190 円　⑭ 550 円　⑮ 1030 円

馬連⑫—⑭ 3370 円　馬単⑫→⑭ 5660 円

3連複⑫⑭⑮ 24030 円　3連単⑫→⑭→⑮ 108160 円

●2023年1月28日・小倉7R（4歳上1勝クラス、ダ1700m）

1～3位の和

208

（旧パターンでは1）

15 桃8	14	13 橙7	12	11 緑6	10
グランプリボス モズミツボシ 牡4 モズフリムカナイデ(0勝)クロフネ	トランセンド ミキノプリンス 牡4 ミキノモナコ(3勝)ディアブロ	ガルボ ロイヤルダンス 牡5 ブセナ(未登録)マイネルセレクト	アイアムインヴィンシブル (外)トップスターサン 牡5 メリオラ(豪)アドヴァロレム	ダイワメジャー メジャークオリティ 牡4 マジェスティッククオリティ(輸入)クオリティロード	ゴールドシップ サノラキ 牡4 コーラルビュー(2勝)キングヘイロー
6	2	52	91	22	1
… … … 47 △ … ⑨ △ …	… … … 46 … … ⑩ …	… ◎ … 59 ☆ … ④ ○ …	… ▲ … 83 ▲ … ① ◎	… … … 55 ○ … ⑦ △ …	… … … 42 … … ⑬ …
54▲今村	53★古川奈	58丹内	58斎藤	57藤岡康	55△小林凌
[illegible]祐	[illegible]橋	清水英	[illegible]位	西園正	中館
2.[illegible]00	4[illegible]200	4.21青鹿400	9.17[illegible]400	2.15鹿400	5.7鹿400
キ[illegible]S	[illegible]和	大脇佑樹	吉田[illegible]美	社台RH	佐野信幸
高野牧場	浦河育成牧場	山岡F	オーストラリア	社台F	豊洋牧場
1.53.8	1.46.4	1.45.4	1.43.3	1.35.1	1.47.6
0000	0002	0002	0224	0000	0001
4名6.5 ②1勝クラス 7 ダ1.54.5 50今村6人	名古10.26 ②JRA交流特 2 ダ1.34.6 55丸野勝2人	5中12.18 ⑥1勝クラス 2 ダ1.53.9 57丹内3人	3福11.13 ④1勝クラス 2 ダ1.46.6 57斎藤4人	6名12.17 ⑤1勝クラス 7 ダ1.56.0 56藤岡康4人	6名12.3 ①1勝クラス 9 ダ1.57.0 55角田和5人
5名10.2 ⑨1勝クラス 13 3歳上B35.7 ダ1.55.5 51今村11人	5阪11.13 ④1勝クラス 6 3歳上C38.2 ダ1.53.5 55和田竜11人	1中1.9 ④1勝クラス 3 4歳上坂55.5 ダ1.54.9 58丹内1人	1小1.15 ❷1勝クラス 2 4歳上C38.7 ダ1.43.3 58団野1人 18 .1 01 ズジ	1名1.5 ①1勝クラス 5 4歳上坂54.2 ダ1.55.4 57藤岡康5人 12ト12 3 492 M⑧38.6 3 4 2 04 レイクリエイ	1小1.22 ④1勝クラス 12 4歳上C39.4 ダ1.47.6 53永島10人 16ト4 3 486 S⑤38.2 13 11 14 19 サトノスライ
00000 00101 03104	00101 00000 1283 10	00404 11405 44409	1 10212 00202 12449	01001 00000 00001 02006	00101 00000 00000 05118
37.6	59.1	5.5	2.2	17.9	75.6
4F56.1馬 40.4なり 26.2 13.1C	4F53.5一杯 39.2 26.0追 13.3C	一 馬 66.1なり 37.8 12.3C	4F56.0馬 41.1なり 26.7 12.8C	4F53.4一杯 39.0 25.9追 13.1B	連闘軽め
穴に一考	行ければ	好戦必至	勝負気配	侮れない	目立たず

指数	1	2	3	4	5	6	7	8	9	10	11	12	13	14	15
7R	⑫ 83	⑤ 63	① 62	⑬ 59	⑦ 57	② 56	⑪ 55	③ 54	⑮ 47	⑭ 46	⑨ 44	⑥ 43	⑩ 42	④ 41	⑧ 40

1着⑫トップスターサン（コンピ1位、1番人気）

2着⑭ミキノプリンス（コンピ10位、8番人気）

3着⑮モズミツボシ（コンピ9位、9番人気）

10位　⑭ミキノプリンス

【手順④】購入対象馬の絞り込み

コンピ以外のファクターを使って絞り込みを行ないます。序章でもお伝えしたように、絞り込みのための応用的手法は本章の後半に簡単にまとめましたので、後ほどそちらをご覧になってください。

ここでは、絞り込みを行なわずに、基本ルールのまま買い目を組みます。私は主に馬連で勝負していますので、馬連の買い目を提示しましょう。軸馬から相手馬に流す（軸馬が複数頭の場合はフォーメーションを組む）のが基本です。

［買い目］
馬連流し　⑫→②③⑦⑪⑬⑭⑮（7点）

レースは、終始4～5番手を追走していた軸馬でコンピ1位の⑫トップスターサンが直線で馬群を割り、抜け出して1着。ほぼ同じポジションで競馬を進めていた相手馬で10位の⑭ミキノプリンスが外から伸びて2着。馬連3370円が7点で的中する格好となりました。

勝ったトップスターサンの単勝オッズは3・5倍。多くのファンが、「外すことはできないけれど全幅の信頼を置けるほどではない」というジャッジを下していたようですが、リニューアル後のコンピの特徴を把握していればなにも迷う必要はありません。自信を持って勝負できます。

従来の買い目ルールの場合、パターン2のレースの軸馬候補にコンピ1位は含まれません。よってこのレースは、レース判定基準と買い目ルールを見直した新テクニカル6だからこそ獲れたといっていいでしょう。

ただし、これだけは誤解なきようにお伝えしておきます。「パターン1〜4で1位が軸になることのない旧テクニカル6は使えない」というふうには考えないでください。従来版のルールは、コンピのリニューアル前は間違いなくベストのものでした。その存在が色あせたわけではありません。

新テクニカル6はパワーアップ版ではなく、コンピの仕様変更にアジャストしたアップデート版であり、今現在のベスト版。

あくまでテクニカル6の根幹は変わらない。

そのようにご理解いただけると幸いです。

1位指数が低ければ、波乱パターンで馬連万馬券もキャッチ！

続いてはこちらのレースです。コンピ1位が83以上の出現レースは堅い傾向にあり、1位が馬券に絡むとどうしても配当は控えめになりますが、新テクニカル6はもちろん荒れるレースもターゲットにしています。

コンピ1位が82以下で、なおかつパターン1や2であれば、大穴馬券ゲットの大チャンス。ハマれば、馬連万馬券をしとめることもできるのです。

■2023年4月9日・阪神6R（4歳上1勝クラス）

【手順①】コンピ1～3位の合計値を算出

このレースの出走馬のコンピは、掲載した一覧の通りです。
1位⑥ピラティスは「70」、2位②スマイルバックは「68」、3位①サクハルは「67」。
70＋68＋67＝「205」

【手順②】レースパターンを判定

新テクニカル6のパターン早見表（P33）と照合。コンピ1～3位の合計値が「205」のレースは、パターン1に判定されます。

【手順③】軸馬候補と相手馬候補を選出

コンピ1位の指数値が70なので、1位が82以下の際の買い目ルール（P57下）を採用します。
パターン1の軸馬4～6位、相手馬は4～14位です。

［軸馬］
4位　⑪ツウカイアペックス
5位　⑩エバニスタ
6位　⑦ルールシェーバー

［相手馬］
4位　⑪ツウカイアペックス
5位　⑩エバニスタ
6位　⑦ルールシェーバー
7位　⑬パルフェアンジュ
8位　⑨ロードドミニオン
9位　④ミッキーフランケル
10位　⑧ルージュルミナス
11位　⑤クリノアンビシャス
12位　⑫チャオベッラ
13位　③ココロノエンジェル
※13頭立てのため14位はなし

【手順④】購入対象馬の絞り込み

コンピ以外のファクターを使って絞り込みを行ないますが、こちらも先のレース同様、割愛して絞り込みを行なわずに買い目を組みます。

［買い目］

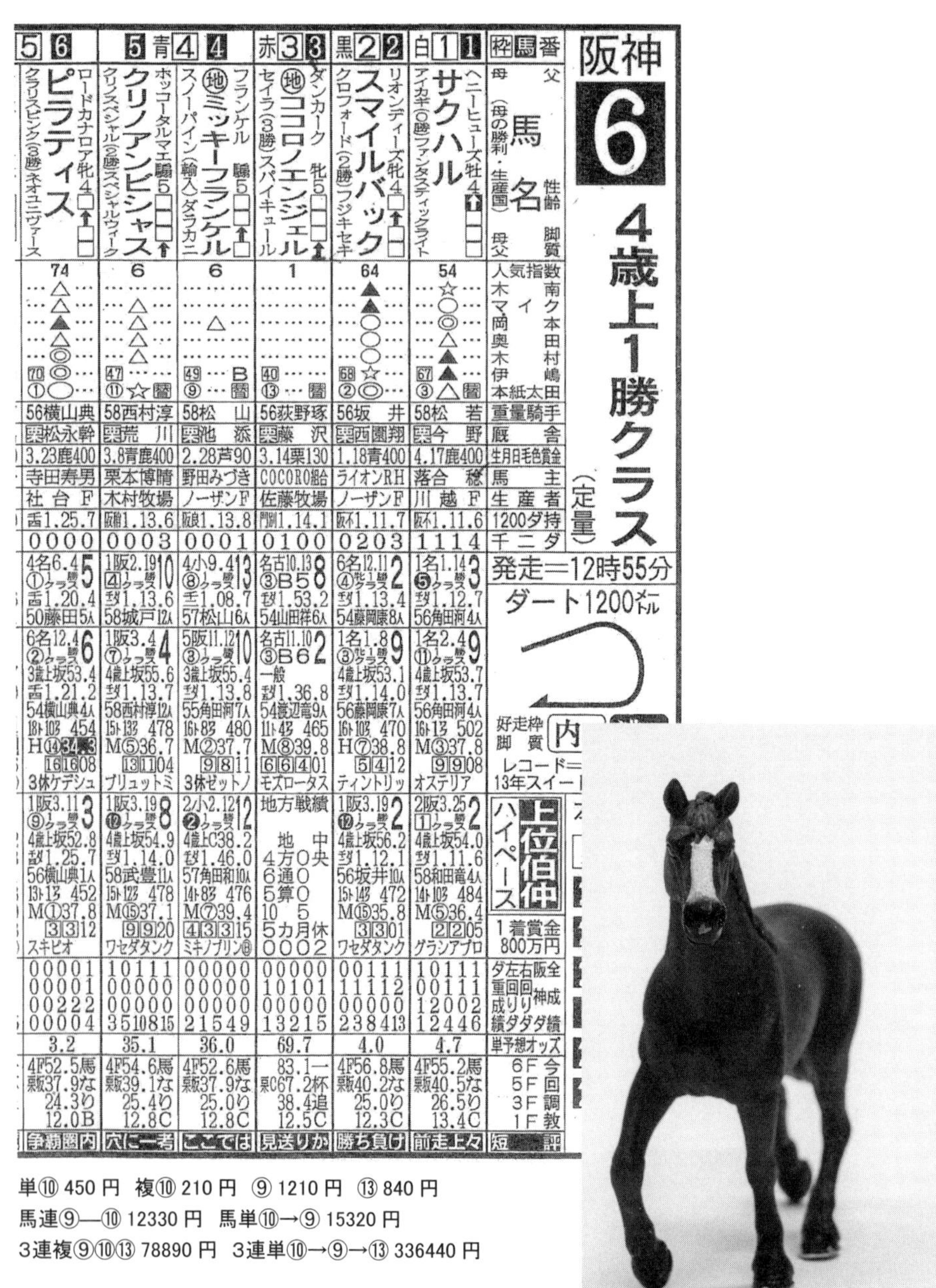

阪神 6

4歳上1勝クラス（定量）

発走＝12時55分

ダート1200メートル

好走枠 内

脚質

レコード＝

13年スイー

上位拮抗

ハイペース

1着賞金 800万円

枠馬番	白1 1	黒2 2	赤3 3	青4 4	5	5 6
父	ヘニーヒューズ	リオンディーズ	ダンカーク	フランケル	ホッコータルマエ	ロードカナロア
馬名 性齢	サクハル 牡4	スマイルバック 牝4	㊞ココロノエンジェル 牝5	㊞ミッキーフランケル 騸5	クリノアンビシャス 騸5	ピラティス 牝4
母（母の勝利・生産国）母父	アイカギ（0勝）ファンタスティックライト	クロフォード（2勝）フジキセキ	セイラ（3勝）スパイキュール	スノーパイン（輸入）ダラカニ	クリノスペシャル（2勝）スペシャルウィーク	クラリスピンク（3勝）ネオユニヴァース
人気指数	54	64	1	6	6	74
木南	☆	▲	…	…	…	△
マイク	○	▲	…	…	△	△
岡本	◎	○	…	△	△	▲
奥田	△	○	…	…	△	△
木村	▲	○	…	…	△	◎
伊嶋	67 ▲	68 ☆	40 …	49 … B	47	70 ◎
本紙太田	③ △ 圏	② ◎	⑬ … 圏	⑨ … 圏	⑪ ☆ 圏	① ○
重量騎手	58松若	56坂井	56荻野琢	58松山	58西村淳	56横山典
厩舎	栗今野	栗西園翔	栗藤沢	栗池添	栗荒川	栗松永幹
生月日毛色賞金	4.17鹿400	1.18青400	3.14栗130	2.28芦90	3.8青鹿400	3.23鹿400
馬主	落合稔	ライオンRH	COCORO組合	野田みづき	栗本博晴	寺田寿男
生産者	川越F	ノーザンF	佐藤牧場	ノーザンF	木村牧場	社台F
1200ダ持	阪不1.11.6	阪不1.11.7	門別1.14.1	阪良1.13.8	阪稍1.13.6	西1.25.7
千ニダ	1114	0203	0100	0001	0003	0000
前走	1名1.14 ⑤1勝クラス 3 / 千ダ1.12.7 / 56角田河4人	6名12.11 ④牝1勝クラス 2 / 千ダ1.13.4 / 54藤岡康8人	名古10.13 ③B5 8 / 千ダ1.53.2 / 54山田祥6人	4小9.4 ⑧1勝クラス 13 / 千1.08.7 / 57松山6人	1阪2.19 ④1勝クラス 10 / 千ダ1.13.6 / 58城戸12人	4名6.4 ①1勝クラス 5 / 西1.20.4 / 50藤田5人
前々走	1名2.4 ⑪1勝クラス 9 / 4歳上坂53.7 / 千ダ1.13.7 / 56角田河4人 / 16ト1ヲ 502 / M③37.8 / 9 9 08 / オステリア	1名1.8 ③牝1勝クラス 9 / 4歳上坂53.1 / 千ダ1.14.0 / 56藤岡康7人 / 16ト10ヲ 470 / H⑦38.8 / 5 4 12 / ティントリッ	名古11.10 ③B6 2 / 一般 / 千ダ1.36.8 / 54渡辺竜9人 / 11ト4ヲ 465 / M⑧39.8 / 6 6 4 01 / モズロータス	5阪11.12 ③1勝クラス 10 / 3歳上坂55.4 / 千ダ1.13.8 / 55角田河7人 / 16ト8ヲ 480 / M②37.7 / 9 8 11 / 3休ゼットノ	1阪3.4 ⑦1勝クラス 4 / 4歳上坂55.6 / 千ダ1.13.7 / 58西村淳12人 / 15ト13ヲ 478 / M⑤36.7 / 13 11 04 / ブリュットミ	6名12.4 ②1勝クラス 6 / 3歳上坂53.4 / 西1.21.2 / 54横山典4人 / 18ト10ヲ 454 / H⑭34.3 / 16 16 08 / 3休ケデシュ
3走前	2阪3.25 1 1勝クラス 2 / 4歳上坂54.0 / 千ダ1.11.6 / 58和田竜4人 / 14ト10ヲ 484 / M⑤36.4 / 2 2 05 / グラシアブロ	1阪3.19 ⑫1勝クラス 2 / 4歳上坂56.2 / 千ダ1.12.1 / 56坂井10人 / 15ト14ヲ 472 / M⑮35.8 / 3 3 01 / ワセダタンク	地方戦績 / 地 中 / 4方0央 / 6通0 / 5算0 / 10 5 / 5カ月休 / 0002	2小2.12 ❷1勝クラス 12 / 4歳上C38.2 / 千ダ1.46.0 / 57角田和10人 / 14ト8ヲ 476 / M⑦39.4 / 4 3 3 15 / ミキノプリン⑬	1阪3.19 ⑫1勝クラス 8 / 4歳上坂54.9 / 千ダ1.14.0 / 58武豊11人 / 15ト12ヲ 478 / M⑮37.1 / 9 9 20 / ワセダタンク	1阪3.11 ⑨1勝クラス 3 / 4歳上坂52.8 / 千ダ1.25.7 / 56横山典1人 / 13ト1ヲ 452 / M①37.8 / 3 3 12 / スキピオ
ダ左右阪全	10111	00111	00000	00000	10111	00001
重回回神	00111	11112	10101	00000	00000	00001
成り成	12002	00000	00000	00000	00000	00222
績ダダ績	12446	238413	13215	21549	3510815	00004
単予想オッズ	4.7	4.0	69.7	36.0	35.1	3.2
今回調教 6F / 5F / 3F / 1F	4F55.2馬 / 栗坂40.5な / 26.5り / 13.4C	4F56.8馬 / 栗坂40.2な / 25.0り / 12.3C	83.1一 / 栗C67.2杯 / 38.4追 / 12.5C	4F52.6馬 / 栗坂37.9な / 25.0り / 12.8C	4F54.6馬 / 栗坂39.1な / 25.4り / 12.8C	4F52.5馬 / 栗坂37.9な / 24.3り / 12.0B
短評	前走上々	勝ち負け	見送りか	ここでは	穴に一考	争覇圏内

単⑩ 450 円　複⑩ 210 円　⑨ 1210 円　⑬ 840 円

馬連⑨—⑩ 12330 円　馬単⑩→⑨ 15320 円

3連複⑨⑩⑬ 78890 円　3連単⑩→⑨→⑬ 336440 円

●2023年４月９日・阪神６Ｒ(４歳上１勝クラス、ダ1200m)

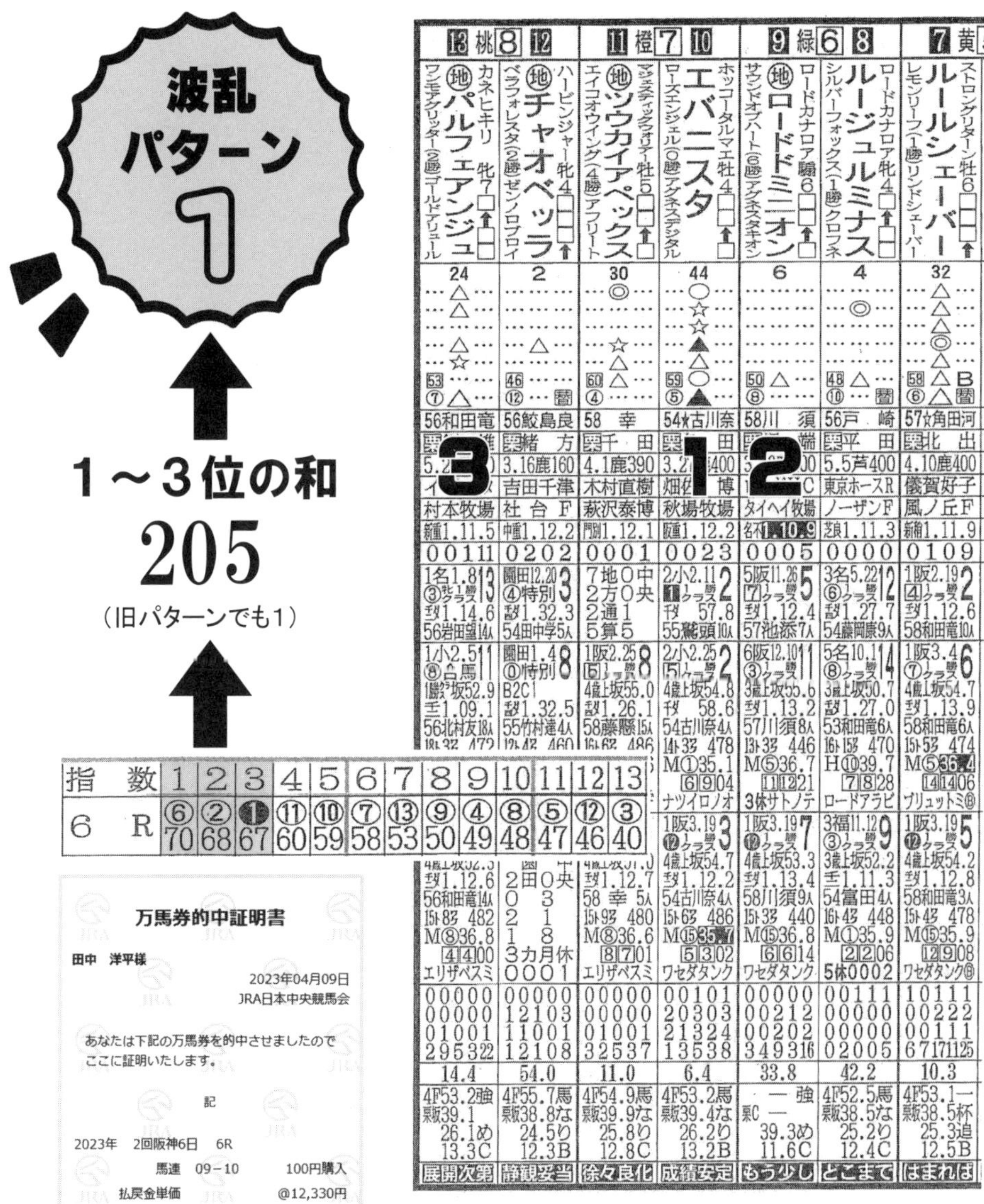

指数	1	2	3	4	5	6	7	8	9	10	11	12	13
6R	⑥70	②68	❶67	⑪60	⑩59	⑦58	⑬53	⑨50	④49	⑧48	⑤47	⑫46	③40

万馬券的中証明書

田中　洋平様

2023年04月09日
JRA日本中央競馬会

あなたは下記の万馬券を的中させましたので
ここに証明いたします。

記

2023年　2回阪神6日　6R
馬連　09－10　100円購入
払戻金単価　@12,330円
払戻金合計　12,330円

1着⑩エバニスタ　(コンピ5位、2番人気)
2着⑨ロードドミニオン　(コンピ8位、11番人気)
3着⑬パルフェアンジュ　(コンピ7位、9番人気)

馬連⑨－⑩
1万2330円

馬連フォーメーション　⑦⑩⑪→③④⑤⑦⑧⑨⑩⑪⑫⑬（24点）

結果は、軸馬でコンピ5位の⑩エバニスタが1着、相手馬で8位の⑨ロードドミニオンが2着。馬連1万2330円が的中しました。

オーソドックスな予想法を用いているファンは、阪神ダートで堅実に走ってきた実績を持つ1番人気のコンピ1位⑥ピラティスや、今回とまったく同じコースの前走で2着に好走していた3番人気のコンピ3位①サクハルあたりを、かなり有力な存在と評価していたことでしょう。

また、5戦続けて馬券に絡んでおらず、そのうち4戦が着差1・4秒以上の大敗という11番人気のコンピ8位⑨ロードドミニオンには、ちょっと手を出しづらかったと思います。

しかし、新テクニカル6はこのレースが波乱含みであることを見抜いていました。

そして、人気の1~3位に信頼が置けず、穴馬台頭の可能性が高いことを踏まえた買い目を提示してくれていました。

新テクニカル6を駆使すれば、このような穴馬券を労せず的中させることも可能になるのです。

本命党向き——「1位86以上」から絞り込む秘策

以上の的中レースを振り返ればわかるように、新テクニカル6の予想手順はきわめてシンプルです。慣れてくれれば、パターン早見表や買い目ルールが頭にインプットされ、いちいち該当ページを開かなくても結論を出せるようになると思います。

では皆さん、コンピ1～3位の合計値を出さずに狙い目を特定する、さらにお手軽な馬券作戦があったらいかがでしょう?

じつは、コンピリニューアル後に「上位指数のパフォーマンスが大幅に上がった」ことに着目し、新テクニカル6とは別の新たなミニ馬券作戦を私は考案しました。パフォーマンスが上がったコンピ83以上のなかでも、とりわけ優秀なコンピ1位86以上が出現したレースに特化した、馬連攻略術です。

これは、新テクニカル6とは一線を画した馬券作戦とお考えください。対象は1位86以上が出現したレースに限定されるので、この作戦をいつも発動できるわけではありません。

また、軸はほぼ例外なく断然人気のコンピ1位になります。よって、超高額配当の的中は望めません。馬連勝負が基本ゆえに、強いていえば本命党向きの作戦になるでしょう。

そのあたりをご理解いただいたうえで、興味のある方は実践してみてください。

では、内容を紹介します。

【勝負条件1】

コンピ1位86以上が出現したレース

【勝負条件2】

①5～11頭立てのレース

②12～14頭立てかつコンピ8位の指数値が51以下のレース
③15～18頭立てかつコンピ10位の指数値が49以下のレース

頭数の多いレースでコンピ8位あるいは10位の指数値を確認するのは、コンピ下位の台頭の可能性を判断するためです。コンピ下位の指数値が高いと、荒れる確率が高まります。

一見、ヒモ荒れしそうでよさそうにも感じられるかもしれませんが、その分、コンピ1位の信頼度が低下するので、勝負条件2の②もしくは③に該当するレースで勝負することは推奨できません（下の表22）。

【買い目ルール】
①5～11頭立てのレース
馬連　1位→2～4位

1位から2位以下に馬連で流した際の成績をご覧ください（左ページの表23）。相手が2～4位の回収率が高い水準にあります。少頭数なので、相手は上位3頭ほどに絞ったほうがいいでしょう。

5位以下に気になる馬がいたら相手に加えるのは構いませんが、「あれもこ

表22●1位86以上の条件別成績（2020年10月～2022年9月）

頭数	コンピ条件	勝率	連対率	複勝率	単回値	複回値
5～11頭	なし	56.5%	76.4%	86.0%	88	92
12～14頭	8位51以下	53.1%	71.9%	81.6%	95	93
	8位52以上	53.5%	67.4%	74.4%	96	84
15～18頭	10位49以下	57.0%	72.9%	79.2%	102	92
	10位50以上	43.3%	61.5%	72.1%	77	84

表22～33は、いずれも2020年10月～2022年9月

れも」とならないように注意してください。

②12～14頭立てかつコンピ8位の指数値が51以下のレース

馬連　1位→2～5位

相手は、回収率が高い水準にあるコンピ2～5位の4頭がメイン。57・8％という悪くない的中率を記録しています（次ページの表24）。

ここももちろん、6位以下に気になる馬がいたら買い目に組み込んでいただいてOKです。コンピ10位の回収率はひときわ目立ちますが、これは統計上の偏り（たまたま）という可能性が高いので、ピンポイントで狙うべきではないでしょう。

また、8位が52以上のレースは勝負対象外になりますが、相手が2位と3位の場合のみ、回収率が突出しています。2位と3位に強調材料を見つけられたら、例外的に狙ってみてもいいかもしれません。

③15～18頭立てかつコンピ10位の指数値が49以下のレース

馬連　1位→2～6位

表23●「5～11頭立てのレース」で「1位86以上から2位以下」に馬連で流した際の成績

相手順位	的中率	回収率
2	30%	89.1%
3	14.9%	84.3%
4	12.1%	84.8%
5	7.5%	73.4%
6	5.1%	62.9%
7	2.6%	43.8%
8	2.9%	76.8%
9	2.4%	142.4%
10	1.4%	106.2%
11	1.4%	91.7%
全体	76.7%	81.6%
2～4位	57.1%	86.1%

的中率52・7％をマークしているコンピ6位まで（2〜6位の5頭）を相手に勝負することを推奨します。7位以下を馬券に組み込む場合は、15位までくらいが視野に入るでしょうか（左の表25）。

また、12〜14頭立ての際と同様に、コンピ10位が50以上のケースでは2位と3位を相手で買う際の期待値が高くなっています。こちらも勝負対象外ながら、2位と3位の条件次第では、買ってみるという

表24●「12〜14頭立てのレース」で
「1位86以上から2位以下」に馬連で流した際の成績

8位51以下			8位52以上		
相手順位	的中率	回収率	相手順位	的中率	回収率
2	23.6%	93.5%	2	27.9%	121.6%
3	12.2%	75.1%	3	16.3%	135.6%
4	11.7%	93.8%	4	0%	0%
5	8.7%	101.2%	5	4.7%	39.8%
6	2.6%	51.7%	6	4.7%	87%
7	4.6%	90.6%	7	2.4%	68.6%
8	2%	63.6%	8	4.7%	72.8%
9	1.5%	79.7%	9	7.1%	173.1%
10	3.1%	123.8%	10	0%	0%
11	0.5%	18.7%	11	0%	0%
12	1%	131.2%	12	0%	0%
13	0.8%	57.8%	13	0%	0%
14	0%	0%	14	0%	0%
全体	71.9%	80.3%	全体	67.4%	56.5%
2〜5位	57.8%	94%	2〜5位	48.8%	74.2%

表25●「15〜18頭立てのレース」で
「1位86以上から2位以下」に馬連で流した際の成績

10位49以下			10位50以上		
相手順位	的中率	回収率	相手順位	的中率	回収率
2	20.8%	114.2%	2	15.4%	88.1%
3	8.7%	52.4%	3	13.5%	91.5%
4	9.2%	103.2%	4	6.7%	70.4%
5	5.3%	74.1%	5	4.8%	43.2%
6	8.7%	112.4%	6	7.8%	103.9%
7	3.4%	60.2%	7	2.9%	58.9%
8	2.4%	52%	8	1.9%	69.9%
9	4.9%	170.6%	9	1%	27.2%
10	3.9%	137.4%	10	2%	62.5%
11	1.5%	41.7%	11	1%	72.4%
12	1%	70.1%	12	1%	31.9%
13	1.4%	212%	13	0%	0%
14	1%	83.8%	14	1.9%	82.7%
15	1%	91.1%	15	1%	31.9%
16	0%	0%	16	1%	109.2%
17	0%	0%	17	0%	0%
18	0%	0%	18	0%	0%
全体	72.9%	92.4%	全体	61.5%	60.7%
2〜6位	52.7%	91.3%	2〜6位	48.1%	79.4%

選択肢もありでしょう。

さらに7つのファクターで回収率アップ！

以上のように、一部のコンピ順位＆指数値と、出走頭数をチェックするだけで、おトクな狙い目が簡単に浮上してきます。

ただし、勝負条件①～③のいずれの場合も、ルール通りに勝ったら回収率100％を超えてきません。プラスに持っていくためには、もうひと工夫が必要になります。

そこで、的中率と回収率を同時にアップさせることを可能にする、7つの絞り込みファクターを用意しました。

「絞り込む」というよりは、コンピ1位86以上のパフォーマンスがさらに上がる条件を「厳選して狙い撃つ」というイメージです。勝負する金額を決める際にも、ぜひお役立てください。

【絞り込みファクター】

①クラス　※①～⑦のデータ（表26～32）はP75に掲載

○　新馬戦以外

×　新馬戦

新馬戦はコンピ1位86以上のパフォーマンスが低下します。おそらく、全馬に過去実績がないためにコンピの精度がやや落ちるのでしょう。

重賞勝ち馬の兄弟など、血統背景だけで重いシルシが打たれて、過剰人気傾向にあることも影響しているのかもしれません。

②開催場

○　中央場所
×　ローカル

中央場所の成績がよいのは、おそらく騎手が影響しているのでしょう。腕達者のリーディング上位騎手が多く、人気馬に騎乗したときの信頼度は高いです。

一方のローカルでは、若手騎手やリーディング下位騎手が中心となるため、騎乗ミスが増えます。中央場所が主戦場のトップジョッキーに比べ、コンピ1位86以上での取りこぼしが多いのではないでしょうか。

③負担重量規定

○　馬齢・定量
×　別定・ハンデ

表26●1位86以上の【クラス】別成績

クラス	着別度数	勝率	連対率	複勝率	単回値	複回値
新馬以外	421-141- 71-137/770	54.7%	73.0%	82.2%	93	92
新馬	24- 12- 3- 16/ 55	43.6%	65.5%	70.9%	77	82

表27●1位86以上の【開催場】別成績

開催場	着別度数	勝率	連対率	複勝率	単回値	複回値
中央	255- 83- 43- 76/457	55.8%	74.0%	83.4%	95	93
ローカル	190- 70- 31- 77/368	51.6%	70.7%	79.1%	89	89

表28●1位86以上の【負担重量規定】別成績

負担重量	着別度数	勝率	連対率	複勝率	単回値	複回値
馬齢・定量	408-133- 62-130/733	55.7%	73.8%	82.3%	94	91
別定・ハンデ	37-20-12-23/92	40.2%	62.0%	75.0%	77	89

表29●1位86以上の【前走斤量比】別成績

前走斤量比	着別度数	勝率	連対率	複勝率	単回値	複回値
減・増減なし	331-112- 51-104/598	55.4%	74.1%	82.6%	95	92
増	90- 29- 20- 33/172	52.3%	69.2%	80.8%	90	92

表30●1位86以上の【休み明けレース数】別成績

休み明けレース数	着別度数	勝率	連対率	複勝率	単回値	複回値
1～5戦目	421-141- 71-137/770	54.7%	73.0%	82.2%	93	92
6戦目以上	14- 9- 5- 11/ 39	35.9%	59.0%	71.8%	72	84

表31●1位86以上の【前走上がり3ハロンタイム順位】別成績・芝限定

前走上がり3F	着別度数	勝率	連対率	複勝率	単回値	複回値
1～5位	177- 53- 36- 55/321	55.1%	71.7%	82.9%	95	92
6位以下	27- 10- 9- 17/ 63	42.9%	58.7%	73.0%	76	84

表32●1位86以上の【前走4角通過順位】別成績・ダート限定

前走4角通過順位	着別度数	勝率	連対率	複勝率	単回値	複回値
2～6番手	133- 43- 19- 32/227	58.6%	77.5%	85.9%	98	96
1番手＆7番手以下	69- 25- 5- 34/133	51.9%	70.7%	74.4%	91	85

負担重量規定別の成績は、斤量が横並びとなる馬齢戦と定量戦に軍配が上がります。収得賞金額や重賞実績などが加味される別定戦や、ハンデキャッパーが斤量を決めるハンデ戦は、前評判通りの実力を出せないケースが多いのかもしれません。

④前走との斤量差

○　斤量減・増減なし

×　斤量増

出走馬の人気（コンピ指数）には、前走の着順やタイムなどが大きく影響します。前走内容のよい馬が当然人気を集めますが、斤量が増えることによって、前走のようなパフォーマンスを出せない馬が多く現れるようです。

前走比斤量増の馬が成績を落とすのは、そのためでしょう。

⑤休み明けのレース数

○　1～5戦目

×　6戦目以上

これは当然のことですが、使い詰めの馬は疲れてパフォーマンスが落ちる傾向にあります。安定して走れる目安は、前走とのレース間隔が10週（中9週）以上の休養明け初戦から5戦目まで。6戦目以上の馬は評価を一枚割り引いてください。

⑥前走上がり3ハロンタイム順位（芝限定）

○　1〜5位

×　6位以下

芝のレースでは、いわずもがな決め手が重要です。前走で速い上がりを使えなかった馬は、展開が有利に働いたなどの運の要素が紛れていることもあり、今回のレースでパフォーマンスが落ちる傾向にあります。

目安となるのは、5位以内。6位以下だった馬は過信禁物です。

⑦前走4コーナー通過順位（ダート限定）

○　2〜6番手

×　1番手&7番手以下

ダートのレースでは、先行力が好走に直結します。

ただし逃げ馬については、強い勝ち方をする反面、モロさもあり、過度に信頼することはできません。

一方、4角7番手以下の馬は末脚を活かすタイプなので、展開に左右されてパフォーマンスが安定しません。総じて成績を落とす傾向にあります。

絞り込みファクターは以上の7つです。「○」の数が多いコンピ1位86以上の馬ほど、鉄板度合いが高まるとお考えください。

とりわけ重要なのは⑥と⑦です。芝のレースは前走上がり3ハロンタイム順位、ダートのレースは前走4角通過順位に、とくに注意しましょう。コンピ1位86以上で、これをクリアしている馬は、勝負度合い（馬券購入額）を上げてください。それに加え、もう1～2項目クリアしていれば、期待値は大きく上昇します。

7つのファクターの絞り込み条件をオールクリア（⑥と⑦に関してはいずれか一方）となった馬の成績はご覧の通りです（下の表33）。

なんと、オールクリアの馬は単勝回収値が100を超えています。いわゆる〝ベタ買い〟でもプラス収支が視野に入るほどの圧倒的な走りを披露しているのです。

できればオールクリアの中央場所のレースを狙っていきたいのですが、該当レースが少なくなってしまうのが悩ましいところ。よって、ジョッキーの不安を承知のうえで評価を割り引きつつも、②のみクリアできなかった馬（ローカルという条件以外はクリアしている馬）でも勝負する方向で検討していきましょう。

それでも4回に3回は連対するので、相手選びを工夫すれば効率のよい立ち回りが

表33●1位86以上の【絞り込み7ファクターの該当項目数】別成績

条件	着別度数	勝率	連対率	複勝率	単回収値	複回収値
全項目クリア	111- 34- 14- 20/179	62.0%	81.0%	88.8%	105	97
項目②以外クリア	103- 27- 13- 29/172	59.9%	75.6%	83.1%	98	91

可能になるはずです。

「1位86以上」の的中率・回収率アップ作戦を実践

このお手軽馬連作戦を活用したら、実際にどんな馬券が獲れるのか？

的中例をひとつ紹介しましょう。

■2023年4月15日・福島11Rラジオ福島賞（4歳上2勝クラス、ダ1150m）

【勝負条件1】

コンピ1位86以上が出現したレース

コンピ1位⑩マルモリスペシャルの指数値は「86」。よって、勝負条件1はクリアとなります。

【勝負条件2】

①5～11頭立てのレース

②12～14頭立てかつコンピ8位の指数値が51以下のレース

③15～18頭立てかつコンピ10位の指数値が49以下のレース

1150m）

枠・馬番	1 白 1	1 白 2	2 黒 3	2 黒 4	3 赤 5	3 赤 6	4 青 7	4 青 8
父	トゥザグローリー	キンシャサノキセキ	ロードカナロア	ミッキーアイル	ダノンレジェンド	ロードカナロア	ミッキーアイル	エスポワールシチー
馬名 性齢	(地)メイショウミツヤス 牡5	ハギノオーロ 牝6	ゲンパチレオニダス 牡4	(地)ルピナステソーロ 牝5	サイモンルピナス 牝5	シャスティーナ 牝5	ナツイロノオトメ 牝4	カネコメシスター 牝4
母（母の勝利・生産国）	フミノアザレア(0勝)	ハギノアーク(未出走)	ドリーミートーン(0勝)	ダンツクィーン(未出走)	メイショウルチェ(0勝)	パラダイスリッジ(1勝)	フェールクークー(1勝)	キャンドルアイス(1勝)
母父	マンハッタンカフェ	アドマイヤムーン	ジャングルポケット	チチカステナンゴ	キングカメハメハ	ディープインパクト	アラムシャー	フォーティナイナー
人気指数	20	24	1	1	1	1	4	1
木南㊤	…	…	…	…	…	…	☆	…
マイク㊣	☆	△	…	…	…	…	○	…
舟元㊤	…	△	…	…	…	…	…	…
桑原㊤	…	△	…	…	…	…	…	…
松田㊤	…	☆	…	…	…	…	…	…
井上㊤	55 …	53 ☆	43 △	40 …	41 … B	42 …	46 …	44 …
本紙水島㊤	⑥ △	⑧ △	⑬ …	⑯ …	⑮ …	⑭ …	⑪ …	⑫ …
重量騎手	58富田	56藤懸	58菊沢	56佐々木	56城戸	56田中健	56永島	56斎藤
騎手相性	0001	1128	0000	0000	0000	1113	1200	1002
厩舎	美木原	美高野	美牧浦	美鳥山	美羽月	美中村	栗角田	栗中尾
生月日毛色賞金	3[illegible]	5.24鹿900	4.13黒鹿900	5.10栗830	4.7黒鹿900	2.24鹿900	4.27青鹿900	6.10栗900
馬主	松[illegible]	安岡美津子	平野武志	了徳寺健二HD	澤田昭紀	ロードHC	岡浩二	高岡浩行
生産者	斉[illegible]	村下明博	前川勝春	ストームFC	三嶋牧場	ケイアイF	高村牧場	ラッキー牧場
1000ダ 1150ダ 1200ダ 持時計	福良1.08.7 名良1.11.4	小不58.0 福良1.11.1 新良1.11.3	小不58.1 福良1.10.0 新良1.13.5	小稍59.7 名良1.12.0	小不58.3 福良1.08.8 新不1.11.7	小不58.6 新重1.12.0	小不58.2 福良1.08.7 名良1.11.6	札良59.5 名重1.11.6
千 千一 千二五 重 成 ダダダ績	0000 1000 0100 3002	1100 0010 2022 6035	0011 0000 0000 2100	1000 0000 0000 3012	1101 2101 4012 11125	0020 1001 1010 5022	1010 0131 0000 4111	1010 0000 1000 2012
前走5	園田7.28 1 ②JRA交流特 ダ1.29.5 56下原理1人	4阪10.10 15 ③牝2勝クラス ダ1.26.3 55藤懸13人	1函7.17 13 ⑫1勝クラス 芝1.14.0 51横山琉6人	2中3.20 13 ⑦2勝クラス ダ1.12.7 55横山和7人	4新10.16 4 ②牝1勝クラス ダ1.12.1 53松本6人	1新5.22 9 ⑥牝1勝クラス ダ1.12.7 53小沢6人	3福11.6 2 ②1勝クラス ダ1.08.9 53角田和5人	1阪3.19 14 ⑪牝1勝クラス ダ1.25.7 54森裕4人
前走4	3福11.19 3 ⑤西郷 2勝クラス坂53.7 ダ1.08.7 53小沢8人 16ト16ス 508 H②37.5 ⑥③04 ヴァリアント	浦和10.20 4 ④JRA交流特 一般 ダ1.29.2 51今村3人 11ト6ス 531 M③39.9 ②①②01 ボルカンパル	1札7.30 15 ③1勝クラス 3歳上C43.2 芝1.09.8 54浜中12人 16ト6ス 480 M⑦34.2 ⑯⑯08 3休ミズノコ	3東6.25 7 ⑦清里 2勝クラスB37.2 ダ1.23.9 55永野12人 15ト7ス 464 M①35.2 ⑬⑫13 ウインアキレ	4新10.29 8 ⑤1勝クラス 3歳上坂55.5 ダ1.13.0 54松本3人 11ト7ス 438 M①37.5 ⑥⑥21 メイショウフ⑮	1札7.23 1 ①1勝クラス 3歳上B38.9 ダ59.5 55鮫島駿2人 10ト8ス 484 M③36.0 ②②00 ユスティニア	3福11.19 6 ⑤1勝クラス 3歳上坂58.6 ダ1.08.7 53角田和5人 16ト8ス 478 H④37.7 ①①02 ボルタドマー	1札7.31 1 ④牝1勝クラス 3歳上B38.3 ダ59.5 52斎藤2人 12ト1ス 484 H③35.7 ⑥⑦03 プリティイン
前走3	6阪12.28 11 ⑨春待月 2勝クラス坂54.1 ダ1.26.1 57秋山真9人 16ト2ス 522 H⑩39.4 ②②16 イフティファ	5阪11.27 13 ⑧2勝クラス 3歳上坂55.6 ダ1.26.4 55藤懸14人 16ト1ス 532 H⑥40.2 ①②24 プライムライ	3福11.13 5 ④1勝クラス 3歳上坂53.9 ダ1.10.0 52永島7人 16ト16ス 482 M②37.4 ⑤⑤12 ユウグロスフ	佐賀8.4 2 ③霧島賞 重賞 ダ1.28.1 54山口勲1人 12ト1ス 476 M⑦38.0 ①①①01 テイエムラッ	3福11.20 1 ⑥1勝クラス 3歳上坂55.9 ダ1.08.8 55斎藤4人 16ト16ス 436 M⑭37.1 ②②02 ルヴェルジェ⑮	2札8.14 7 ②2勝クラス 3歳上C41.6 ダ59.9 55鮫島駿10人 12ト5ス 486 H①37.1 ①②07 3休ムジック	1小1.28 2 ⑤1勝クラス 4歳上坂52.4 ダ58.2 52永島1人 14ト10ス 488 M⑭35.3 ①①01 ゲンパチレオ	2札8.14 4 ②2勝クラス 3歳上C39.8 ダ59.6 52斎藤4人 12ト3ス 484 H⑦35.4 ⑫⑨04 ムジック
前走2	1阪2.26 7 ⑥2勝クラス 4歳上坂53.7 ダ1.12.8 58浜中6人 16ト11ス 518 M①37.8 ①①12 クレア	1小2.4 2 ⑦有田 2勝クラス坂52.8 ダ59.0 56藤懸8人 14ト1ス 520 H④36.3 ①①01 ララシャンド	1名1.22 8 ⑧1勝クラス 4歳上坂55.2 ダ1.13.9 58ムルザバエフ8人 15ト1ス 496 M③38.3 ①①08 メイショウオ	4中9.18 14 ④浦安 2勝クラスC38.8 ダ1.12.4 55石川12人 15ト3ス 482 M③36.5 ⑮⑮19 4休エリモグ	6名12.17 11 ⑤YJSF名2 2勝クラス坂53.6 ダ1.27.4 55小林凌7人 16ト6ス 448 H④40.1 ②①25 タイキフォー⑮	5中12.3 16 ①鹿島 2勝クラス坂57.8 ダ1.12.3 55岩田望11人 16ト6ス 490 M⑭38.0 ④⑥17 パウオレ	1小2.5 2 ⑧1勝クラス 4歳上 連闘 ダ58.7 52永島1人 13ト9ス 482 H①36.0 ②②02 デルマシルフ	5名9.10 15 ❶2勝クラス 3歳上B37.3 ダ1.11.6 53斎藤6人 16ト16ス 480 M①36.7 ⑪⑩25 4休ラインガ
前走1	2阪3.26 5 ②2勝クラス 4歳上坂53.9 ダ1.11.5 58富田9人 16ト10ス 504 M②36.1 ②②05 サトノテンペ	2小2.19 3 ④伊万里 2勝クラス坂56.6 ダ58.0 56藤懸5人 14ト1ス 516 H⑭35.7 ②①04 アルバミノル	1小1.28 1 ⑤1勝クラス 4歳上 連闘 ダ58.1 54古川奈4人 14ト13ス 494 M②35.0 ④⑤01 ナツイロノオ	1小2.4 11 ⑦有田 2勝クラスC41.7 ダ59.7 56永島14人 14ト8ス 466 H②35.8 ⑫⑬08 ララシャンド	2小2.19 7 ④伊万里 2勝クラス坂56.9 ダ58.3 56斎藤11人 14ト13ス 444 H⑭35.4 ⑤⑥07 アルバミノル⑮	2小2.19 9 ④伊万里 2勝クラス坂59.7 ダ58.6 56田中健12人 14ト3ス 480 H⑭35.6 ⑦⑧10 アルバミノル	2小2.25 1 ⑤1勝クラス 4歳上坂60.9 ダ58.2 52永島1人 14ト9ス 482 M⑤35.4 ①①04 エバニスタ	1名1.5 8 ①2勝クラス 4歳上坂54.8 ダ1.13.3 56川須7人 16ト8ス 488 M⑬37.6 ⑧⑧09 3休1001

福島 11 ラジオ福島賞（4歳上混・2勝クラス・定量）

◆53年に開局した放送局で、本社は福島市。73年に本競走創設する

発走＝15時20分

ダート1150メートル

好走枠 中枠　脚質 逃げ

レコード＝1・06・1 20年ダンシングプリンス

波乱含み ハイペース

賞金 1着 1550万円 2着 620万円 3着 390万円 4着 230万円 5着 155万円

本紙予想 馬連 9―13 13―16 10―13 1―13 2―13 13―14 13―15 3連単

単⑩ 310 円　複⑩ 170 円　⑯ 270 円　① 530 円

馬連⑩—⑯ 1220 円　馬単⑩→⑯ 2030 円

3連複①⑩⑯ 7700 円　3連単⑩→⑯→① 25460 円

このレースは16頭立てで、コンピ10位⑪ショウナンマッハの指数値は「48」。よって、勝負条件2の③もクリアとなります。

●2023年4月15日・福島11Rラジオ福島賞(4歳上2勝クラス、ダ

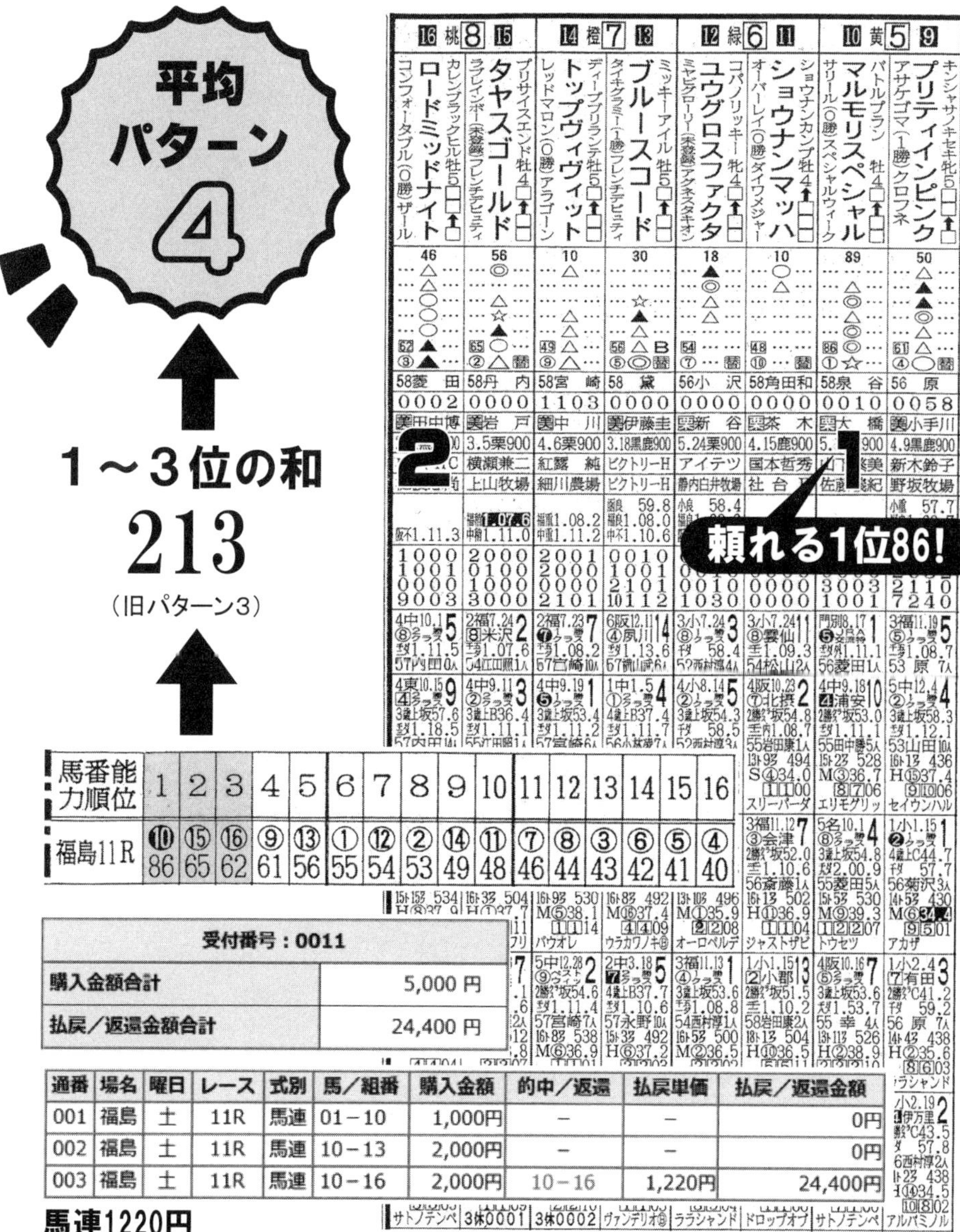

馬番能力順位	1	2	3	4	5	6	7	8	9	10	11	12	13	14	15	16
福島11R	⑩86	⑮65	⑯62	⑨61	⑬56	①55	⑫54	②53	⑭49	⑪48	⑦46	⑧44	③43	⑥42	⑤41	④40

受付番号：0011	
購入金額合計	5,000円
払戻／返還金額合計	24,400円

通番	場名	曜日	レース	式別	馬／組番	購入金額	的中／返還	払戻単価	払戻／返還金額
001	福島	土	11R	馬連	01－10	1,000円	－	－	0円
002	福島	土	11R	馬連	10－13	2,000円	－	－	0円
003	福島	土	11R	馬連	10－16	2,000円	10－16	1,220円	24,400円

馬連1220円

1着⑩マルモリスペシャル　（コンピ1位、1番人気）
2着⑯ロードミッドナイト　（コンピ3位、4番人気）
3着①メイショウミツヤス　（コンピ6位、11番人気）

【買い目ルール】

③15～18頭立てかつコンピ10位の指数値が49以下のレース

馬連　1位→2～6位

ルール通りに買い目を組みます。コンピ順位は前ページの一覧の通り。結論は次のようになります。

馬連流し　⑩→①⑨⑬⑮⑯

【絞り込みファクター】

軸馬のコンピ1位⑩マルモリスペシャルについて、7つの絞り込みファクターをチェックしていきましょう。

①クラス　→　新馬戦以外なので「○」

②開催場　→　ローカル開催なので「×」

③負担重量規定　→　定量戦なので「○」

④前走との斤量差　→　斤量増（57→58キロ）なので「×」

⑤休み明けレース数　→　休み明け2戦目なので「○」

※ダートレースのため⑥はパス

⑦前走4コーナー通過順位（ダ）→前走4角7番手なので「×」

最重要ファクターの⑦は基準ギリギリでクリアならず……でしたが、○が3つ付きましたので、問題なく勝負できると判断できます。

ルール通りに購入する場合は馬連5点となりますが、私は後述する「バージョンα」などを使った総合的見地から⑨プリティピンクと⑮タヤスゴールドをカット。相手を①メイショウミツヤス、⑬ブルースコード、⑯ロードミッドナイトの3頭に絞って勝負しました。

結果は、1着が軸馬でコンピ1位の⑩マルモリスペシャル、2着が相手馬でコンピ3位の⑯ロードミッドナイト。狙いを絞った決め打ち勝負で、馬連1220円（×2000円）を射抜くことに成功したのです。

なお、このレースについては、3章で万馬券のレポートをしている編集スタッフのHさんが3連単を的中しています（P106〜109）。3連系の馬券なので、私と異なるアプローチをしていますが、そちらのほうも参考にしていただきたいと思います。

軸馬・ヒモの絞り方アラカルト

再三予告してきた通り、本章の最後に馬券購入対象馬の絞り込みを可能にする、いくつかの応用テクニックを紹介していきます。

取り上げるのは、馬齢、馬体重、脚質に注目した「バージョンα」、出走頭数によって軸馬候補と相手馬候補の範囲を絞る「ハイブリッド」、軸馬選びの精度を上げる「ゾーンレベル」の3つです。

紙幅の都合もありますので、説明は必要最小限にとどめます。ルール設定の裏付けデータなどの込み入った内容については、拙著『日刊コンピ　テクニカル6ハイブリッド！』（小社刊）に詳しいので、興味のある方はぜひ、そちらをご覧になってください。

■バージョンα

統計上、好走確率が低いことが判明している3つの条件に出走馬を照合し、該当する馬の評価を下げる、消去法的なテクニックです。

1つに該当する程度で神経質になる必要はありませんが、3つフルマークという状況は危険を示すサイン。該当馬絡みの買い目の購入金額を下げたり、思いきって買い目から消去したりすることを推奨します。

①馬齢→6歳以上馬をカット（購入対象を2～5歳馬に絞る）
②馬体重→460キロ未満の馬をカット（購入対象を460キロ以上の馬に絞る）
※レース当日の馬体重発表前に予想を行なう場合は前走馬体重でOK
③脚質→前走4角6番手以下の馬をカット（購入対象を前走4角5番手以内の馬に絞る）

■ハイブリッド

テクニカル6に出走頭数というファクターを加えることで、馬券購入対象馬の範囲（コンピ順位）を絞り込むテクニックです。

パターン×頭数ごとに「コンピ何位までが馬券になりやすいか」を検証。私は馬連を中心に勝負する

表34●パターン＋出走頭数別の馬連決着のコンピ順位
＜ハイブリッド・レンジ（HBレンジ）＞

パターン	頭数	70%	80%	90%
6	5～11頭	4位	5位	6位
	12～14頭	5位	6位	8位
	15～18頭	6位	8位	10位
5	5～11頭	5位	6位	7位
	12～14頭	6位	7位	9位
	15～18頭	7位	8位	10位
4	5～11頭	5位	6位	8位
	12～14頭	6位	8位	9位
	15～18頭	7位	9位	11位
3	5～11頭	6位	7位	8位
	12～14頭	7位	8位	9位
	15～18頭	8位	9位	11位
2	5～11頭	6位	7位	8位
	12～14頭	7位	8位	10位
	15～18頭	8位	10位	12位
1	5～11頭	6位	7位	8位
	12～14頭	7位	9位	10位
	15～18頭	8位	10位	12位
		本命	普通	波乱

70%・80%・90%は的中率ライン

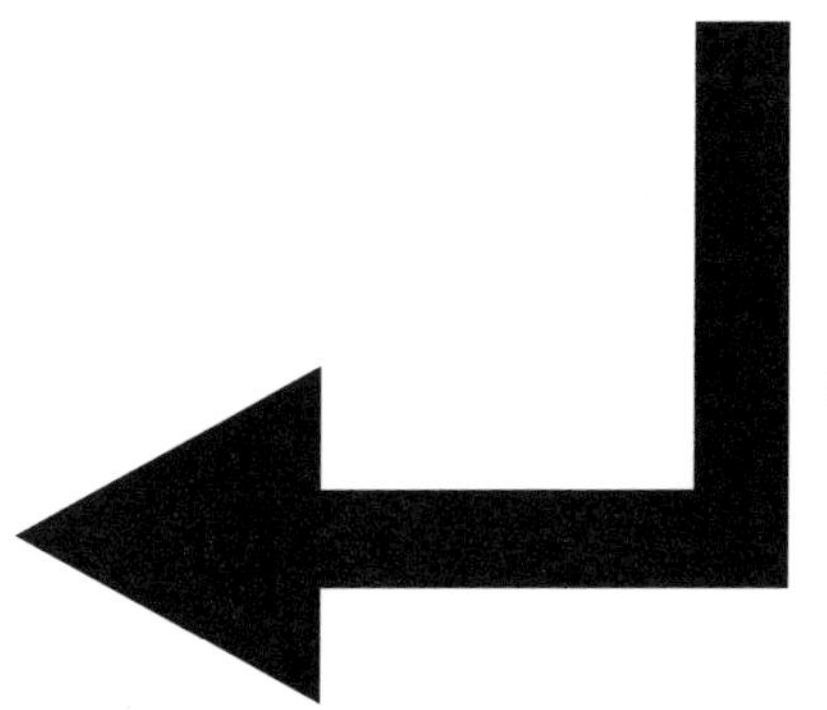

（次ページ参照）

表35●コンピリニューアル後のハイブリッド・レンジ（新HBレンジ）

パターン	頭数	70%	80%	90%
6	5～11頭	4位	5位	6位
	12～14頭	5位	7位	8位
	15～18頭	6位	8位	10位
5	5～11頭	5位	6位	7位
	12～14頭	6位	7位	9位
	15～18頭	7位	8位	10位
4	5～11頭	6位	7位	8位
	12～14頭	7位	8位	9位
	15～18頭	7位	9位	11位
3	5～11頭	6位	7位	8位
	12～14頭	7位	8位	10位
	15～18頭	8位	9位	11位
2	5～11頭	6位	7位	8位
	12～14頭	7位	9位	10位
	15～18頭	8位	10位	12位
1	5～11頭	6位	7位	8位
	12～14頭	8位	9位	10位
	15～18頭	9位	10位	13位
		本命	普通	波乱

アミ部分が変更箇所

スタイルなので、「○位以内の馬同士で馬連決着する確率」を出していきました。これにより、コンピ下位の足切りが可能になります。

馬連決着の確率が70%、80%、90%のそれぞれになる順位を割り出し、パターン×頭数別に一覧にしました。この一覧にある馬券購入対象馬の範囲を「ハイブリッド・レンジ」（HBレンジ）と呼びます。

推奨するラインは80%です。例えば80%で「パターン1・18頭立て」の場合、コンピ1～10位がHBレンジ＝馬券購入対象範囲（11位以下は消去対象）になります。つまり、一覧内の順位は、各レンジの最低コンピ順位を示しているのです。

ただし、このHBレンジは従来のもの（P85の表34）。コンピリニューアルによって上位指数の傾向が変わったため、それを考慮して微調整をする必要が生じました。変更後のHBレンジを掲載しますので、予想の際にはこちらをご活用ください（P86の表35）。このあとの第3章をご覧になればわかりますが、編集スタッフのHさんは3連系馬券のヒモ選定に使われているようです。

なお、アミカケ部分が変更された箇所で、コンピ順位1つ分、後ろに下がっています。

■ゾーンレベル

コンピの一ケタ順位を「1位ゾーン」「2～3位ゾーン」「4～9位ゾーン」の3つに分割し、どのゾーンのレベルが最も高いかを判定することによって、レースの波乱度合いを見極め、軸馬候補と相手馬候補をあぶり出すことを可能にした理論です。

ゾーンレベル単体でも理論は成立していますが、ここではコンピ1位のレベルと2位以下のレベルを

表36●ゾーンレベル一覧

▼1位ゾーンのレベル評価

1位指数	勝率	レベル
89・90	53%	10
87・88	45%	9
85・86	39%	8
83・84	36%	7
81・82	30%	6
79・80	27%	5
77・78	26%	4
70 ～ 76	22%	3
63 ～ 69	16%	2

▼2～3位ゾーンのレベル評価

2～3位の和	勝率	レベル
145 ～ 149	43%	9
141 ～ 144	39%	8
137 ～ 140	34%	7
133 ～ 136	32%	6
129 ～ 132	30%	5
125 ～ 128	25%	4
121 ～ 124	21%	3
115 ～ 120	19%	2

▼4～9位ゾーンのレベル評価

1位と9位の差	勝率	レベル
10 ～ 24	46%	9
25 ～ 28	38%	8
29 ～ 32	34%	7
33 ～ 36	32%	6
37 ～ 40	27%	5
41 ～ 44	24%	4
45 ～ 50	23%	3

1位と9位の差＝1位指数−9位指数

比較することにより、コンピ1位83以上の信頼度を図るために使用します。

レベルの判定は、①1位指数、②2~3位の指数の合計値、③1位と9位の指数差によって行ないます。各ゾーンのレベル分けの条件は掲載した評価一覧の通りで（右の表36）、数字が大きいレベルほど好走確率が高いと判断することができます。

1位ゾーン、2~3位ゾーン、4~9位ゾーンのレベルを比較し、「最も高い数値のゾーンが軸にふさわしい」と評価するのが馬券術ゾーンレベルですが、1位が83以上（レベル7以上）の場合、2~3位ゾーンがレベル8以上になるケースはほとんどなく、直近3年をさかのぼっても10例ほどしかありません。

つまり、ゾーンレベルによって軸決めを行なえば、コンピ1位が83以上の場合はほぼ1位が軸に選ばれるので、先般のコンピリニューアルにもしっかり対応できているということになります。

1位ゾーンのレベルに対し、2~3位ゾーン、4~9位ゾーンのレベルが低くなればなるほど、軸は盤石という見方ができますので、応用的手法としてゾーンレベルも活用してみてください。

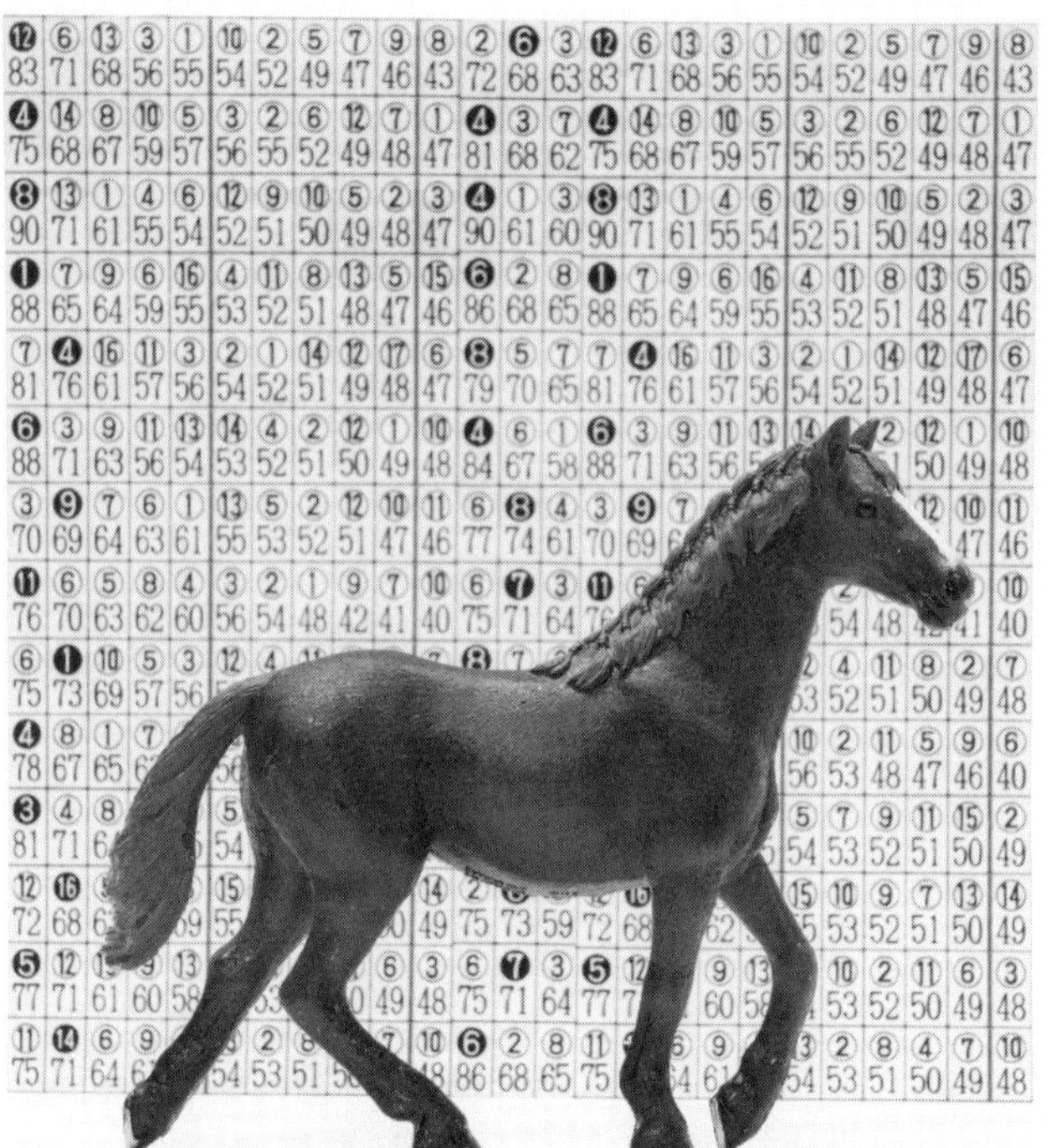

第3章

【新テクニカル6】で獲る!

万馬券実践編

by穴党編集H

穴党コンピファンに捧げる【新テクニカル6】高配当戦略！

田中洋平氏の日刊コンピ著作シリーズで、〝万馬券実戦部隊〟を自認し、高配当をあの手この手で獲っているのが、私、穴党スタッフのHである。今回の【新テクニカル6】でも、実戦での的中例とその方法論を紹介していく。

まず、私が新テクニカル6の概要を読んだときに感じたのが、穴党の好物の波乱パターンの1、2が減って、順当パターンの5、6が増えたということ。これは波乱パターンを狙って勝負していた私には由々しき問題である。

特に指数83以上の1位の信頼度がアップ——これは1位をぶっ飛ばして高配当をつかんできた身には、厳しい状況といえる。私のみならず、そう感じた穴党コンピファンも多いのではないだろうか。

いや、別にパターン5、6が増えようと、1位の信頼度が上がろうと、万馬券は獲れるのだ！

むしろ1位の信頼度が上がっているのなら、それを利用して高配当を狙っていこう。そのためには、馬券は馬連ではなく、破壊力のある3連単が手っ取り早い。

というわけで、実践編の①～⑥は**「1位83以上からの3連単万馬券」**レポートである。そのうち①～④は「1位アタマ（1着固定）フォーメーション」、⑤～⑥は「1位が軸（2、3着に置くのもアリ）の3連単フォーメーション」を紹介していく。

実践編⑦～⑫は「従来の波乱パターン1～3による万馬券作戦」で、ここには3連系だけではなく、馬単作戦での高配当的中もレポートする。

主に「1位83以上からの3連単万馬券」にかかわってくることだが、そのレポートの前にお断りしておくことがある。

第2章で紹介している田中氏の馬券戦略は、馬連が基本。しかし3連系の馬券となると、軸馬（1位）はともかく、「相手」や「ヒモ」の取り方が異なるケースも出てくる。しかも高配当（万馬券）を狙いにいくのだから、なおさらだ。

また、私はコンピ指数だけではなく、例えば調教や血統、騎手の乗り替わり、展開分析、厩舎・馬主の2頭出しなども予想に取り入れている。これは軸（1位）の「相手」の取り方に強くかかわってくる。

1位1着固定のおおよそのイメージとしては、次のような2通りの3連単フォーメーションだ。

・軸（1位83以上）→相手（2、3頭）→ヒモ（相手含む10頭前後）

・軸（1位83以上）→ヒモ（ダブるので相手をカット）→相手

ヒモの範囲については、ハイブリッド・レンジ（＝HBレンジ＝P85〜87参照）の的中率80％ラインか、90％ラインを主に用いている。なぜ70％ラインではないかというと、なるべく穴馬を拾っておきたいという、穴党の欲深さゆえだ。点数が広がるのはイヤという方には、上位（例えば5位以内）をカット、あくまで高配当のみを狙っていくスタイルをオススメする。

それでは、次ページからのレポートをご覧いただきたい。

実践①２０２３年４月９日・阪神11R桜花賞（GⅠ、芝１６００ｍ、18頭立て）⇒３連単１万３２２０円

［コンピ1〜3位馬の指数とパターン］

1位③86　2位⑤62　3位②60＝（和）２０８　**⇒パターン2**（旧テクニカル6ではパターン1）

1位86③リバティアイランド（1着固定）
2位62⑤ハーバー（ヒモ）
3位60②ライトクオンタム（ヒモ）
4位57⑭ペリファーニア（ヒモ）
5位56④ドゥアイズ（相手）
6位55⑨コナコースト（相手）
7位54⑪シンリョクカ（ヒモ）
8位53⑫シングザットソング（ヒモ）
9位52⑰ラヴェル（ヒモ）
10位51⑧キタウイング（ヒモ）　※ＨＢレンジ的中率80％ライン

［結果］　1着：1位③　2着：6位⑨　3着：4位⑭

まずはＧⅠレースの的中例から入ろう。１位リバティアイランドが抜けて１強というレース。１位が86でも、２、３位の指数が低く、パターンは２で波乱を示している。ならば、１着固定のヒモ荒れ３連単が期待できるのではないのか。

ここで私が買った３連単フォーメーションは、次の２通り。

・③→④⑨→②④⑤⑧⑨⑪⑫⑭⑰（16点）

・③→②⑤⑧⑪⑫⑭⑰→④⑨（14点）※計30点

ご覧のように、１着③の相手には５位④、６位⑨を取っている。

相手をセレクトする、私なりのポイントも披露しよう。

相手の対象は３～６位の４頭。２位は、仮に１位→２位→ヒモで決まると、万馬券は期待薄。だから、ヒモで押さえる程度でいいのだ。

このレースの場合、３位の②ライトクオンタムは前２戦が11頭、７頭という少頭数。それが今回は18頭フルゲートの内枠、これでは厳しい。

４位⑭ペリファーニアを取ってもいいのだが、この馬は前走のチューリップ賞では３着。２着入線の⑨コナコーストが出走しているのだから、素直にそちらを取るべきではないか。ちなみに、チューリップ賞１着モズメイメイは12位でＨＢレンジ外だった。

５位④ドゥアイズは阪神ＪＦ３着、クイーンＳ２着の実績があり、相手に残す。

結果は、出遅れてヒヤリとさせた③リバティアイランドが、先行して粘っていた⑨コナコースト、⑭ペリファーニアを差し切り、３連単万馬券が的中。さすが１位86は強かった！

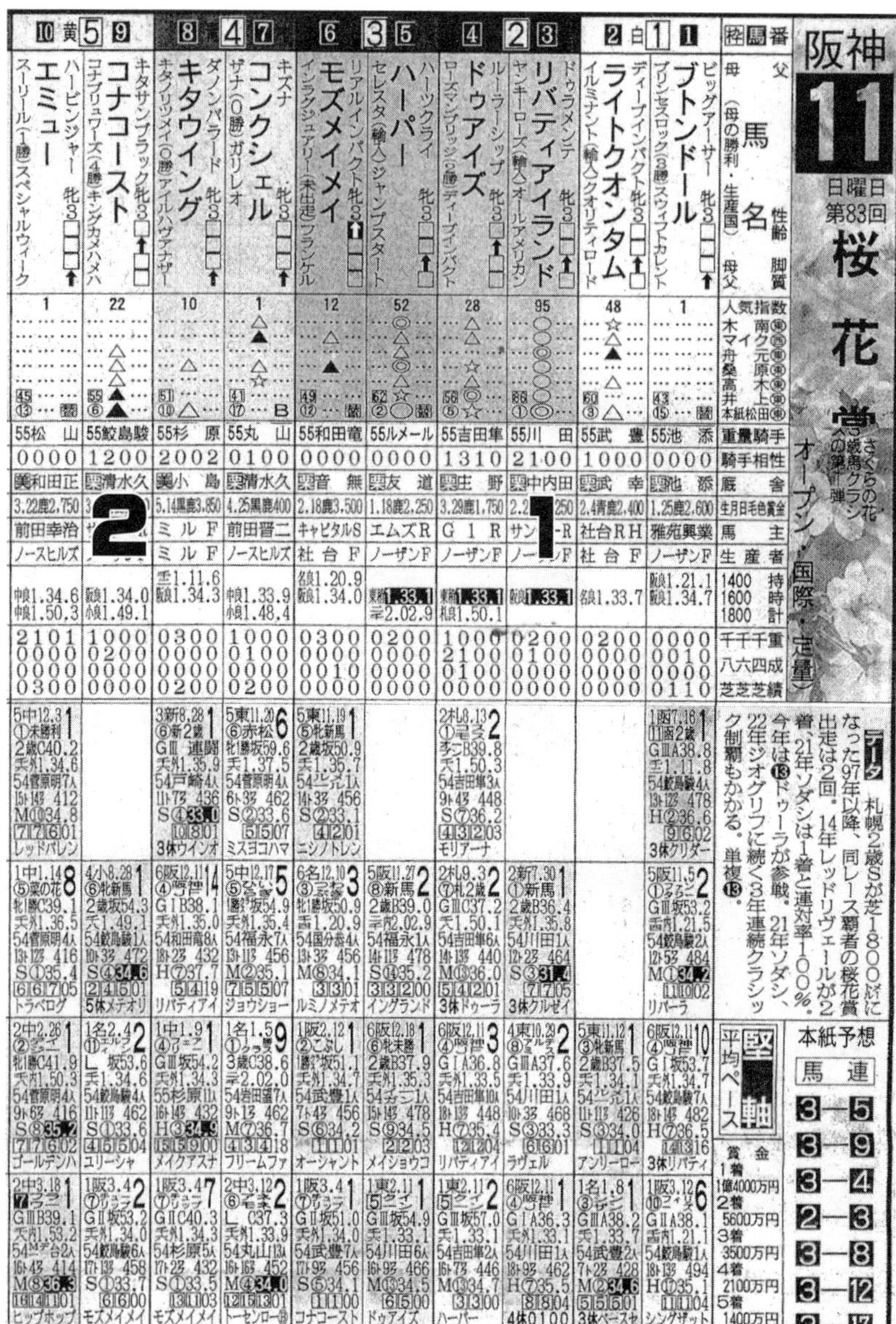

阪神 11 日曜日 第83回 桜花賞（さくらの花・クラシックへの第1弾）オープン・国際・定量

枠	馬番	馬名	性齢	父	母（母の勝利・生産国）	母父	人気指数	重量騎手	騎手相性	厩舎	生月日毛色賞金	馬主	生産者	持時計
白1	1	ブトンドール	牝3	ビッグアーサー	プリンセスロック(3勝)	スウィフトカレント	1	55池添	0000	栗池添	1.25鹿2,600	雅苑興業	ノーザンF	阪良1.21.1 阪良1.34.7
白1	2	ライトクオンタム	牝3	ディープインパクト	イルミナント(輸入)	クオリティロード	48	55武豊	1000	栗武幸	2.4青鹿2,400	社台RH	社台F	名良1.33.7
2	3	リバティアイランド	牝3	ドゥラメンテ	ヤンキーローズ(輸入)	オールアメリカン	95	55川田	2100	栗中内田	2.2[illegible]250	サン[illegible]R	ノー[illegible]F	阪良1.33.1
2	4	ドゥアイズ	牝3	ルーラーシップ	ローズマンブリッジ(2勝)	ディープインパクト	28	55吉田隼	1310	栗庄野	3.29鹿1,750	G1R	ノーザンF	東稍1.33.1 札良1.50.1
3	5	ハーパー	牝3	ハーツクライ	セレスタ(輸入)	ジャンプスタート	52	55ルメール	0000	栗友道	1.18鹿2,250	エムズR	ノーザンF	東稍1.33.1 [illegible]2.02.9
3	6	モズメイメイ	牝3	リアルインパクト	インラクジュアリー(未出走)	フランケル	12	55和田竜	0000	栗音無	2.18鹿3,500	キャピタルS	社台F	名良1.20.9 阪良1.34.0
4	7	コンクシエル	牝3	キズナ	ザナ(0勝)	ガリレオ	1	55丸山	0100	美清水久	4.25黒鹿400	前田晋二	ノースヒルズ	中良1.33.9 小良1.48.4
4	8	キタウイング	牝3	ダノンバラード	キタノリツメイ(0勝)	アイルハヴアナザー	10	55杉原	2002	美小島	5.14黒鹿3,850	ミルF	ミルF	[illegible]1.11.6 阪良1.34.3
黄5	9	コナコースト	牝3	キタサンブラック	コナブリュワーズ(4勝)	キングカメハメハ	22	55鮫島駿	1200	栗清水久	[illegible]	[illegible]	[illegible]	阪良1.34.0 小良1.49.1
黄5	10	エミュー	牝3	ハービンジャー	スーリール(1勝)	スペシャルウィーク	1	55松山	0000	美和田正	3.22鹿2,750	前田幸治	ノースヒルズ	中良1.34.6 中良1.50.3

データ　札幌2歳Sが芝1800メートルになった97年以降、同レース覇者の桜花賞出走は2回。14年レッドリヴェールが2着、21年ソダシは1着と連対率100%。今年は⑬ドゥーラが参戦。21年ソダシ、22年ジオグリフに続く3年連続クラシック制覇もかかる。単複⑬。

平均ペース　堅軸

本紙予想　馬連
3—5
3—9
3—4
2—3
3—8
3—12
3—17

賞金
1着 1億4000万円
2着 5600万円
3着 3500万円
4着 2100万円
5着 1400万円

単③ 160 円　複③ 110 円　⑨ 310 円　⑭ 330 円

馬連③—⑨ 1280 円　馬単③→⑨ 1520 円

3連複③⑨⑭ 4750 円　3連単③→⑨→⑭ 13220 円

●2023年４月９日・阪神11Ｒ桜花賞（ＧⅠ、芝1600ｍ）

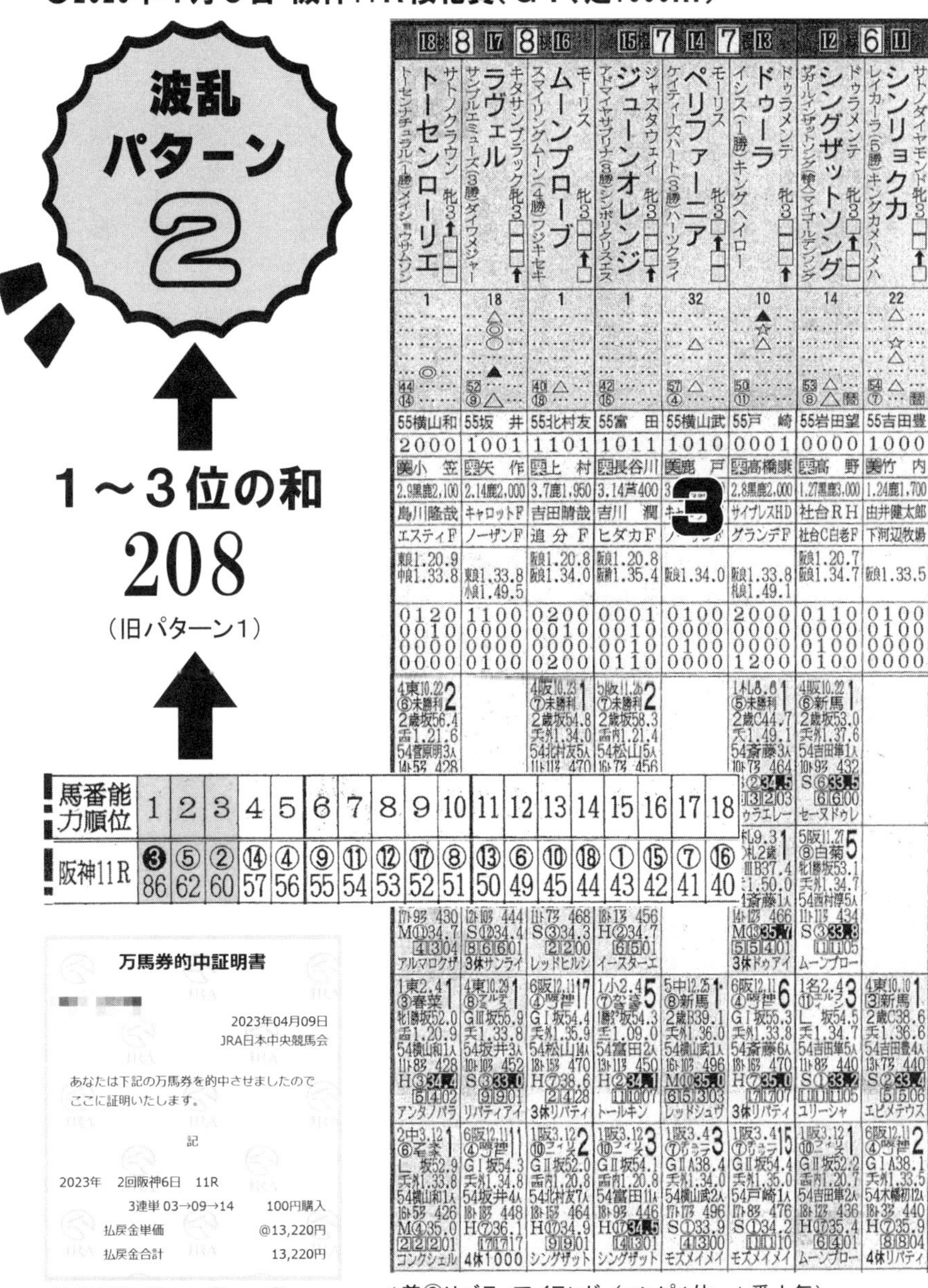

枠番	8	8	8	7	7	7	6	6
馬番	18	17	16	15	14	13	12	11
馬名	トーセンローリエ	ラヴェル	ムーンプローブ	ジューンオレンジ	ペリファーニア	ドゥーラ	シングザットソング	シンリョクカ
騎手	55横山和	55坂井	55北村友	55富田	55横山武	55戸崎	55岩田望	55吉田豊
馬主	島川隆哉	キャロットF	吉田晴哉	吉川潤	キャ…	サイプレスHD	社台ＲＨ	由井健太郎
生産者	エスティF	ノーザンF	追分F	ヒダカF	ノ…	グランデF	社台C白老F	下河辺牧場

馬番能力順位	1	2	3	4	5	6	7	8	9	10	11	12	13	14	15	16	17	18
阪神11R	❸86	⑤62	②60	⑭57	④56	⑨55	⑪54	⑫53	⑰52	⑧51	⑬50	⑥49	⑩45	⑱44	①43	⑮42	⑦41	⑯40

万馬券的中証明書

2023年04月09日
JRA日本中央競馬会

あなたは下記の万馬券を的中させましたので
ここに証明いたします。

記

2023年　2回阪神6日　11R
3連単 03→09→14　100円購入
払戻金単価　@13,220円
払戻金合計　13,220円

3連単③→⑨→⑭
１万3220円

1着③リバティアイランド（コンピ1位、１番人気）
2着⑨コナコースト（コンピ6位、6番人気）
3着⑭ペリファーニア（コンピ4位、5番人気）

実践②2023年2月25日・中山11R幕張S（4歳上3勝クラス、芝1600m、16頭立て）⇒3連単2万6020円

［コンピ1～3位馬の指数とパターン］

1位④84　2位⑥64　3位⑮63＝（和）211　**⇒パターン3**（旧テクニカル6ではパターン2）

1位84④ジネストラ　（1着固定）
2位64⑥ルーカス　（ヒモ）
3位63⑮エンペザー　（ヒモ）
4位60⑪ボーデン　（ヒモ）
5位56⑦ヴィアルークス　（相手）
6位54⑤アールバロン　（相手）
7位53⑫アオイシンゴ　（ヒモ）
8位51⑩ソウルトレイン　（ヒモ）
9位50⑬エリオトローピオ　（ヒモ）
10位49⑨フィールシンパシー　（ヒモ）
11位48②ルース　（ヒモ）　※HBレンジ＝的中率90％ライン

［結果］　1着：1位④　2着：10位⑨　3着：5位⑦

お次も1位84の馬、④ジネストラが1着固定のレースだ。

相手は3～6位から、5位⑦ヴィアルークスと6位⑤アールバロンを抜擢した。

前者⑦ヴィアルークスは名門・藤原英厩舎の遠征馬。前走が年末の中山で大外⑱番枠から先行、勝ち馬から0秒2差の5着。これである程度、手応えをつかんでの再度の中山遠征と確信した。外国人騎手（T・バシュロ）への乗り替わりにも勝負気配を感じる。

後者⑤アールバロンは、いたってシンプル。前走若潮Sで今回1位のジネストラと走り、ジネストラ2着、そしてこの馬が3着だったからだ。

したがって、3連単フォーメーションは次の2通り。
・④→⑤⑦→②⑤⑥⑦⑨⑩⑪⑫⑬⑮（18点）
・④→②⑥⑨⑩⑪⑫⑬⑮→⑤⑦（16点）※計34点
ヒモは、パターン3の16頭立てなので、HBレンジは的中率90%ラインで11位まで拾っている。私はヒモ選びについては、このようにある程度機械的でいいと考えている。ほかの予想エッセンスまで持ち出して細かい検討をする余裕はないし、絞るより、むしろ範囲を広げたほうが穴が獲りやすいと考えているからだ。

ただ、2番目のフォーメーションを見ればわかるように、1番目とダブりの買い目となる相手2頭はヒモから削っている。経験的に「アタマ→相手→相手」という組み合わせは、めったに出ないと感じているからだ。

果たして結果は、好位につけた④ジネストラが直線抜け出し快勝。2着には、粘っていた⑦ヴィアルークスを10位⑨フィールシンパシーがクビ差差し切り、3連単は人気薄をあいだに挟んだだけで2万馬券となった。

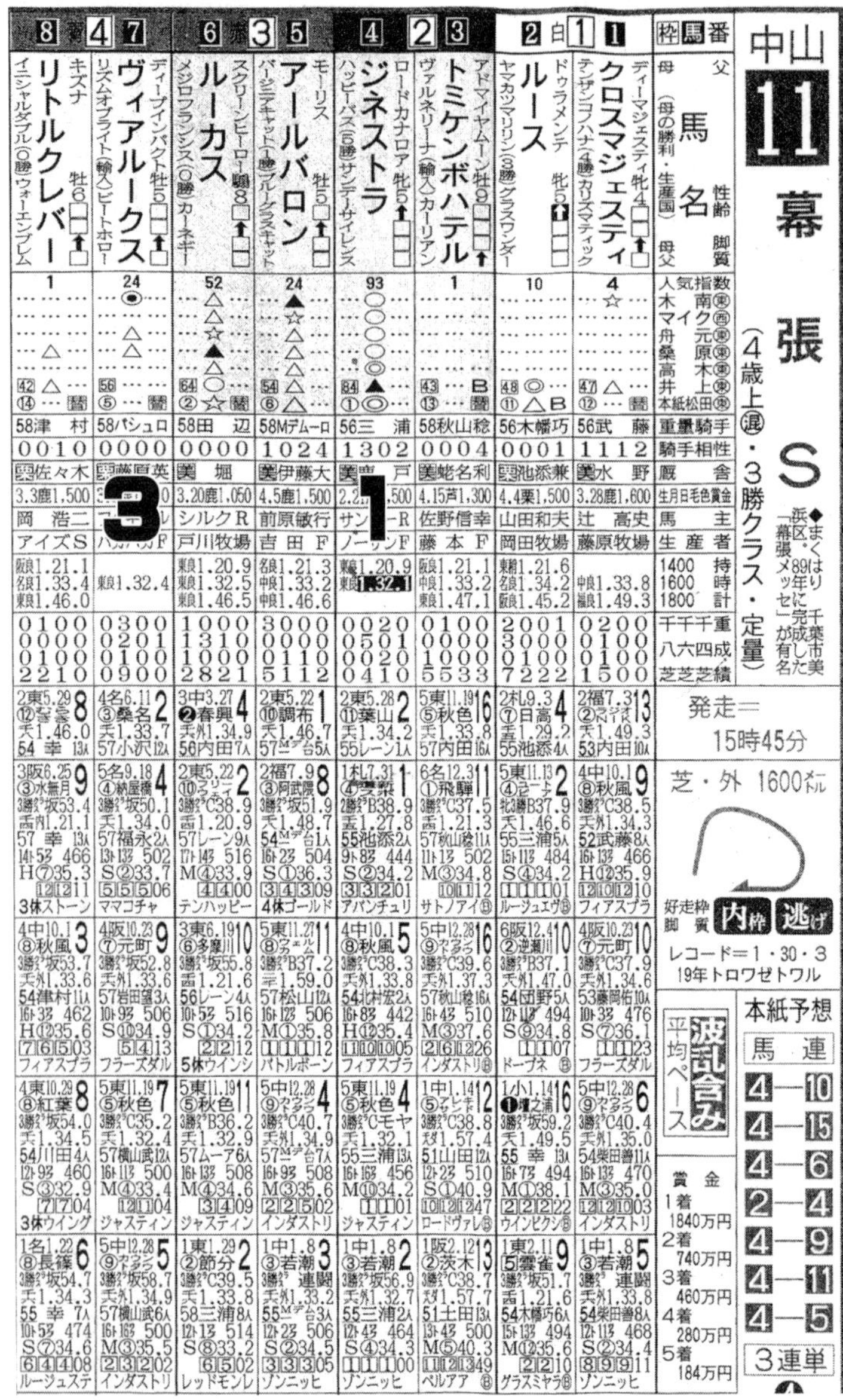

中山 11 幕張S（4歳上混・3勝クラス・定量）

◆まくはり 千葉市美浜区。89年に完成した「幕張メッセ」が有名

発走＝15時45分

芝・外1600メートル

好走枠脚質 内枠 逃げ

レコード＝1・30・3 19年トロワゼトワル

枠馬番	1 白 1	1 白 2	2 3	2 4	3 5	3 6	4 7	4 8
父	ディーマジェスティ	ドゥラメンテ	アドマイヤムーン	ロードカナロア	モーリス	スクリーンヒーロー	ディープインパクト	キズナ
馬名 性齢	クロスマジェスティ 牝4	ルース 牝5	トミケンボハテル 牡9	ジネストラ 牝5	アールバロン 牡5	ルーカス 騸8	ヴィアルークス 牡5	リトルクレバー 牡6
母（母の勝利・生産国）	テンザンコノハナ（4勝）	ヤマカツマリリン（3勝）	ヴァルネリーナ（輸入）	ハッピーパス（5勝）	バージニアキャット（1勝）	メジロフランシス（0勝）	リズムオブライト（輸入）	イニシャルダブル（0勝）
母父	カリズマティック	グラスワンダー	カーリアン	サンデーサイレンス	ブルーグラスキャット	カーネギー	ビートホロー	ウォーエンブレム
人気指数	4	10	1	93	24	52	24	1
木南	…	…	…	○	▲	△	◉	…
マイク	☆	…	…	○	☆	△	…	…
舟元	…	…	…	○	△	☆	△	…
桑原	…	…	…	○	△	▲	…	…
高木	…	…	…	◎	△	△	△	△
井上	47 △	48 ◎	43 … B	84 ◎	54 △	64 ○	56 …	42 △
本紙松田	⑫ … 闇	⑪ △ B	⑬ … 闇	① ▲	⑥ △	② ☆ 闇	⑤ … 闇	⑭ … 闇
重量騎手	56武藤	56木幡巧	58秋山稔	56三浦	58Mデムーロ	58田辺	58バシュロ	58津村
騎手相性	1112	0001	0004	1302	1024	0000	0000	0010
厩舎	美水野	美池添兼	美蛯名利	美宮戸	美伊藤大	美堀	栗藤原英	栗佐々木
生月日毛色賞金	3.28鹿1,600	4.4栗1,500	4.15芦1,300	2.2[illegible]1,500	4.5鹿1,500	3.20鹿1,050	3.[illegible]0	3.3鹿1,500
馬主	辻高史	山田和夫	佐野信幸	サン[illegible]R	前原敏行	シルクR	[illegible]	岡浩二
生産者	藤原牧場	岡田牧場	藤本F	ノー[illegible]F	吉田F	戸川牧場	ハ[illegible]F	アイズS
持時計 1400		東良1.21.6	阪良1.21.1	東良1.20.9	名良1.21.3	東良1.20.9		阪良1.21.1
持時計 1600	中良1.33.8	中良1.34.2	中良1.33.2	1.32.1	中良1.33.2	東良1.32.5	東良1.32.4	名良1.33.4
持時計 1800	福良1.49.3	阪良1.45.2	東良1.47.1		東良1.46.6	東良1.46.5		東良1.46.0
千八 重	0200	2001	0100	0020	3000	1000	0300	0100
千六 成	0100	3000	0000	0501	0000	1310	0201	0000
千四 績	0100	0100	1000	0020	0110	1000	0100	0100
芝芝芝	1500	7222	5533	0410	5112	2821	0900	2210
前走1	2福7.3 ②ラジオN 13 天1.49.3 53内田10人	2札9.3 ⑦日高 4 芝1.29.2 55池添4人	5東11.19 ⑤秋色 16 天1.33.8 57内田16人	2東5.28 ⑪葉山 2 天1.34.2 55レーン1人	2東5.22 ⑩調布 1 天1.46.7 57Mデ台5人	3中3.27 ❷春興 4 天外1.34.9 56内田7人	4名6.11 ③桑名 2 天1.33.7 57小沢12人	2東5.29 ⑫鎌倉 8 天1.46.0 54幸13人
前走2	4中10.1 ⑧秋風 9 3勝C38.5 天外1.34.3 52武藤8人 16ト3ヲ 466 H⑫35.9 12 10 12 10 フィアスプラ	5東11.13 ④[illegible] 2 3勝B37.9 天1.46.6 55三浦5人 15ト11ヲ 484 S④34.2 11 11 01 ルージュエヴ	6名12.3 ①飛騨 11 3勝C37.5 芝1.21.3 57秋山稔11人 11ト1ヲ 502 M③34.8 10 11 12 サトノアイ	1札7.31 ④巻雲 1 2勝B38.9 芝1.27.8 55池添2人 9ト8ヲ 444 S③34.2 3 3 2 01 アバンチュリ	2福7.9 ③阿武隈 8 3勝坂51.9 天1.48.7 54Mデ台1人 16ト2ヲ 504 S①36.3 3 4 3 09 4休ゴールド	2東5.22 ⑩[illegible] 2 3勝C38.9 芝1.20.9 57レーン9人 17ト14ヲ 516 M④33.9 4 4 00 テンハッピー	5名9.18 ④納屋橋 4 3勝坂50.1 天1.34.0 57福永2人 13ト13ヲ 502 S②33.7 5 5 5 06 ママコチャ	3阪6.25 ③水無月 9 3勝坂53.4 芝内1.21.1 57幸13人 14ト5ヲ 466 H⑦35.3 12 12 11 3休ストーン
前走3	4阪10.23 ⑦元町 10 3勝C37.9 天外1.34.6 53藤岡佑10人 10ト3ヲ 476 S⑦36.1 11 11 23 フラーズダル	6阪12.4 ②逆瀬川 10 3勝B37.1 天外1.47.0 54団野5人 12ト11ヲ 494 S⑨34.8 1 1 07 ドーブネ	5中12.28 ⑨[illegible] 16 3勝C39.6 天外1.35.0 57秋山稔16人 16ト4ヲ 510 M③37.6 2 6 12 26 インダストリ	4中10.1 ⑧秋風 5 3勝C38.3 天外1.33.8 54北村宏2人 16ト8ヲ 442 H⑫35.4 11 10 10 05 フィアスプラ	5東11.27 ⑧[illegible] 11 3勝B37.2 天1.59.0 57松山12人 16ト12ヲ 506 M①35.8 11 11 12 バトルボーン	3東6.19 ⑥多摩川 10 3勝坂55.8 芝1.47.0 56レーン4人 10ト5ヲ 516 S①34.2 2 2 12 5休ウインシ	4阪10.23 ⑦元町 9 3勝坂52.8 天外1.33.3 57岩田望3人 10ト9ヲ 506 S⑩34.9 5 4 13 フラーズダル	4中10.1 ⑧秋風 3 3勝坂53.7 天外1.33.6 54津村11人 16ト3ヲ 462 H⑫35.6 7 6 5 03 フィアスプラ
前走4	5中12.28 ⑨[illegible] 6 3勝C40.4 天外1.35.0 54柴田善8人 16ト13ヲ 470 M③35.0 12 12 10 03 インダストリ	1小1.14 ❶[illegible] 16 3勝坂59.2 天1.49.5 55幸13人 16ト7ヲ 494 M①38.1 2 2 2 22 ウインピクシ	1中1.14 ⑤[illegible] 12 3勝C38.8 天ダ1.57.4 51山田12人 12ト2ヲ 510 S①40.9 10 12 12 47 ロードヴァレ	5東11.19 ⑤秋色 4 3勝Cモヤ 天1.32.1 55三浦13人 16ト16ヲ 456 M⑩34.2 1 1 01 ジャスティン	5中12.28 ⑨[illegible] 4 3勝C40.7 天外1.34.9 57Mデ台7人 16ト9ヲ 508 M③35.6 2 2 5 02 インダストリ	5東11.19 ⑤秋色 11 3勝B36.2 天1.32.9 57ムーア6人 16ト13ヲ 508 M④34.6 3 4 09 ジャスティン	5東11.19 ⑤秋色 7 3勝C35.2 天1.32.4 57横山武12人 16ト11ヲ 500 M④33.4 12 11 04 ジャスティン	4東10.29 ⑧紅葉 8 3勝坂54.0 天1.34.5 54川田4人 12ト9ヲ 460 S③32.9 7 7 04 3休ウイング
前走5	1中1.8 ③若潮 5 3勝 連闘 天外1.33.8 54柴田善8人 15ト13ヲ 468 S②34.4 8 9 9 11 ソンニッヒ	1東2.11 ⑤雲雀 9 3勝坂51.7 芝1.21.6 54木幡巧6人 15ト13ヲ 494 M⑫35.6 2 2 10 グラスミヤラ	1阪2.12 ⑥茨木 13 3勝C38.7 天ダ1.57.7 51士田13人 13ト4ヲ 500 M⑤40.3 11 12 13 49 ベルアア	1中1.8 ③若潮 2 3勝坂56.9 天外1.32.7 55三浦2人 12ト4ヲ 464 S④34.3 1 1 1 00 ソンニッヒ	1中1.8 ③若潮 3 3勝 連闘 天外1.33.2 55Mデ台3人 12ト2ヲ 506 S②34.5 3 3 3 05 ソンニッヒ	1東1.29 ②節分 2 3勝C39.5 天1.33.8 58三浦8人 12ト13ヲ 514 S⑧33.2 6 5 02 レッドモンレ	5中12.28 ⑨[illegible] 5 3勝坂58.7 天外1.34.9 57横山武6人 16ト16ヲ 500 M③35.5 2 3 2 02 インダストリ	1名1.22 ⑧長篠 6 3勝坂54.7 天1.34.3 55幸7人 10ト5ヲ 474 S⑦34.6 6 4 4 08 ルージュステ

本紙予想 波乱含み 平均ペース

馬連 4—10 4—15 4—6 2—4 4—9 4—11 4—5

3連単

賞金 1着 1840万円 2着 740万円 3着 460万円 4着 280万円 5着 184万円

単④ 200 円　複④ 120 円　⑨ 440 円　⑦ 230 円

馬連④—⑨ 2520 円　馬単④→⑨ 3430 円

3連複④⑦⑨ 6480 円　3連単④→⑨→⑦ 26020 円

●2023年２月25日・中山11Ｒ幕張Ｓ（４歳上３勝クラス、芝1600m）

馬番	馬名	性齢	父	母（母父）	騎手	厩舎	馬主	生産者
16	シャチ	牡6	リアルインパクト	ソウタツ（0勝）ブライアンズタイム	58原	美小桧山	中村勝彦	松浦牧場
15	エンペザー	牡4	ロードカナロア	ロージーローズ（0勝）シンボリクリスエス	58戸崎	栗田中克	リーヴァ	上村清志
14	トーセンヴァンノ	牡4	ヴァンキッシュラン	トーセンシア（4勝）ファンタスティックライト	58永野	美小桧山	島川隆哉	エスティF
13	エリオトローピオ	牝4	ゴールドシップ	マイネジャーダ（3勝）ジェイドロバリー	56菅原明	美深山	ラフィアン	ビッグレッド
12	アオイシンゴ	騸9	ダノンシャンティ	ジャストジョーイ（1勝）クロフネ	58横山武	美古賀	新谷幸義	社台F
11	ボーデン	牡5	ハービンジャー	ボージェスト（2勝）キングカメハメハ	58北村宏	美木村	吉田勝己	ノーザンF
10	ソウルトレイン	牡6	レッドスパーダ	チラリ（0勝）チチカステナンゴ	58大野	栗昆	安原浩司	フジワラF
9	フィールシンパシー	牝4	ベーカバド	スマートシンパシー（0勝）ダンスインザダーク	56横山琉	美小島		

1～3位の和

211

（旧パターン2）

馬番能力順位	1	2	3	4	5	6	7	8	9	10	11	12	13	14	15	16
11R	④	⑥	⑮	⑪	⑦	⑤	⑫	⑩	⑬	⑨	②	①	③	⑧	⑭	⑯
	84	64	63	60	56	54	53	51	50	49	48	47	43	42	41	40

万馬券的中証明書

2023年02月25日
JRA日本中央競馬会

あなたは下記の万馬券を的中させましたので
ここに証明いたします。

記

2023年　2回中山1日　11R

3連単 04→09→07　100円購入

払戻金単価　@26,020円

払戻金合計　26,020円

3連単④→⑨→⑦
2万6020円

1着④ジネストラ　（コンピ1位、1番人気）
2着⑨フィールシンパシー（コンピ10位、9番人気）
3着⑦ヴィアルークス　（コンピ5位、3番人気）

実践③2023年3月4日・中山8R（4歳上1勝クラス、芝1600m、16頭立て）
⇓3連単3万8530円

［コンピ1～3位馬の指数とパターン］

1位⑨84　2位⑧70　3位⑩60＝（和）214　**⇓パターン4**（旧テクニカル6ではパターン3）

1位84⑨ホウオウプレミア（1着固定）
2位70⑧モンタナアゲート（ヒモ）
3位60⑩マンドローネ（ヒモ）
4位56③ビジュノワール（相手）
5位55⑤ユヌエトワール（相手）
6位54⑦セキテイオー（ヒモ）
7位53⑪テールデトワール（ヒモ）
8位52⑭アルファウェーブ（ヒモ）
9位51①ハリウッドヒルズ（ヒモ）※HBレンジ＝的中率80％ライン

［結果］1着：1位⑨　2着：4位③　3着：8位⑭

このレースも、1位84の⑨ホウオウプレミアを1着固定の3連単で買い的中した。

相手は展開を考え、4位③ビジュノワールと5位⑤ユヌエトワールを抜擢。なぜか――⑨ホウオウプレミアは先行馬なので、この馬が勝つときは前にいる馬を一掃する、だから2、3着には追い込み馬が来ると推理したのだ。

となると6位⑦セキテイオーは逃げ馬なので、相手からはカットされる。

3位⑩マンドローネは差し馬だが、この馬の成績を見ると初勝利の1勝以外は馬券圏外。つまりピンパー・タイプで、こちらが相手としてイメージする2、3着付けには不向きなタイプ。休み明けもマイナス要因といえる。

こうして残ったのが③ビジュノワールと⑤ユヌエトワールというわけだ。

そもそも、追い込み馬は差し損ねるケースが多いので2、3着付けに向いている。成績欄を見て2、3着数が多い馬は、3連単のフォーメーションに活用できることを覚えておきたい。というわけで、馬券は次の2通り。

・⑨→③⑤→①③⑤⑦⑧⑩⑪⑭（12点）
・⑨→①⑦⑧⑩⑪⑭→③⑤（10点）※計22点

結果は、出遅れてマクリ気味に上がっていった⑨ホウオウプレミアが、さすが1位84の力を見せつけ勝利。2着には、ゴール前まで粘っていた8位⑭アルファウェーブを、大外から猛追した③ビジュノワールがクビ差交わして入線。

ヒモに拾っていた下位馬⑭アルファウェーブのおかげで、3連単は3万馬券になったのだが……③ビジュノワールが3着止まりなら544倍だった。

「差さなくていいのに……」
そんなセリフが思わず漏れたレースだった。

中山 8 4歳上1勝クラス（混合・定量）

発走＝14時00分

芝・外 1600メートル

好走枠 内枠　脚質 逃げ

レコード＝1・30・3 19年トロワゼトワル

平均ペース　堅軸

枠・馬番	白1 1	白1 2	黒2 3	黒2 4	赤3 5	赤3 6	青4 7	青4 8
父	スクリーンヒーロー	エピファネイア	キタサンブラック	マツリダゴッホ	スピルバーグ	ハービンジャー	ロゴタイプ	ダイワメジャー
馬名	ハリウッドヒルズ	アリシアン	ビジュノワール	マブセレナード	ユヌエトワール	モメントグスタール	セキテイオー	モンタナアゲート
性齢	牡6	牝4	牝4	牝4	牝6	騸5	牡4	牡4
母（母の勝利・生産国）	チェリーミルズ(2勝)	ベネディーレ(1勝)	クーデグレイス(4勝)	クリスタルストーン(未出走)	ノーブルステラ(輸入)	ハーモニーフェア(1勝)	ユキアカリノマチ(0勝)	カリスペル(輸入)
母父	インヴィンシブルスピリット	クロフネ	ホワイトマズル	ブライアンズタイム	モンズーン	シンボリクリスエス	キングカメハメハ	シングスピール
人気指数	14	14	32	1	30	6	22	74
木南	…	○	▲	…	△	…	…	◎
マイ	△	…	◎	…	▲	△	…	☆
舟ク元	…	△	▲	…	…	…	△	○
桑原	△	…	☆	…	◎	…	△	▲
高木	…	…	☆	…	△	…	…	▲
井上	51 …	50 △	56 ▲	40 …	55 △	48 …	54 ☆	70 △
本紙松田	⑨ …	⑩ △	④ ☆	⑯ …	⑤ ▲	⑫ …	⑥ △	② ○
重量騎手	58菅原明	54△横山琉	56津村	53▲西塚	56石川	58大野	58田中勝	58ルメール
騎手相性	1020	0002	0001	0000	0012	0016	0000	0020
厩舎	美田中博	美加藤征	美[illegible]	美伊藤大	美小手川	美高木	美田中剛	美和田正
生月日毛色賞金	4.29鹿500	3.3鹿400	4.[illegible]	2.15青鹿400	2.7黒鹿400	4.27鹿400	2.10青鹿400	4.17黒鹿400
馬主	ゴドルフィン	広尾レース	吉[illegible]	マブレーシング	社台RH	ディアレストC	杉山元洋	吉田勝己
生産者	ダーレーJF	木村秀則	ノーザンF	チャンピオンズF	社台F	中脇満	ヴェルサイユF	ノーザンF
持時計 1400/1600/1800	盂1.28.4 新良1.33.9 新良1.47.2	壬1.08.6 中良1.34.9 函良1.52.0	東良1.34.1	東良1.23.8 東稍1.37.8	東良1.21.7 東良1.33.8 福良1.49.9	盂1.30.1 東良1.33.2 東良1.49.5	東良1.33.4 中良1.48.4	東稍1.21.0 東良1.33.1 福良1.50.0
千八芝/千六芝/千四芝/重成績	1000 1200 1100 2401	0000 0001 0000 1100	0100 0000 0100 0400	0000 0000 0000 0111	0000 0100 0100 1720	0100 0100 0100 1800	0100 0200 1000 2200	0100 0110 0310 2100
前走3	1東2.5 7 ③1勝クラス 4歳上坂53.6 天1.34.1 57津村4人 16ト16ヨ 498 M⑩34.6 [12][11]08 3休レフトゥ	3福11.6 4 ②1勝クラス 3歳上坂53.8 壬1.09.6 52横山琉3人 16ト10ヨ 486 H⑯35.5 [7][5]01 アスターディ	2東5.21 6 [9]1勝クラス 3歳C38.5 天1.34.6 54レーン1人 10ト2ヨ 438 M⑨35.8 [2][2]07 4休コスタボ	4中9.24 8 [6]1勝クラス 3歳上坂53.3 壬外1.09.5 53杉原13人 15ト1ヨ 462 S①34.1 [6][5]12 ミッキーハー	5中12.24 4 ⑦ノエル 1勝ク'C38.1 天外1.34.9 55石川10人 16ト5ヨ 426 M⑫34.8 [7][8][6]04 ディオスパリ	3新9.3 10 ⑦1勝クラス 3歳上C37.9 天外1.36.1 57丸田14人 18ト7ヨ 464 S⑭33.5 [17][16]09 トライフォー	4東10.30 7 ⑨1勝クラス 3歳上B39.7 天1.34.1 55Mデムーロ6人 16ト16ヨ 472 S②33.8 [6][4]06 エターナルタ	4東10.10 3 [3]1勝クラス 3歳上C39.3 盂1.21.0 55ルメール1人 18ト9ヨ 552 M⑯34.4 [4][4]01 ジッピーレー
前走2	1新5.7 5 ①1勝クラス 4歳上C39.1 天外1.47.2 57西村淳1人 12ト10ヨ 494 S②34.0 [7][7]04 セブンサミッ	3福11.20 6 ⑥1勝クラス 3歳上坂59.3 壬1.10.3 52横山琉4人 16ト8ヨ 494 H②35.9 [4][4]07 エナジーグラ	4東10.9 10 ②1勝クラス 3歳上B36.8 天1.34.1 53戸崎3人 13ト13ヨ 454 M⑫35.4 [2][1]10 リアグラシア	4東10.10 10 ❸1勝クラス 3歳上坂58.5 ダ1.17.7 53勝浦12人 16ト12ヨ 462 M⑨34.8 [15][15]15 オールフラッ	1中1.15 5 ⑥1勝クラス 4歳上C38.9 天外1.35.7 56石川7人 16ト6ヨ 426 H④36.1 [12][10][8]06 ラズベリーム	4東10.9 2 ②1勝クラス 3歳上C38.2 天1.33.2 57菅原明10人 13ト11ヨ 470 M⑫33.6 [10][10]01 リアグラシア	5東11.19 5 ⑤1勝クラス 3歳上B37.7 天1.33.4 56Mデムーロ5人 18ト14ヨ 468 M⑩34.4 [2][2]03 サイルーン	3福11.19 12 ⑤三春駒 1勝ク'C40.0 天1.50.0 55武藤1人 16ト13ヨ 542 S⑤35.9 [9][10][8]09 ウインシュク
前走	1新5.22 7 ⑥二王子 1勝ク'B37.2 天外1.47.7 57西村淳1人 13ト7ヨ 496 S①34.9 [4][4]05 9休0002	2小2.12 5 [2]1勝クラス 4歳上 軽め 壬1.08.6 56浜中3人 18ト13ヨ 488 H③34.6 [6][4]04 インプロバイ	5中12.24 6 ⑦ノエル 1勝ク'B37.2 天外1.35.2 54津村4人 16ト2ヨ 446 M⑫35.0 [9][10][6]07 ディオスパリ	6名12.10 11 ③1勝クラス 3歳上坂54.9 ダ1.14.2 54勝浦13人 14ト2ヨ 454 M⑥37.6 [11][10]20 3休0004	1東2.4 3 ③1勝クラス 4歳上C39.6 天1.33.8 56石川11人 15ト7ヨ 432 S⑭33.4 [10][12]04 カーペンタリ	4東10.30 12 ⑨1勝クラス 3歳上C38.8 天1.34.5 57菅原明8人 16ト13ヨ 468 S②33.7 [11][12]10 4休0004	5中12.10 11 ③1勝クラス 3歳上B37.5 天内1.48.4 56丸山8人 16ト13ヨ 474 M⑧37.0 [2][2][2]13 3休0001	1東2.4 4 ③1勝クラス 4歳上C39.0 天1.33.8 58三浦6人 15ト6ヨ 568 S⑭33.8 [7][7]04 カーペンタリ
全左右中全/回回/山成/ダ芝芝芝績	01001 02204 00212 16007	00111 00101 00000 11729	00111 00000 00111 02224	00001 00000 00101 32119	01001 00111 01001 3215420	01001 01001 00111 046510	01001 02002 00323 02335	00111 01112 02325 01203
連対体重	484—494	486—488	442	456	413—414	450—470	468—472	542—548
単予想オッズ	26.9	26.7	12.0	78.2	12.9	40.3	19.8	3.8
今回調教 6F/5F/3F/1F	4F52.0馬 美坂38.3な 25.0り 12.5B	—馬 美W67.0な 38.3り 12.4C	—馬 美W67.5な 37.4り 11.8B	83.4強 美W66.6 36.9め 11.4B	—馬 美W —な 40.3り 12.7C	—馬 美W68.3な 38.2り 12.1C	86.8馬 美W70.7な 39.6り 11.8C	—馬 美W67.0な 38.1り 12.0B

賞金　1着 800万円　2着 320万円　3着 200万円　4着 120万円　5着 80万円

本紙予想

馬連
8—9
5—9
3—9
2—9
9—14
7—9
9—10

3連単
⑨
▼
②③⑤⑦⑧⑩⑭
▼
②③⑤⑦

単⑨ 180 円　複⑨ 110 円　③ 260 円　⑭ 730 円

馬連③—⑨ 1270 円　馬単⑨→③ 1820 円

3連複③⑨⑭ 13530 円　3連単⑨→③→⑭ 38530 円

●2023年3月4日・中山8R（4歳上1勝クラス、芝1600m）

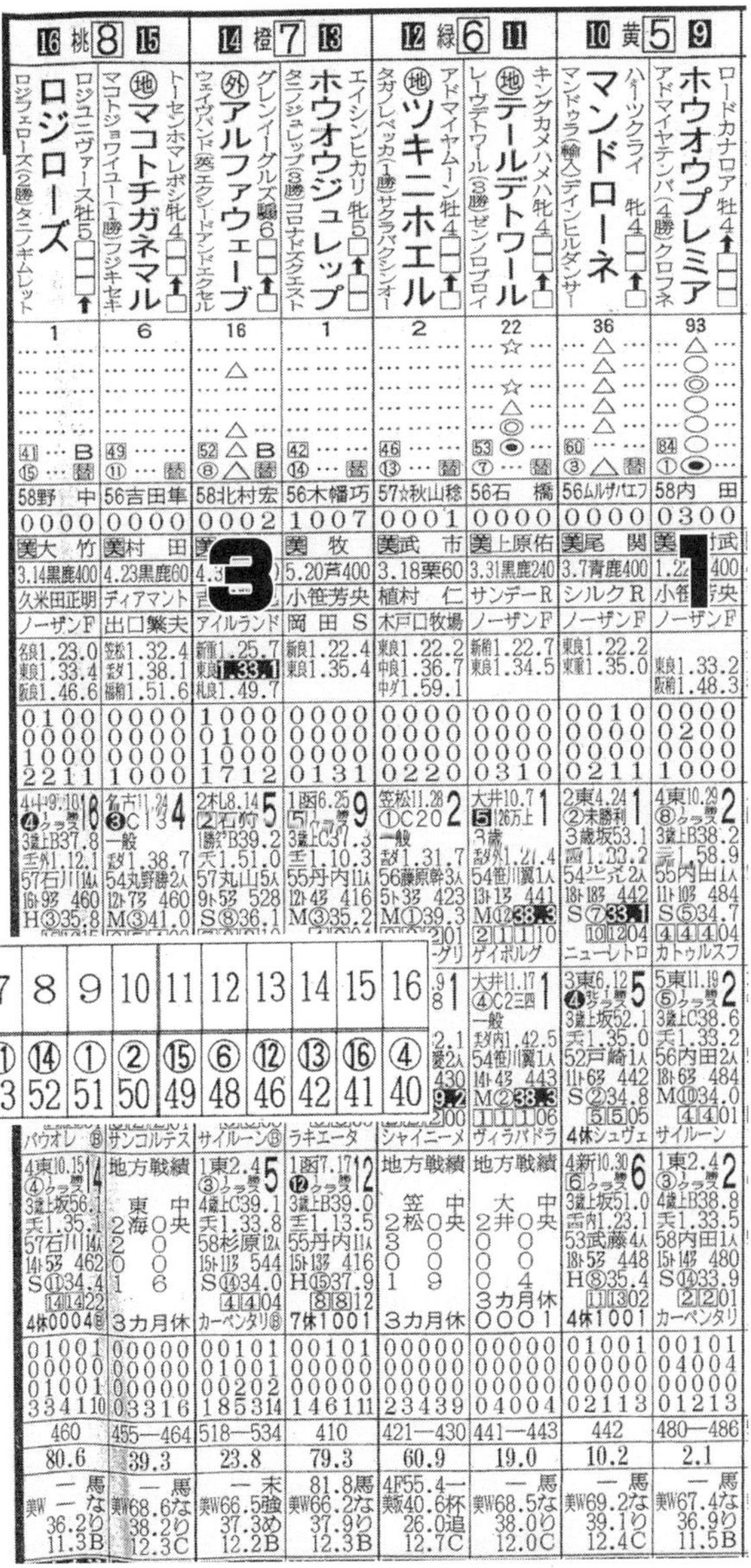

馬番	16	15	14	13	12	11	10	9
枠	桃8	桃8	橙7	橙7	緑6	緑6	黄5	黄5
父・性齢	ロジユニヴァース牡5	トーセンホマレボシ牝4	グレンイーグルズ騸6	エイシンヒカリ牝5	アドマイヤムーン牡4	キングカメハメハ牝4	ハーツクライ牝4	ロードカナロア牡4
馬名	ロジローズ	(地)マコトチガネマル	(外)アルファウェーブ	ホウオウジュレップ	(地)ツキニホエル	(地)テールデトワール	マンドローネ	ホウオウプレミア
母・母父	ロジフェローズ(2勝)タニノギムレット	マコトジョワイユー(1勝)フジキセキ	ウェイヴバンド(英)エクシードアンドエクセル	タニノジュレップ(3勝)コロナドズクエスト	タガノレベッカ(1勝)サクラバクシンオー	レーヴデトワール(3勝)ゼンノロブロイ	マンドゥラ(輸入)デインヒルダンサー	アドマイヤテンバ(4勝)クロフネ
	1	6	16	1	2	22	36	93
印	…	…	…	…	…	☆	△	△
印	…	…	△	…	…	…	△	○
印	…	…	…	…	…	☆	△	◎
印	…	…	…	…	…	△	△	○
印	…	…	△	…	…	◎	△	○
印	41 … B	49 …	52 △ B	42 …	46 …	53 ●	60 …	84 ○
印	⑮ …	⑪ …	⑧ △	⑭ …	⑬ …	⑦ …	③ △	① ●
斤量・騎手	58野中	56吉田隼	58北村宏	56木幡巧	57☆秋山稔	56石橋	56ムルザバエフ	58内田
	0000	0000	0002	1007	0001	0000	0000	0300
厩舎	美大竹	美村田	美[illegible]	美牧	美武市	美上原佑	美尾関	美[illegible]武
	3.14黒鹿400	4.23黒鹿60	4.3[illegible]	5.20芦400	3.18栗60	3.31黒鹿240	3.7青鹿400	1.22[illegible]400
馬主	久米田正明	ディアマント	[illegible]	小笹芳央	植村仁	サンデーR	シルクR	小笹芳央
生産者	ノーザンF	出口繁夫	アイルランド	岡田S	木戸口牧場	ノーザンF	ノーザンF	ノーザンF
持ち時計	名良1.23.0 東良1.33.4 阪良1.46.6	笠松1.32.4 名ダ1.38.1 福稍1.51.6	新重1.25.7 東良1.33.1 札良1.49.7	新良1.22.4 東良1.35.4	東良1.22.2 中良1.36.7 中ダ1.59.1	新稍1.22.7 東良1.34.5	東良1.22.2 東重1.35.0	東良1.33.2 阪稍1.48.3
成績	0100 0000 1000 2211	0000 0000 0000 1000	1000 0100 1000 1712	0000 0000 0000 0131	0000 0000 0000 0220	0000 0000 0000 0310	0010 0000 0000 0211	0000 0200 0000 1000
前走	4中9.10 16 ④1勝クラス 3歳上B37.8 壬外1.12.1 57石川14人 16ト9ヌ 460 H③35.8	名古11.24 4 ③C13 一般 名ダ1.38.7 54丸野勝2人 12ト7ヌ 460 M③41.0	2札8.14 5 ②石狩 1勝クB39.2 天1.51.0 57丸山5人 9ト5ヌ 528 S⑧36.1	1函6.25 9 ⑤1勝クラス 3歳上C37.3 壬1.10.3 55丹内11人 12ト4ヌ 416 M③35.2	笠松11.28 2 ①C20 一般 名ダ1.31.7 56藤原幹3人 5ト3ヌ 423 M①39.3	大井10.7 1 ⑤126万上 3歳 名ダ外1.27.4 54笹川翼1人 13ト1ヌ 441 M⑫38.3 2 1 1 10 ゲイボルグ	2東4.24 1 ②未勝利 3歳坂53.1 西1.33.2 54ルメール2人 18ト18ヌ 442 S⑦33.1 10 12 04 ニューレトロ	4東10.29 2 ⑧1勝クラス 3歳上B38.2 三1.58.9 55内田1人 11ト10ヌ 484 S⑤34.7 4 4 4 04 カトゥルスフ
2走前	[illegible]	[illegible]	[illegible]	[illegible]	9 1 2.1 2人 430 9.2 2 00 シャイニーメ	大井11.17 1 ④C2三四 一般 名ダ内1.42.5 54笹川翼1人 14ト4ヌ 443 M②38.3 1 1 1 06 ヴィラパドラ	3東6.12 5 ④1勝クラス 3歳上坂52.1 天1.35.0 52戸崎1人 11ト6ヌ 442 S②34.8 5 5 05 4休シュヴェ	5東11.19 2 ⑤1勝クラス 3歳上C38.6 天1.33.2 56内田2人 18ト6ヌ 484 M⑩34.0 4 4 01 サイルーン
前走以前	パウオレ ⑧	サンコルテス	サイルーン⑧	ラキエータ				
3走前	4東10.15 14 ④1勝クラス 3歳上坂56.1 天1.35.1 57石川14人 14ト5ヌ 462 S⑪34.4 14 14 22 4休0004⑧	地方戦績 東海2 2 0 1 中央0 0 0 6 3カ月休	1東2.4 5 ③1勝クラス 4歳上C39.1 天1.33.8 58杉原12人 15ト11ヌ 544 S⑭34.0 4 4 04 カーペンタリ⑧	1函7.17 12 ⑫1勝クラス 3歳上B39.0 壬1.13.5 55丹内11人 15ト13ヌ 416 H⑮37.9 8 8 12 7休1001	地方戦績 笠松2 3 0 1 中央0 0 0 9 3カ月休	地方戦績 大井2 0 0 0 中央0 0 0 4 3カ月休 0001	4新10.30 6 ⑥1勝クラス 3歳上坂51.0 西内1.23.1 53武藤4人 18ト5ヌ 448 H⑧35.4 11 13 02 4休1001	1東2.4 2 ③1勝クラス 4歳上B38.8 天1.33.5 58内田1人 15ト14ヌ 480 S⑭33.9 2 2 01 カーペンタリ
条件別成績	01001 00000 01001 334110	00000 00000 00000 03316	00101 01001 00202 185314	00101 00000 00000 146111	00000 00000 00000 23439	00000 00000 00000 04004	01001 00000 00000 02113	00101 04004 00000 01213
馬体重	460	455―464	518―534	410	421―430	441―443	442	480―486
オッズ	80.6	39.3	23.8	79.3	60.9	19.0	10.2	2.1
調教	―馬 美W―な 36.2り 11.3B	―馬 美W68.6な 38.2り 12.3C	―末 美W66.5強 37.3め 12.2B	81.8馬 美W66.2な 37.9り 12.3B	4F55.4― 美坂40.6杯 26.0追 12.7C	―馬 美W68.5な 38.0り 12.0C	―馬 美W69.2な 39.1り 12.4C	―馬 美W67.4な 36.9り 11.5B

平均パターン4

1～3位の和

214

（旧パターン3）

馬番能力順位	1	2	3	4	5	6	7	8	9	10	11	12	13	14	15	16
8R	⑨ 84	⑧ 70	⑩ 60	③ 56	⑤ 55	⑦ 54	⑪ 53	⑭ 52	① 51	② 50	⑮ 49	⑥ 48	⑫ 46	⑬ 42	⑯ 41	④ 40

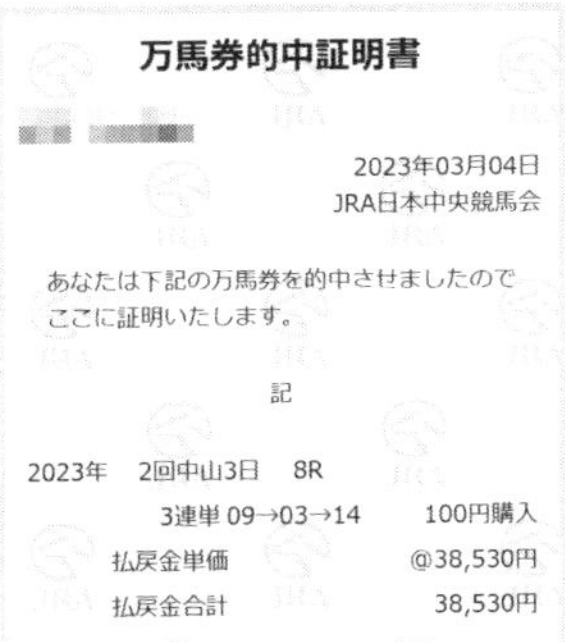

万馬券的中証明書

[redacted]

2023年03月04日
JRA日本中央競馬会

あなたは下記の万馬券を的中させましたので
ここに証明いたします。

記

2023年　2回中山3日　8R
3連単 09→03→14　100円購入
払戻金単価　@38,530円
払戻金合計　38,530円

3連単⑨→③→⑭
3万8530円

1着⑨ホウオウプレミア　（コンピ1位、1番人気）
2着③ビジュノワール　（コンピ4位、4番人気）
3着⑭アルファウェーヴ　（コンピ8位、10番人気）

実践④2023年4月15日・福島11Rラジオ福島賞（4歳上2勝クラス、ダ1150m、16頭立て）⇓3連単2万5460円

［コンピ1～3位馬の指数とパターン］

1位⑩86　2位⑮65　3位⑯62＝（和）213　⇓パターン4（旧テクニカル6ではパターン3）

1位86⑩マルモリスペシャル（1着固定）
2位65⑮タヤスゴールド（ヒモ）
3位62⑯ロードミッドナイト（相手）
4位61⑨プリティインピンク（相手）
5位56⑬ブルースコード（相手）
6位55①メイショウミツヤス（ヒモ）
7位54⑫ユウグロスファクタ（ヒモ）
8位53②ハギノオーロ（ヒモ）
9位49⑭トップヴィヴィット（ヒモ）※HBレンジ＝的中率80％ライン

［結果］1着：1位⑩　2着：3位⑯　3着：6位①

前項までは芝レースだったが、今回はローカル・ダートの短距離戦。だからといって、やることに変

わりはない。ちなみに、第2章で田中氏が馬連的中として掲載したレースでもある。

まず、3〜6位の相手選びだが、文句なしは4位⑨プリティインピンク。前々走3着→前走2着と調子を上げているし、重・不良馬場は4戦4連対。折から雨の激しくなった馬場はまだ稍重発表だが、この馬には追い風ならぬ〝追い雨〟になりそう。

残る3頭では6位①メイショウミツヤスにプラス材料が感じられず、相手からは除外。3位⑯ロードミッドナイト、5位⑬ブルースコードは結局、差を付けられず両方とも相手に残すこととなった。つまり、相手は4位⑨も含め3頭となったわけだ。

その代わり、ヒモを絞ることにした。パターン4の16頭立ては、HBレンジ=的中率90%ラインでは11位までだが、80%ラインなら9位までで済む。というわけで3連単フォーメーションは次の2通りとなった。

・⑩→⑨⑬⑯→①②⑨⑫⑬⑭⑮⑯（21点）
・⑩→①②⑫⑭⑮→⑨⑬⑯（15点）※計36点

結果は1位⑩マルモリスペシャルが先行3番手から押し切って1着、指数86のパワーを見せつけた。2着には、その⑩をマークして動いた⑯ロードミッドナイトが滑り込み。これでアタマー相手が確定、問題は3着だが……。

2着馬に3馬身離されて飛び込んできたのが6位①メイショウミツヤスだった。6位なので、もちろんヒモに拾っている。

先述したように私もプラス材料が見つからなかった馬だが、これがリアルオッズでは11番人気という人気薄。おかげで3連単は2万馬券となった。実際の人気に左右されるよりコンピを信じよ、という結果だった。

1150m）

福島 11 ラジオ福島賞（4歳上(混)・2勝クラス・定量）

◆53年に開局した放送局で、本社は福島市。73年に本競走創設する

枠 馬番	白1 1	白1 2	黒2 3	黒2 4	赤3 5	赤3 6	青4 7	青4 8
父	トゥザグローリー	キンシャサノキセキ	ロードカナロア	ミッキーアイル	ダノンレジェンド	ロードカナロア	ミッキーアイル	エスポワールシチー
馬名 性齢	(地)メイショウミツヤス 牡5	ハギノオーロ 牝6	ゲンパチレオニダス 牡4	(地)ルピナステソーロ 牝5	サイモンルピナス 牝5	シャスティーナ 牝5	ナツイロノオトメ 牝4	カネコメシスター 牝4
母（母の勝利・生産国） 母父	フミノアザレア(0勝) マンハッタンカフェ	ハギノアーク(未出走) アドマイヤムーン	ドリーミートーツ(0勝) ジャングルポケット	ダンシングクィーン(未出走) チチカステナンゴ	メイショウテルチェ(0勝) キングカメハメハ	パラダイスリッジ(1勝) ディープインパクト	フェールクークー(1勝) アラムシャー	キャンドルアイス(1勝) フォーティナイナー
人気指数	20	24	1	1	1	1	4	1
木南(東)	…	…	…	…	…	…	☆	…
マイク(西)	☆	△	…	…	…	…	○	…
舟元(東)	…	△	…	…	…	…	…	…
桑原(東)	…	△	…	…	…	…	…	…
松田(東)	…	☆	…	…	…	…	…	…
井上(東)	55 …	53 ☆	43 △	40 …	41 … B	42 …	46 …	44 …
本紙水島(東)	⑥ △	⑧ △	⑬ … [illegible]	⑯ … [illegible]	⑮ … 替	⑭ …	⑪ …	⑫ … [illegible]
重量騎手	58富田	56藤懸	58菊沢	56佐々木	56城戸	56田中健	56永島	56斎藤
騎手相性	0001	1128	0000	0000	0000	1113	1200	1002
厩舎	栗木原	栗高野	美牧浦	美畠山	栗羽月	栗中村	栗角田	栗中尾
生月日毛色賞金	3…	5.24鹿900	4.13黒鹿900	5.10栗830	4.7黒鹿900	2.24鹿900	4.27青鹿900	6.10栗900
馬主	松…	安岡美津子	平野武志	了徳寺健二HD	澤田昭紀	ロードHC	岡浩二	高岡浩行
生産者	斉…	村下明博	前川勝春	ストームFC	三嶋牧場	ケイアイF	高村牧場	ラッキー牧場
持時計 1000ダ / 1150ダ / 1200ダ	福良1.08.7 名良1.11.4	小不58.0 福良1.11.1 新良1.11.3	小不58.1 福良1.10.0 新良1.13.5	小稍59.7 名良1.12.0	小不58.3 福良1.08.8 新不1.11.7	小不58.6 新重1.12.0	小不58.2 福良1.08.7 名良1.11.6	札良59.5 名重1.11.6
千ダ	0000	1100	0011	1000	1101	0020	1010	1010
千一五ダ	1000	0010	0000	0000	2101	1001	0131	0000
千二ダ	0100	2022	0000	0000	4012	1010	0000	1000
重成績	3002	6035	2100	3012	11125	5022	4111	2012
前走1	園田7.28 1着 ②JRA交流特 1.29.5 56下原理1人	4阪10.10 15着 ❸牝2勝クラス 1.26.3 55藤懸13人	1函7.17 13着 ⑫1勝クラス 1.14.0 51横山琉6人	2中3.20 13着 ❼2勝クラス 1.12.7 55横山和7人	4新10.16 4着 ②牝1勝クラス 1.12.1 53松本6人	1新5.22 9着 ⑥牝1勝クラス 1.12.7 53小沢6人	3福11.6 2着 ②1勝クラス 1.08.9 53角田和5人	1阪3.19 14着 ⓫牝1勝クラス 1.25.7 54森裕4人
前走2	3福11.19 3着 ⑤西郷 2勝C坂53.7 1.08.7 53小沢8人 16ト16ﾗ 508 H②37.5 6 3 04 ヴァリアント	浦和10.20 4着 ④JRA交流特 一般 1.29.2 51今村3人 11ト6ﾗ 531 M③39.9 2 1 2 01 ボルカンパル	1札7.30 15着 ③1勝クラス 3歳上C43.2 1.09.8 54浜中12人 16ト6ﾗ 480 M⑦34.2 16 16 08 3休ミズノコ	3東6.25 7着 ⑦清里 2勝C B37.2 1.23.9 55永野12人 15ト7ﾗ 464 M①35.2 13 12 13 ウインアキレ	4新10.29 8着 5 1勝クラス 3歳上坂55.5 1.13.0 54松本3人 11ト7ﾗ 438 M①37.5 6 6 21 メイショウフ⑱	1札7.23 1着 1 1勝クラス 3歳上B38.9 千ダ59.5 55鮫島駿2人 10ト8ﾗ 484 M③36.0 2 2 00 ユスティニア	3福11.19 6着 ⑤1勝クラス 3歳上坂58.6 1.08.7 53角田和5人 16ト8ﾗ 478 H④37.7 1 1 02 ボルタドマー	1札7.31 1着 ④牝1勝クラス 3歳上B38.3 千ダ59.5 52斎藤2人 12ト1ﾗ 484 H③35.7 6 7 03 プリティイン
前走3	6阪12.28 11着 ⑨春待月 2勝C坂54.1 1.26.1 57秋山真9人 16ト2ﾗ 522 H⑩39.4 2 2 16 イフティファ	5阪11.27 13着 8 2勝クラス 3歳上坂55.6 1.26.4 55藤懸14人 16ト1ﾗ 532 H⑥40.2 1 2 24 プライムライ	3福11.13 5着 ④1勝クラス 3歳上坂53.9 1.10.0 52永島7人 16ト16ﾗ 482 M②37.4 5 5 12 ユウグロスフ	佐賀8.4 2着 ③霧島賞 重賞 1.28.1 54山口勲1人 12ト1ﾗ 476 M⑦38.0 1 1 1 01 テイエムラッ	3福11.20 1着 ⑥1勝クラス 3歳上坂55.9 1.08.8 55斎藤4人 16ト16ﾗ 436 M⑭37.1 2 2 02 ルヴェルジェ⑱	2札8.14 7着 2 2勝クラス 3歳上C41.6 千ダ59.9 55鮫島駿10人 12ト5ﾗ 486 H①37.1 1 2 07 3休ムジック	1小1.28 2着 ❺1勝クラス 4歳上坂52.4 千ダ58.2 52永島1人 14ト10ﾗ 488 M⑭35.3 1 1 01 ゲンパチレオ	2札8.14 4着 2 2勝クラス 3歳上C39.8 千ダ59.6 52斎藤4人 12ト3ﾗ 484 H⑦35.4 12 9 04 ムジック
前走4	1阪2.26 7着 6 2勝クラス 4歳上坂53.7 1.12.8 58浜中6人 16ト11ﾗ 518 M①37.8 1 1 12 クレア	1小2.4 2着 7 有田 2勝C坂52.8 千ダ59.0 56藤懸8人 14ト1ﾗ 520 H④36.3 1 1 01 ララシャンド	1名1.22 8着 ⑧1勝クラス 4歳上坂55.2 1.13.9 58 8人 15ト1ﾗ 496 M③38.3 1 1 08 メイショウオ	4中9.18 14着 ❹浦安 2勝C C38.8 1.12.4 55石川12人 15ト3ﾗ 482 M③36.5 15 15 19 4休エリモグ	6名12.17 11着 ⑤ 2勝C坂53.6 1.27.4 55小林凌7人 16ト6ﾗ 448 H④40.1 2 1 25 タイキフォー⑬	5中12.3 16着 ①鹿島 2勝C坂57.8 1.12.3 55岩田望11人 16ト6ﾗ 490 M⑭38.0 4 6 17 パウオレ	1小2.5 2着 ⑧1勝クラス 4歳上 連闘 千ダ58.7 52永島1人 13ト9ﾗ 482 H①36.0 2 2 02 デルマシルフ	5名9.10 15着 ❶2勝クラス 3歳上B37.3 1.11.6 53斎藤6人 16ト16ﾗ 480 M①36.7 11 10 25 4休ラインガ
前走5	2阪3.26 5着 ❷2勝クラス 4歳上坂53.9 1.11.5 58富田9人 16ト10ﾗ 504 M②36.1 2 2 05 サトノテンペ	2小2.19 3着 ❹伊万里 2勝C坂56.6 千ダ58.0 56藤懸5人 14ト1ﾗ 516 H⑭35.7 2 1 04 アルバミノル	1小1.28 1着 ❺1勝クラス 4歳上 連闘 千ダ58.1 54古川奈4人 14ト13ﾗ 494 M②35.0 4 5 01 ナツイロノオ	1小2.4 11着 7 有田 2勝C C41.7 千ダ59.7 56永島14人 14ト8ﾗ 466 H②35.8 12 13 08 ララシャンド	2小2.19 7着 ❹伊万里 2勝C坂56.9 千ダ58.3 56斎藤11人 14ト13ﾗ 444 H⑭35.4 5 6 07 アルバミノル⑬	2小2.19 9着 ❹伊万里 2勝C坂59.7 千ダ58.6 56田中健12人 14ト3ﾗ 480 H⑭35.6 7 8 10 アルバミノル	2小2.25 1着 5 1勝クラス 4歳上坂60.9 千ダ58.2 52永島1人 14ト9ﾗ 482 M⑤35.4 1 1 04 エバニスタ	1名1.5 8着 ①2勝クラス 4歳上坂54.8 1.13.3 56川須7人 16ト8ﾗ 488 M⑬37.6 8 8 09 3休1001

発走＝15時20分

ダート1150メートル

好走枠 中枠　脚質 逃げ

レコード＝1・06・1 20年ダンシングプリンス

波乱含み ハイペース

賞金 1着 1550万円 2着 620万円 3着 390万円 4着 230万円 5着 155万円

本紙予想 馬連 9—13 13—16 10—13 1—13 2—13 13—14 13—15

3連単

単⑩ 310 円　複⑩ 170 円　⑯ 270 円　① 530 円

馬連⑩—⑯ 1220 円　馬単⑩→⑯ 2030 円

3連複①⑩⑯ 7700 円　3連単⑩→⑯→① 25460 円

●2023年４月15日・福島11Ｒラジオ福島賞（４歳上２勝クラス、ダ

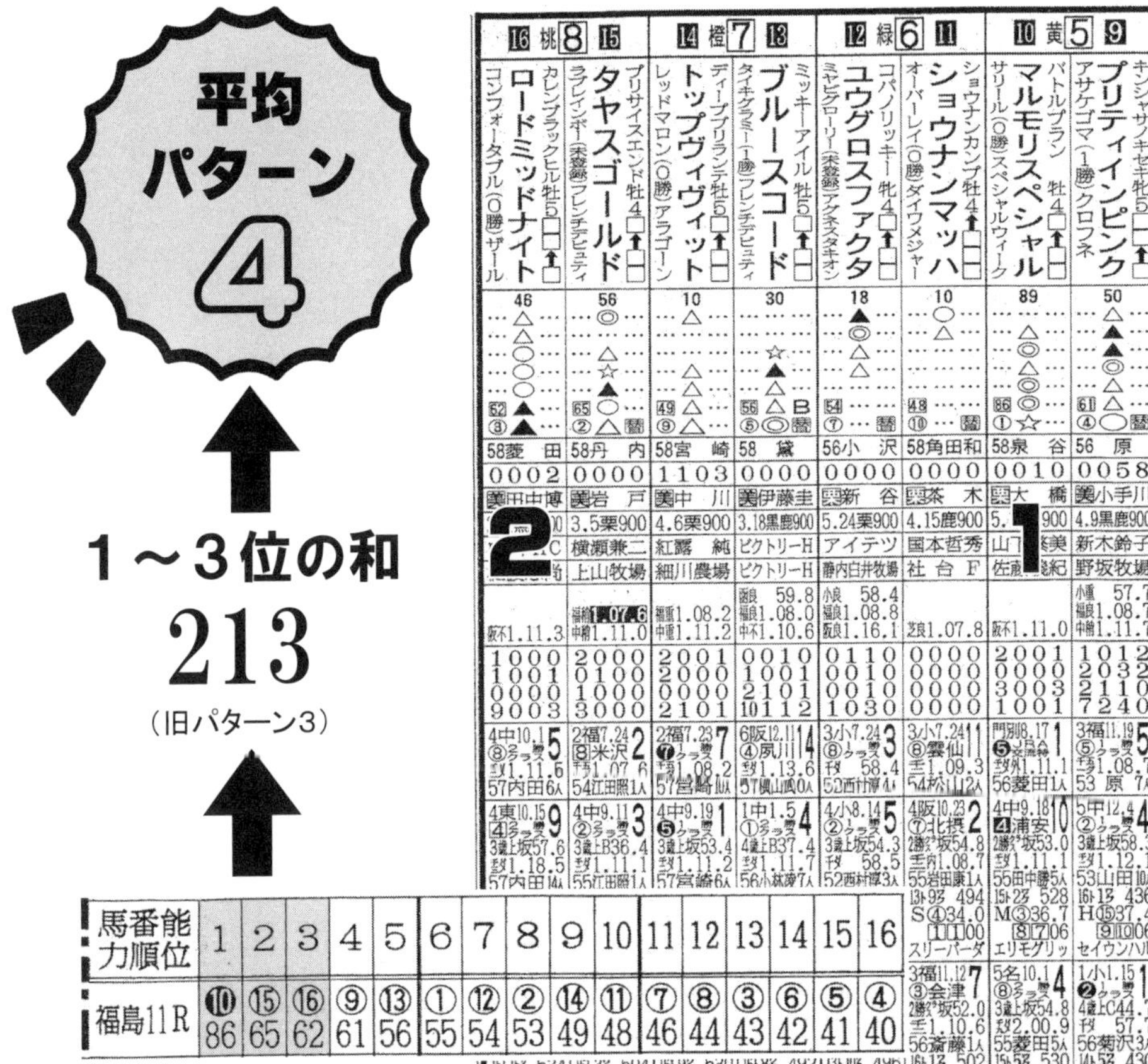

枠・馬番	馬名	父・性齢	母（母父）	印ポイント	騎手	成績	調教師	生年月日	馬主	生産者
8桃 16	ロードミッドナイト	カレンブラックヒル 牡5	コンフォータブル（0勝）ザール	46	58菱田	0002	美田中博	[illegible]	[illegible]C	[illegible]
8桃 15	タヤスゴールド	プリサイスエンド 牡4	ラブレインボー（未登録）フレンチデピュティ	56	58丹内	0000	美岩戸	3.5栗900	横瀬兼二	上山牧場
7橙 14	トップヴィヴィット	ディープブリランテ 牡5	レッドマロン（0勝）アラゴーン	10	58宮崎	1103	美中川	4.6栗900	紅露純	細川農場
7橙 13	ブルースコード	ミッキーアイル 牡5	タイキグラミー（1勝）フレンチデピュティ	30	58黛	0000	美伊藤圭	3.18黒鹿900	ビクトリーH	ビクトリーH
6緑 12	ユウグロスファクタ	コパノリッキー 牡4	ミヤビグローリー（未登録）アグネスタキオン	18	56小沢	0000	栗新谷	5.24栗900	アイテツ	静内白井牧場
6緑 11	ショウナンマッハ	ショウナンカンプ 牡4	オーバーレイ（0勝）ダイワメジャー	10	58角田和	0000	栗茶木	4.15鹿900	国本哲秀	社台F
5黄 10	マルモリスペシャル	バトルプラン 牡4	サリール（0勝）スペシャルウィーク	89	58泉谷	0010	栗大橋	5.[illegible]900	山[illegible]美	佐[illegible]紀
5黄 9	プリティインピンク	キンシャサノキセキ 牝5	アサケゴマ（1勝）クロフネ	50	56原	0058	美小手川	4.9黒鹿900	新木鈴子	野坂牧場

馬番能力順位	1	2	3	4	5	6	7	8	9	10	11	12	13	14	15	16
福島11R	⑩	⑮	⑯	⑨	⑬	①	⑫	②	⑭	⑪	⑦	⑧	③	⑥	⑤	④
	86	65	62	61	56	55	54	53	49	48	46	44	43	42	41	40

万馬券的中証明書

2023年04月15日
JRA日本中央競馬会

あなたは下記の万馬券を的中させましたので
ここに証明いたします。

記

2023年　1回福島3日　11R
3連単 10→16→01　100円購入
払戻金単価　@25,460円
払戻金合計　25,460円

3連単⑩→⑯→①
２万5460円

1着⑩マルモリスペシャル　（コンピ1位、１番人気）
2着⑯ロードミッドナイト　（コンピ3位、４番人気）
3着①メイショウミツヤス　（コンピ6位、11番人気）

実践⑤2023年2月12日・東京7R（3歳1勝クラス、ダ1600m、15頭立て）⇓3連単6万5380円

［コンピ1～3位馬の指数とパターン］
1位⑮83　2位⑦74　3位⑤58＝（和）215　**⇓パターン4**（旧テクニカル6でもパターン4）

1位83⑮ネイビースター（軸）
2位74⑦ミラーオブマインド（ヒモ）
3位58⑤ナイトキャッスル（ヒモ）
4位57②フィンガークリック（ヒモ）
5位56⑨バリアントバイオ（ヒモ）
6位55⑭サンライズジーク（軸）
7位54⑪フリッパー（ヒモ）
8位53⑥ブレイゼスト（ヒモ）
9位51①カムランベイ（ヒモ）※HBレンジ＝的中率80％ライン

［結果］1着：6位⑭　2着：8位⑥　3着：1位⑮

本章の冒頭で記したように、この実践編⑤からは趣を変える。前項までは「1位83以上を1着固定の

3連単」だったが、ここからは「1位83以上を馬券圏内の軸とする3連単」を解説する。

簡単にいうと、1位は1着だけではなく、2、3着でもアリということ。では、どんなケースで発動するかというと、次の2点だ。

・1位が83か84のような、「83以上」のレンジのなかでも低い指数であること

・1位がなかなか勝ち切れない馬で2、3着が多い（脚質でいうと、例の〝差し馬の差し損ね〟である。馬柱の成績欄には要注意）

この東京7Rは1位84で前者のケース。そして、その1位⑮ネイビースターは、これが初ダートなのだ。ドゥラメンテ産駒はダートも走るし、このコースの外枠は絶好でもある。だが、初めてダートを走る馬を1着固定にするのはどうか？

そこで採用したのがペア・フォーメーションである。軸馬をもう1頭選び、セットで2通り買うのだ。イメージとしては、こんな感じになる。

・軸（1位&もう1頭の軸馬）→軸（1位&もう1頭の軸馬）→ヒモ

・軸（1位&もう1頭の軸馬）→ヒモ→軸（1位&もう1頭の軸馬）

もう1頭の軸はやはり3〜6位からピックアップ。ここでは6位⑭サンライズジークを抜擢した。矢作厩舎の叩き2戦目（私は大駆けの要素として常にマークしている）、有利な外枠、積極的なM・デムーロ騎手への乗り替わりなどが、その理由。馬券は次の通り。

・⑭⑮→⑭⑮→①②⑤⑥⑦⑨⑪（14点）

・⑭⑮→①②⑤⑥⑦⑨⑪→⑭⑮（14点）※計28点

結果は3番手から先行した⑭サンライズジークが快勝。2着には粘った8位⑥ブレイゼスト。1位⑮ネイビースターは追い込み届かずの3着で、6万馬券の美味しい配当となった。

東京 7 3歳1勝クラス（混合）
発走＝13時30分
ダート1600メートル
好走枠 外枠　脚質 逃げ
レコード＝1・33・5 22年デシエルト

枠馬番	白1 1	黒2 2	黒2 3	赤3 4	赤3 5	青4 6	青4 7	5 8
父	タリスマニック	マインドユアビスケッツ	ストロングリターン	エスケンデレヤ	シルバーステート	デクラレーションオブウォー	マインドユアビスケッツ	マインドユアビスケッツ
馬名	カムランベイ	フィンガイクリック	ロミオボス	レストア	ナイトキャッスル	ブレイゼスト	ミラーオブマインド	トルズイーガー
性齢	牡3	牡3	牡3	牡3	牡3	牡3	牡3	牡3
母（母の勝利・生産国）	コーズウェイベイ（0勝）	アンバーミニー（1勝）	ジュリエットベール（1勝）	ブルジュオン（3勝）	サダムグランジュテ（5勝）	ジーニアル（0勝）	エミーズスマイル（2勝）	ファイトユアソング（3勝）
母父	ハードスパン	ダイワメジャー	ヴィクトワールピサ	ダイワメジャー	キングカメハメハ	キングカメハメハ	アグネスタキオン	スズカマンボ
人気指数	14	20	4	1	38	24	78	10
木南	◎	…	…	…	☆	…	▲	…
マイク	…	△	…	…	…	△	○	◎
舟元	…	△	…	…	▲	△	○	…
桑原	△	△	…	…	△	☆	○	…
高木	△	…	…	…	◎	…	○	△
井上	51 …	57 △	42 …	43 …	58 …	53 …	74 ○	49 ▲
本紙松田	⑨ …	④ … 圏	⑬ ☆ 圏	⑫ …	③ △ 圏	⑧ △	② ○	⑩ △ 圏
重量騎手	56田辺	54福永	54△横山琉	56菅原明	56戸崎	56石橋	56横山和	55☆永野
騎手相性	1000	0000	0000	1002	0000	1110	1100	0000
厩舎	美岩戸	美水野	美加藤征	美小笠	美音無	美[illegible]	美新開	美伊藤圭
生月日毛色賞金	2.14鹿400	3.16鹿400	4.26栗400	3.18黒鹿400	2.2鹿400	3.[illegible]	5.11栗400	1.24鹿400
馬主	ゴドルフィン	吉田照哉	加藤正二郎	ノースヒルズ	シルクR	[illegible]	社台RH	岡本真二
生産者	ダーレーJF	社台F	社台F	ノースヒルズ	社台C白老F	笠松牧場	社台F	グランド牧場
1400ダ持 1600ダ時 1800ダ計	中良1.56.0	芝良1.21.5 芝良1.34.8	東重1.25.1 東良1.39.5	芝良1.48.8	芝稍1.31.7 芝良1.46.5	東重1.36.9	東稍1.36.7 毛1.47.0	東稍1.39.1
千千千重 八六四成 ダダダ績	1000 0000 0000 0000	0000 0000 0000 0000	0100 0011 0010 0000	0000 0000 0000 0000	0000 0000 0000 0000	0100 0101 0000 0000	0000 0100 0000 0000	0100 0100 0000 0000
前走（3）	初子 近親 ハーロンベイ	4中10.2 5 ⑨芙ミ 牝1勝B39.2 美外1.36.0 54松山13人 8ト6ヌ 492 S①35.3 7 6 6 09 サンティーテ	4東10.10 2 ⑧新馬 2歳B37.8 ダ1.25.1 55横山武3人 16ト4ヌ 468 M⑩37.0 4 5 01 マーゴットレ	2福7.23 1 ⑦新馬 2歳B38.8 芝2.08.9 54菅原明1人 10ト10ヌ 490 S⑤36.2 4 1 1 03 3休ゴールド	2札8.21 4 ④クローバー 芝ミC35.9 芝1.31.7 54ルメール2人 11ト7ヌ 506 M①36.0 9 7 7 01 ジョリダム	4中9.19 3 ⑤新馬 2歳坂53.4 美外1.39.4 54石橋7人 12ト4ヌ 524 S④35.3 2 2 2 08 ヒップホップ	初子 近親 ホウオウエミーズ オリジナルスマイル スクラッタ エイカイキング	初子 近親 スナークレイアース
前走（2）		5東11.19 5 ⑤1クラス 2歳B39.1 芝1.21.5 54松山6人 9ト2ヌ 498 M④33.6 9 9 07 バグラダス	5東11.20 3 ⑥未勝利 2歳坂54.2 ダ1.27.8 55横山武2人 16ト3ヌ 462 M⑥37.4 7 9 07 ハチメンロッ	4東10.22 7 ⑥アイビー L B38.4 芝1.48.8 55菅原明6人 8ト3ヌ 502 M①34.5 4 5 5 13 チャンスザロ	4阪10.29 2 ⑧萩 L 坂53.0 芝外1.46.5 55ルメール3人 7ト1ヌ 504 S⑤34.1 2 3 03 トップナイフ	4東10.8 2 ①未勝利 2歳坂53.5 ダ1.36.9 55石橋1人 15ト5ヌ 526 H⑧37.5 1 1 02 スペンサーバ	1札7.23 1 ①新馬 2歳C40.3 ダ1.47.0 54横山和3人 14ト8ヌ 468 M④37.8 5 4 3 02 4休エコロド	4東10.30 2 ⑨新馬 2歳坂54.3 ダ1.40.3 55横山武3人 15ト4ヌ 524 M①37.2 4 4 09 パライバトル
前走（1）	1中1.9 1 ④新馬 3歳坂51.8 ダ1.56.0 56田辺1人 11ト10ヌ 512 M⑧39.1 3 3 2 01 ヒューゴ	1中1.5 5 ①ジュニア L B38.0 芝外1.34.8 54津村8人 13ト1ヌ 504 M①35.8 7 10 5 11 クルゼイロド	1東1.28 1 ①未勝利 3歳C40.7 ダ1.39.5 56ルメール1人 16ト9ヌ 466 H⑤37.8 6 6 03 ラッキーコイ	5中12.3 18 ①葉牡丹 1勝クC38.1 芝内2.03.0 55菅原明18人 18ト17ヌ 506 M⑥38.5 4 7 17 39 ミッキーカプ	5阪11.26 5 ⑦京都2歳S GⅢ坂52.7 芝内2.01.0 55Cデムーロ8人 15ト13ヌ 502 M①35.9 5 5 4 05 グリューネグ	4東10.23 1 ⑦未勝利 2歳坂55.2 ダ1.38.4 55石橋1人 14ト4ヌ 530 H③38.2 1 1 10 3休セザンワ	5東11.26 2 ⑦カトレア 芝ミB37.7 ダ1.36.7 55横山和3人 10ト7ヌ 472 H⑨36.1 9 10 01 コンティノア	5東11.27 1 ⑧未勝利 2歳坂55.1 ダ1.39.1 55横山武3人 16ト9ヌ 522 M④36.8 2 2 01 フリッパー
全左右東全 回回京成 りり 芝ダダダ績	00101 00000 00000 00000	10001 10001 00000 30003	01011 01011 01011 00000	10001 00000 00000 20002	00101 10001 00000 20002	01011 01011 10001 00000	00101 01011 00000 00000	01011 01011 00000 00000
連対体重	512	486—488	466—468	490	504—506	526—530	468—472	522—524
単予想オッズ	24.1	20.5	46.5	77.2	8.7	15.7	3.2	28.2
今回調教 6F 5F 3F 1F	4F54.3強 美坂39.3 25.4め 12.6C	84.5馬 美W68.0な 39.1り 12.1C	4F53.1馬 美坂38.5な 25.3り 12.8C	— — 美W66.9杯 37.5追 12.0B	4F51.8— 美坂38.2杯 25.0追 12.5B	4F53.4馬 美坂39.2な 25.0り 12.2C	85.0馬 美W68.1な 38.2り 12.1C	4F52.7末 美坂38.6強 25.4め 12.7B

先行注目　平均ペース

賞金
1着 780万円
2着 310万円
3着 200万円
4着 120万円
5着 78万円

本紙予想
馬連
7—14
14—15
3—14
8—14
5—14
6—14

3連単
⑭
▼
③⑤⑥⑦⑧⑮
▼
③⑤⑥⑦⑧⑮

単⑭ 860円　複⑭ 250円　⑥ 330円　⑮ 140円
馬連⑥—⑭ 8190円　馬単⑭→⑥ 15180円
3連複⑥⑭⑮ 6440円　3連単⑭→⑥→⑮ 65380円

●2023年２月12日・東京７R（３歳１勝クラス、ダ1600m）

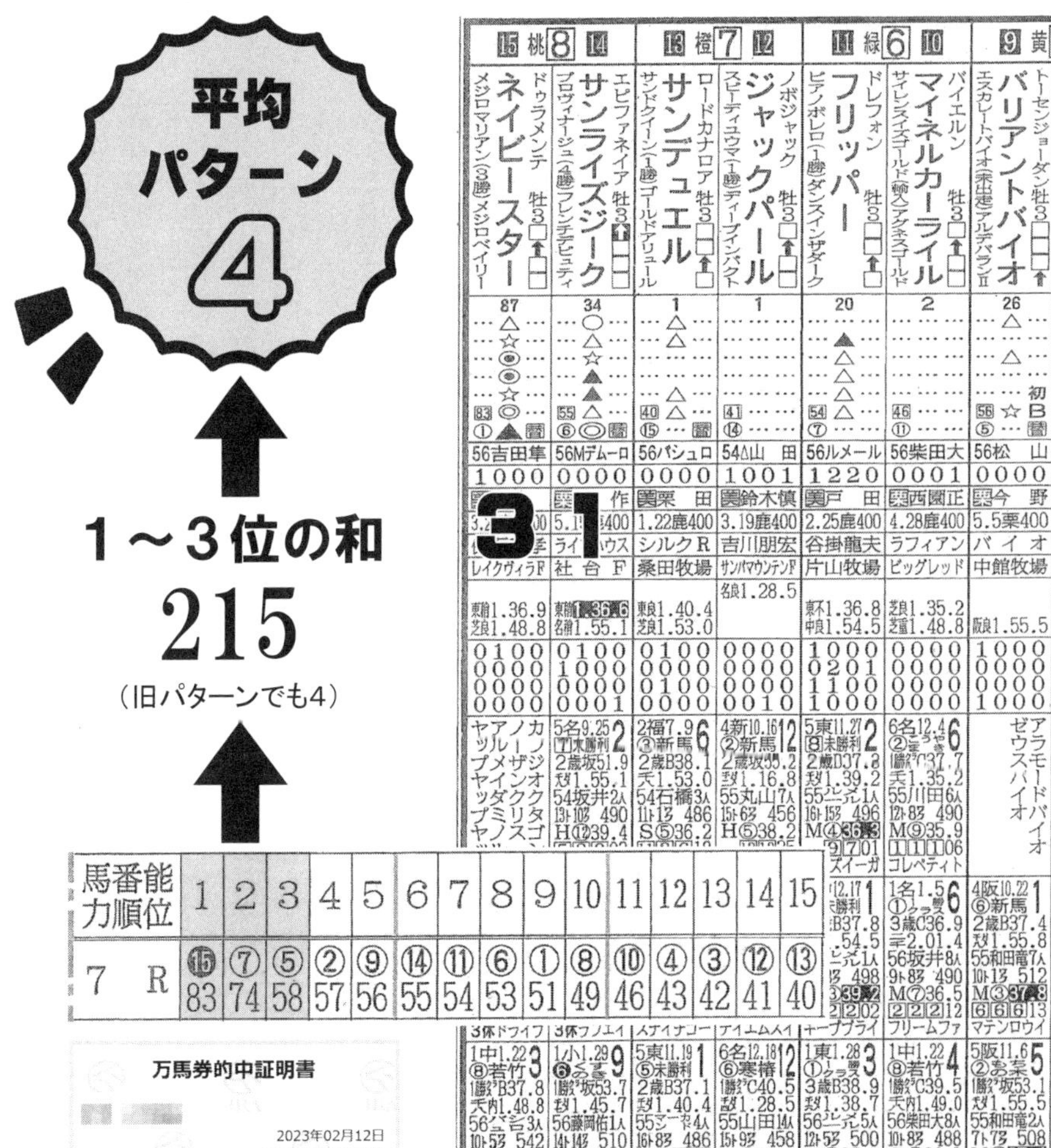

枠番・馬番	桃8 ⑮	桃8 ⑭	橙7 ⑬	橙7 ⑫	緑6 ⑪	緑6 ⑩	黄 ⑨
父	ドゥラメンテ	エピファネイア	ロードカナロア	ノボジャック	ドレフォン	バイエルン	トーセンジョーダン
馬名	ネイビースター	サンライズジーク	サンデュエル	ジャックパール	フリッパー	マイネルカーライル	バリアントバイオ
母（母父）	メジロマリアン(3勝)メジロベイリー	ブロヴィナージュ(4勝)フレンチデピュティ	サンドクイーン(1勝)ゴールドアリュール	スピーディユウマ(1勝)ディープインパクト	ピアノボレロ(1勝)ダンスインザダーク	サイレンスイズゴールド(輸入)アグネスゴールド	エスカレートバイオ(未出走)アルデバランⅡ
性齢	牡3	牡3	牡3	牡3	牡3	牡3	牡3
人気	87	34	1	1	20	2	26
斤量・騎手	56吉田隼	56Mデムーロ	56バシュロ	54△山田	56ルメール	56柴田大	56松山
成績	1000	0000	0000	1001	1220	0001	0000
厩舎		作	栗田	鈴木慎	戸田	西園正	今野
馬主		ライオンハウス	シルクR	吉川朋宏	谷掛龍夫	ラフィアン	バイオ
生産者	レイクヴィラF	社台F	桑田牧場	サンバマウンテンF	片山牧場	ビッグレッド	中館牧場
単勝オッズ	2.4	10.3	76.0	76.3	19.7	59.2	14.4

馬番能力順位	1	2	3	4	5	6	7	8	9	10	11	12	13	14	15
7R	⑮83	⑦74	⑤58	②57	⑨56	⑭55	⑪54	⑥53	①51	⑧49	⑩46	④43	③42	⑫41	⑬40

万馬券的中証明書

2023年02月12日
JRA日本中央競馬会

あなたは下記の万馬券を的中させましたので
ここに証明いたします。

記

2023年　1回東京6日　7R
3連単 14→06→15　100円購入
払戻金単価　@65,380円
払戻金合計　65,380円

3連単⑭→⑥→⑮
6万5380円

1着⑭サンライズジーク（コンピ6位、4番人気）
2着⑥ブレイゼスト（コンピ8位、7番人気）
3着⑮ネイビースター（コンピ1位、1番人気）

実践⑥2023年3月12日・中山10R東風S（4歳上リステッド、芝1600m、11頭立て）⇒3連単4万8180円

［コンピ1～3位馬の指数とパターン］
1位④83　2位⑩76　3位③62＝（和）221　⇒パターン6（旧テクニカル6ではパターン5）

1位83⑤ゾンニッヒ　　（軸）
2位76⑩エピアファニー　　（ヒモ）
3位62③ココロノトウダイ　　（ヒモ）
4位56①アオイクレアトール　（ヒモ）
5位55④ラインベック　（軸）
6位54⑥ノルカソルカ　（ヒモ）　※HBレンジ＝的中率90％ライン

［結果］　1着：5位④　2着：1位⑤　3着：6位⑥

1位83、11頭立てという少頭数、パターン6――穴党からは敬遠されそうなレースだ。

しかし、つけ入るスキはあった。1位⑤ゾンニッヒは指数83で「83以上のなかでは最低」「差し馬」だったから。前走の若潮Sも勝ったものの、逃げたジネストラ相手にハナ差という薄氷の勝利。昇級戦の今回は、差し損ねる可能性もある。

ならば、この馬に勝つ可能性があるのは？

若潮Sがそうだったように、ゾンニッヒより前に行ける先行馬だろう。次のページにある馬柱（日刊スポーツ）を見てもらいたい。

脚質の矢印を確認すると、逃げ：6位⑥ノルカソルカ、先行：9位②ビターエンダー、5位④ラインベック、7位⑧カイザーバローズ、2位⑩エピファニーである。

このなかで3～6位に絞れば、5位④ラインベック、6位⑥ノルカソルカの2頭。二ケタ着順が連続の⑥はヒモに回すと、④ラインベックしかいない。前走2着で休み明け、調教を見ると好時計を連発し仕上がりは万全のようだ（調教は別の専門紙で確認）。もう1頭の軸はコレでいい。

馬券は次の2通りだ。

・④⑤→④⑤→①③⑥⑩（8点）
・④⑤→①③⑥⑩→④⑤（8点）※計16点

レースは、⑥ノルカソルカが逃げて④ラインベックが2番手、⑤ゾンニッヒは5番手で最後の直線へ。④がグイッと前へ出たところに⑤が急襲するも、2分の1馬身届かず2着。3着には⑥が残って、配当は4万馬券！　まさにしてやったりの結果となった。

1位83でもパターン6でも11頭立てでも、万馬券は獲れるのである。

＊

1位83以上を1着固定のアタマとして捉えるのではなく、馬券圏内の軸馬として捉える。この発想でいくと、次のような3連単フォーメーションも考えられる。こちらも参考にしていただきたい。

●1位83以上を1、2着に固定した場合
・軸（1位）→相手（3～6位）→ヒモ
・相手（3～6位）→軸（1位）→ヒモ
※相手は3～6位から2頭ピックアップするのがベスト

●1位83以上を2、3着に固定した場合
・相手（2～6位）→軸（1位）→ヒモ
・相手（2～6位）→ヒモ→軸（1位）
※この並びはかなりの妙味が生まれるので、相手には2位を入れても可（いずれにしても2頭選択がベスト）。軸の1位が勝ち切れないタイプの差し馬だった場合に、有効なフォーメーションといえる。

中山 10 WIN5②
東風S L（4歳上・オープン・国際・別定）
◆こち 東方から吹いてくる風のこと・ひがし風、春風を意味する

枠馬番	白1 1	黒2 2	赤3 3
父 馬名 性齢 脚質 母（母の勝利・生産国） 母父	キングカメハメハ 牡6 アオイクレアトール ハイエストホワイト（1勝）アグネスタキオン	オルフェーヴル 牡6 ビターエンダー ビタースウィート（3勝）アフリートアレックス	エイシンフラッシュ 牡6 ココロノトウダイ フェアリーダンス（0勝）アグネスタキオン
人気指数	24	4	58
木南	△	…	◎
マイク	△	△	☆
舟元	…	…	◉
桑原	◎	…	▲
高木	▲	…	☆
井上	56 ◎	47 …	62 ☆
本紙松田	④ △	⑨ … 圏	③ ▲ 圏
重量騎手	57横山和	57横山琉	58戸崎
騎手相性	0001	0000	0002
厩舎	美古賀	美相沢	美手塚
生月日毛色賞金	5.28芦2,400	4.7鹿2,350	2.13鹿3,200
馬主	新谷幸義	ヒダカBU	星野寿市
生産者	社台F	桜井牧場	ノーザンF
持時計 1400 1600 1800	東良1.21.6 東良1.32.7 新良1.47.0	東稍1.49.6	東良1.32.6 新良1.47.9
千八芝 千六芝 千四芝 重成績	0400 1300 0301 2510	0000 1000 0000 0000	2000 1100 0000 2200
	2中3.13 ⑥東風 9 芝外1.34.5 56田辺4人	2東5.9 ⑤プリンシパル 1 芝1.59.8 56津村2人	2福11.14 ④福島記 16 芝2.03.4 55丸山2人
	1新5.7 ①谷川岳 4 L B37.6 芝外1.34.1 56津村3人 11ト10タ 488 S②33.3 3 4 05 5休ウインカ	2東5.31 ⑫ダービー 10 GⅠC37.4 芝2.25.2 57津村13人 18ト8タ 464 S⑰34.6 11 12 12 11 4休コントレ	3新9.4 ⑧新潟記 15 GⅢ坂52.5 芝外2.00.2 55戸崎13人 18ト10タ 530 S⑱34.6 4 6 13 カラテ
	4東10.22 ⑥富士 9 GⅡA37.7 芝1.33.1 56田辺11人 15ト8タ 480 M⑪35.3 11 11 11 セリフォス	2名9.27 ⑦神戸新聞 11 GⅡB37.4 芝2.13.7 56吉田隼6人 18ト3タ 474 M⑫37.1 4 3 3 12 コントレイル	5東11.26 ⑦キャピタル 5 L B38.1 芝1.32.6 56戸崎11人 18ト12タ 538 M③33.6 12 12 01 ララクリステ
	5東11.13 ④オーロ 17 L B37.5 芝1.21.6 54戸崎5人 18ト6タ 490 M②34.6 6 6 10 ウインシャー	4京10.25 ⑥菊花 17 GⅠB39.2 芝外3.09.4 57津村17人 18ト18タ 476 M⑱38.3 18 15 14 39 3休コントレ	1中1.7 ②ニューイヤー 6 L 坂53.5 芝外1.34.0 58[illegible]5人 13ト7タ 540 S①34.8 3 5 6 08 ウイングレイ
	1中1.7 ②ニューイヤー 5 L B38.3 芝外1.33.8 57横山和12人 13ト11タ 500 S①33.8 12 12 11 06 ウイングレイ	1東1.30 ①白富士 6 L B40.0 芝1.59.4 55津村3人 13ト8タ 484 S⑩34.9 3 2 2 04 25休0002	1阪2.11 ①洛陽 2 L 坂53.1 芝外1.33.3 56武豊9人 11ト7タ 532 S③33.8 8 8 02 ジャスティン

発走＝15時10分
芝・外 1600メートル
好走枠 内枠　脚質 逃げ
レコード＝1・30・3 19年トロワゼトワル
平均ペース　軸期待
本紙予想
馬連
5—10
3—10
8—10
1—10
4—10
3連単
⑩
▼
①③④
賞金
1着 2700万円
2着 1100万円
3着 680万円
4着 410万円
5着 270万円

単④ 1840円
複④ 310円 ⑤ 120円 ⑥ 440円
馬連④—⑤ 1340円 馬単④→⑤ 4630円
3連複④⑤⑥ 5230円
3連単④→⑤→⑥ 48180円

●2023年３月12日・中山10Ｒ東風Ｓ（４歳上リステッド、芝1600ｍ）

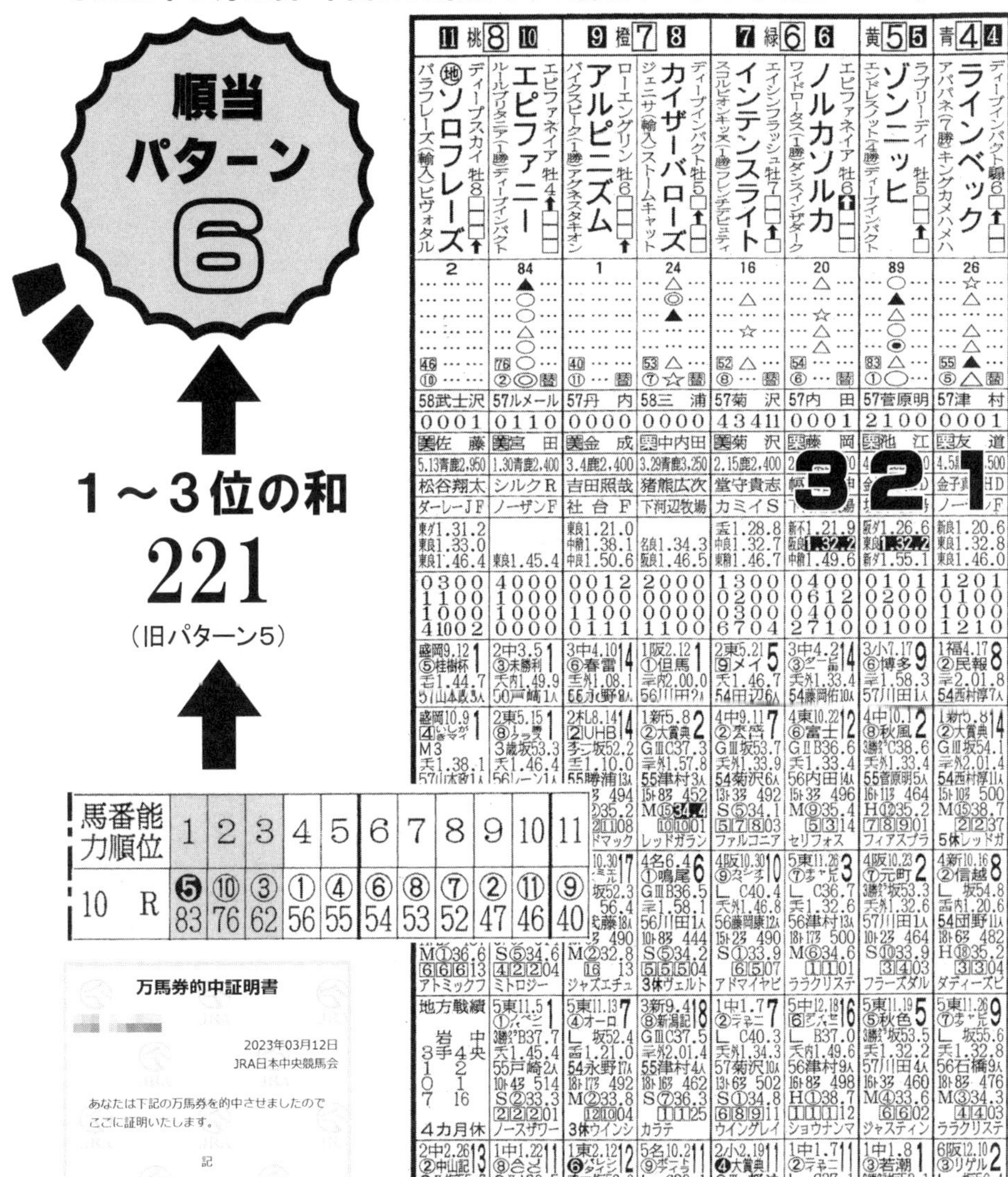

馬番能力順位	1	2	3	4	5	6	7	8	9	10	11
10　R	⑤ 83	⑩ 76	③ 62	① 56	④ 55	⑥ 54	⑧ 53	⑦ 52	② 47	⑪ 46	⑨ 40

万馬券的中証明書

2023年03月12日
JRA日本中央競馬会

あなたは下記の万馬券を的中させましたので
ここに証明いたします。

記

2023年　2回中山6日　10R

3連単 04→05→06　100円購入

払戻金単価　@48,180円

払戻金合計　48,180円

3連単④→⑤→⑥
4万8180円

1着④ラインベック　（コンピ5位、5番人気）
2着⑤ゾンニッヒ　（コンピ1位、1番人気）
3着⑥ノルカソルカ　（コンピ6位、6番人気）

実践⑦２０２３年１月５日・中山３Ｒ（３歳新馬、ダ１８００ｍ、16頭立て）⇒馬単４万７８４０円

［コンピ1～3位馬の指数とパターン］

1位⑬72　2位①68　3位⑩61＝（和）201　**⇒パターン1**（旧テクニカル6でもパターン1）

1位72⑬アドマイヤゾネ
2位68①デュメイカズマ
3位61⑩グランデアマポーラ　（ヒモ）
4位60④ビートポップ　（軸）
5位57⑧サウザンサニー　（軸）
6位55⑨ルルシュユシュ　（軸）
7位54⑯フェブルウス　（ヒモ）
8位53②トウショウリッジ　（ヒモ）

［結果］　1着：7位⑯　2着：6位⑨　3着：8位②

ここからは「従来の波乱パターン1、2による万馬券作戦」を披露していこう。

まずは馬単作戦から。……作戦というほど、大したものではないのだが。ただ、シンプルかつ破壊力

はある。当然だが、3連系の馬券より点数が絞れ、かつ的中率もアップする。

私が馬単作戦を行なうのは、主に下級条件の多頭数戦（フルゲートが望ましい）。だいたいが新馬、未勝利、1勝クラスで、午前中のレースとなる。このなかで新馬、未勝利はキャリアがない（少ない）分、なかなか予想しにくいもの。それが【テクニカル6】の波乱パターン1、2ならなおさらだ。ならばコンピで決め打ちしてしまえ！　というのがこの戦法。馬券は次のようなイメージだ。


【パターン2】

・軸（4、5位）→ヒモ（3〜8位※軸2頭含む）10点
・ヒモ（3〜8位※軸2頭はダブるのでカット）→軸（4、5位）8点※計18点

【パターン1】

・軸（4、5、6位）→ヒモ（3〜8位※軸3頭含む）15点
・ヒモ（3〜8位※軸3頭はダブるのでカット）→軸（4、5、6位）9点※計24点

高配当狙いだし波乱パターンなので、ハナから1，2位は除外する。

また、馬単は買わないという人も多いが、「裏目千両」という言葉もあるように、裏返れば想定外の高配当にもなったりするので、ぜひとも表・裏の2通り買うことをオススメしたい。

この中山3Rも、その裏目が的中し馬単は4万馬券になった例。3歳新馬、中山ダート1800mのフルゲート、そしてパターンは1。馬単作戦の発動のときが来た！　買い目はこうなる。

・④⑧⑨→②④⑧⑨⑩⑯（15点）
・②⑩⑯→④⑧⑨（9点）※24点

中山 3 3歳新馬（混合）

発走＝10時55分

ダート1800メートル　好走枠 中枠　脚質 逃げ

レコード＝1・48・5 83年キヨヒダカ

枠馬番	白1 1	2	黒2 3	4	赤3 5	6	青4 7	8
父	ハービンジャー	ダンカーク	モンテロッソ	ハーツクライ	サトノアラジン	ホッコータルマエ	リオンディーズ	タリスマニック
馬名	デュメイカズマ	トウショウリッジ	クリムゾンレッド	ビートポップ	セントアイヴス	デスティノ	ルトラセ	サウザンサニー
母（母の勝利・生産国） 母父	レッドラヴィータ(3勝) スペシャルウィーク	ガイアトウショウ(1勝) デュランダル	マコトスズラン(4勝) サンデーサイレンス	ビートゴーズオン(3勝) カーリン	クエストフォーワンダー(輸入) マクフィ	アンルーリー(1勝) チーフベアハート	アニマトゥール(2勝) ホワイトマズル	メイハンコック(0勝) ワークフォース
性齢	牡3	牡3	牡3	牝3	牡3	牡3	騸3	牡3
人気指数	72	18	16	46	10	6	8	30
木南	☆		△	○		▲		
マイク	△				△	☆	△	
舟元	▲	☆		◎				△
桑原	◎			△				△
高木	○	△		△				▲
井上	▲	△	☆					△
本紙松田	◎	△	▲	☆				△
	68 ②	53 ⑧	50 ⑩	60 ④	51 ⑨	47 ⑫	49 ⑪	57 ⑤
重量騎手	56横山武	56岩部	56宮崎	53☆永野	56吉田豊	56戸崎	56丹内	56菊沢
厩舎	美安田隆	[illegible]	美中川	美堀内	美中舘	美田島	美池上	美岩戸
生月日毛色賞金	1.26栗 0	5.[illegible]	4.8黒鹿0	1.23栗 0	4.24鹿 0	3.27青鹿0	2.5青鹿0	4.13鹿 0
馬主	雅苑興業	ト[illegible]	山上和良	吉田千津	広尾レース	Gリピエール	G1R	千明牧場
生産者	ノーザンF	トウショウ産業	ヤナガワ牧場	社台C白老F	パカパカF	ディアレストC	追分F	千明牧場
父産新馬ダ率	40.0%	4.8%	0.0%	40.0%	10.0%	17.6%	9.5%	0.0%
厩舎新馬連率	26.1%	0.0%	13.3%	0.0%	13.0%	7.7%	4.3%	12.5%
近親	マテンロウスカイ ベストシンガー	トウショウピボット	マコトギャラクシー マコトギンスバーグ	ハヤブサウィッシュ	ウィンダミア	スズロザーナ スズヴァレット	ブリングトゥライフ	初子 近親 シーズアチャンス
単予想オッズ	3.5	19.7	23.2	6.1	26.8	35.2	29.6	11.4
6F 今回調教	83.9 一	一 末	84.3 G	4F52.8 一	一 末	4F53.7 一	一 一	84.2 馬
5F	栗C67.6 杯	美W68.9 強	美W68.0 前	美坂38.2 杯	美W69.9 強	美坂39.6 杯	美W68.1 杯	美W69.1 な
3F	36.8 追	38.2 め	38.1 追	24.7 追	37.7 め	25.5 追	38.4 追	39.0 り
1F	11.4B	11.7C	12.2B	12.1B	11.7C	12.4C	12.2C	11.5C
短評	初戦から	一発注意	連力ある	そこそこ	ますます	見送りか	慣れ必要	力出せる
	↗安田隆師 先月31日の動きが良かった。ダートは合いそうだし、調教通りなら	→山口助手 年末に除外も当初からここが目標。素直で前向き。動きも水準以上	↘篠島助手 切れに欠けるので、この条件は合うイメージ。ただ使いながらかも	↗堀内師 坂路中心も追うごとに良化で時計詰まってきた。調教通りなら楽しみ	→中舘師 時計的には水準だが楽に動けている。発馬も普通。初戦から走れます	→田島師 ストライド大きくダート向きだが、坂路中心の調整で初戦からどうか	↘池上師 去勢しているが大きな問題はない。ただ、動きにまだ物足りなさある	↗岩戸師 大型馬だがしっかりと乗り込んで、舞台も合いそう。初戦から楽しみ

本紙予想　混戦　平均ペース

賞金 1着 620万円

馬連 1—13 1—3 1—4 1—10 1—9 1—8 1—2

単⑯ 1590円　複⑯ 540円　⑨ 1000円　② 440円

馬連⑨—⑯ 24290円　馬単⑯→⑨ 47840円

3連複②⑨⑯ 117380円　3連単⑯→⑨→② 649440円

レースは、先行して押し切りを図る6位⑨ルルシュシュを、ゴール手前で7位⑯フェブルウスが差し切り。7位↓6位の決着は4万7840円、高配当の的中だ！　……ところが、実はリアルオッズでは6位⑨ルルシュシュは10番人気、7位⑯フェブルウスは7番人気という逆転現象が起きていた。ただ⑨↓⑯でも510・2倍と、それほど乖離はなかったのが幸いだった。

●2023年1月5日・中山3R（3歳新馬、ダ1800m）

1～3位の和

201

（旧パターンでも1）

馬番	⑨	⑩	⑪	⑫	⑬	⑭	⑮	⑯
枠	黄5	黄5	緑6	緑6	橙7	橙7	桃8	桃8
父	リオンディーズ	ヘニーヒューズ	グランプリボス	アメリカンペイトリオット	ハービンジャー	ロージズインメイ	カレンブラックヒル	カレンブラックヒル
馬名	ルルシュシュ	グランデアマポーラ	メインボード	ビッグアメリカン	アドマイヤゾネ	ヤマニンビロー	セイウンデイスター	フェブルウス
性齢	牝3	牝3	牡3	牡3	牡3	騸3	牡3	牡3
母（勝）母父	マダムチェロキー（4勝）チェロキーラン	リトルアマポーラ（5勝）アグネスタキオン	キュークッキング（1勝）マイネルセレクト	エイシンヒマワリ（1勝）アンクルモー	アドマイヤシーマ（3勝）ディープインパクト	ヤマニンパンドブル（3勝）シンボリクリスエス	ニシノキララコ（1勝）アドマイヤムーン	マトリョーシカ（3勝）クロフネ
印	24 △◎△☆△△△ 55 ⑥	44 ◎○△▲☆△△ 61 ③	1 △ 42 ⑭	1 △ 40 ⑯	70 △▲○○◎○○ 72 ①	1 41 ⑮	1 43 ⑬	16 △◎ 54 ⑦
騎手	54丸山	54三浦	54△小林凌	53▲西塚	56Mデムーロ	56伊藤	56野中	56木幡巧
厩舎	美[illegible]	美鹿戸	美天間	美高橋文	美加藤征	美田島	美菅野	美[illegible]博
生年月日・毛色	4[illegible]	1.18黒鹿0	4.1青0	2.11鹿0	1.29鹿0	5.17青鹿0	4.28鹿0	2.2[illegible]鹿0
馬主	（[illegible]）	社台ＲＨ	栗嶋豊明	鈴木康弘	近藤旬子	土井肇	西山茂行	G[illegible]R
生産者	市川F	社台C白老F	荒谷輝和	栄進牧場	ノーザンF	広田光夫	前田F	ノーザンF
	9.5%	23.7%	0.0%	14.3%	40.0%	0.0%	27.3%	27.3%
	9.5%	46.2%	0.0%	5.3%	20.0%	7.7%	0.0%	7.1%
近親・前走	ホッコータルマエ シーズガレット マダムウルル アオイシチフク	エジステンツァ リトルポピー ラカージェ	近親 エアジハード	ミヤジタンジロウ	アドマイヤハレー	ヤマニンクイッカー	ニシノロゼ	2福7.16 ⑤新馬 2歳B38.2 [illegible] 除外 54内田 12ト2ろ 448 M② 左前肢ハ行 シナジーエフ
予想オッズ	14.9	6.6	73.1	74.7	3.6	75.5	71.6	23.0
調教	4F57.6強 鞭41.0 26.8め 13.1C	85.7馬 美W69.2なり 38.6 11.9C	一直 美W69.7一杯 38.8 11.8C	4F57.2一	83.9馬	一一	一強	4F58.0馬
	血統注目	母GI馬	目立たず					
短評	→金成師　後肢がしっかりしてほしいが、気持ちはピリッと。ただ使いつつかな	→鹿戸師　体つきはいい。乗り込むにつれてスピード感出て、どこまでやれるか	→天間師　乗り込み十分。短距離はスピードがどうかも、この距離だと体力が鍵	〈師　まだ全体的に大味な感じ。距離長くても良さそう	師　順調に乗り込 中距離も合いそう るし調教通りなら	スタミナタイプ るダート向きだが でからの方がいい	手　まだ全体的に では動き切れない 通だが使いながら	師　除外後は放牧 順調に乗り込んだ るので、相手次第

馬番能力順位	1	2	3	4	5	6	7	8	9	10	11	12	13	14	15	16
3R	⑬ 72	① 68	⑩ 61	④ 60	⑧ 57	⑨ 55	⑯ 54	② 53	⑤ 51	③ 50	⑦ 49	⑥ 47	⑮ 43	⑪ 42	⑭ 41	⑫ 40

1着⑯フェブルウス　（コンピ7位、7番人気）
2着⑨ルルシュシュ　（コンピ6位、10番人気）
3着②トウショウリッジ　（コンピ8位、8番人気）

万馬券的中証明書

2023年01月05日
JRA日本中央競馬会

あなたは下記の万馬券を的中させましたので
ここに証明いたします。

記

2023年　1回中山1日　3R
馬単　16→09　100円購入
払戻金単価　@47,840円
払戻金合計　47,840円

馬単⑯→⑨
4万7840円

実践⑧2023年1月5日・中山4R（4歳上1勝クラス、ダ1800m、16頭立て）⇒馬単1万3100円

［コンピ1～3位馬の指数とパターン］

1位⑫73　2位⑧68　3位①67＝（和）208　⇒パターン2（旧テクニカル6ではパターン1）

1位73⑫アウグスト
2位68⑧マイネルサハラ
3位67①サトノギベオン　（ヒモ）
4位63⑭ディープグラビティ　（軸）
5位59⑬タイセイマーベル　（軸）
6位54⑩アーバンデザイン　（ヒモ）
7位53⑦サトノアレックス　（ヒモ）
8位52③ダンディジャック　（ヒモ）

［結果］　1着：7位⑦　2着：5位⑬　3着：3位①

日付を見ればわかるように、先の中山3Rから連続で馬単作戦を発動。馬単万馬券を連続的中したレース。クラスこそ違えど、中山ダート1800m戦のフルゲートは3Rと同じだ。

その買い目の話をする前に、ヒモの解説をしておきたい。パターン2だから、軸は4、5位の2頭になる（パターン1なら、先の中山3Rのように4、5、6位の3頭。P119参照）。それは理解できるだろう。

ヒモは3～8位。

このヒモ選びに何か、ものスゴイ理論があるのではと思った方には申し訳ないが……これは、ヒモを拾うには〝ほどよいところ〟という、私の経験則から導き出したものだ。

先述したように、波乱パターンで1位が70台の低指数なのだから、あえて1位を買う必要はなし、2位も右に同じである。

なら、9位以下は……来ないとはいえないが、そこまで下位を拾っていたらキリがない。

基本は馬単の表・裏で多くても30点以内に抑えたい。これは自分のフトコロ事情によるところが大きい。だから、買いたければ1、2位を拾ってもいいし、9位以下も買えばいい。それは皆さんの意思にお任せする。3連単のところでも書いたが、私はヒモについては、ある程度機械的にざっくり決めてしまっていいと思う。それで、このレースの私の買い目はこうなる。

・⑬⑭→①③⑦⑩⑬⑭（10点）
・①③⑦⑩→⑬⑭（8点）※計18点

結果は、7位⑦サトノアレックスがインを突いて伸び圧勝。混戦の2着には5位⑬タイセイマーベルが上がり、馬単はまたまた万馬券！　1月5日の口開け競馬、しかも午前中の下級条件で連続万馬券をモノにしたのである。

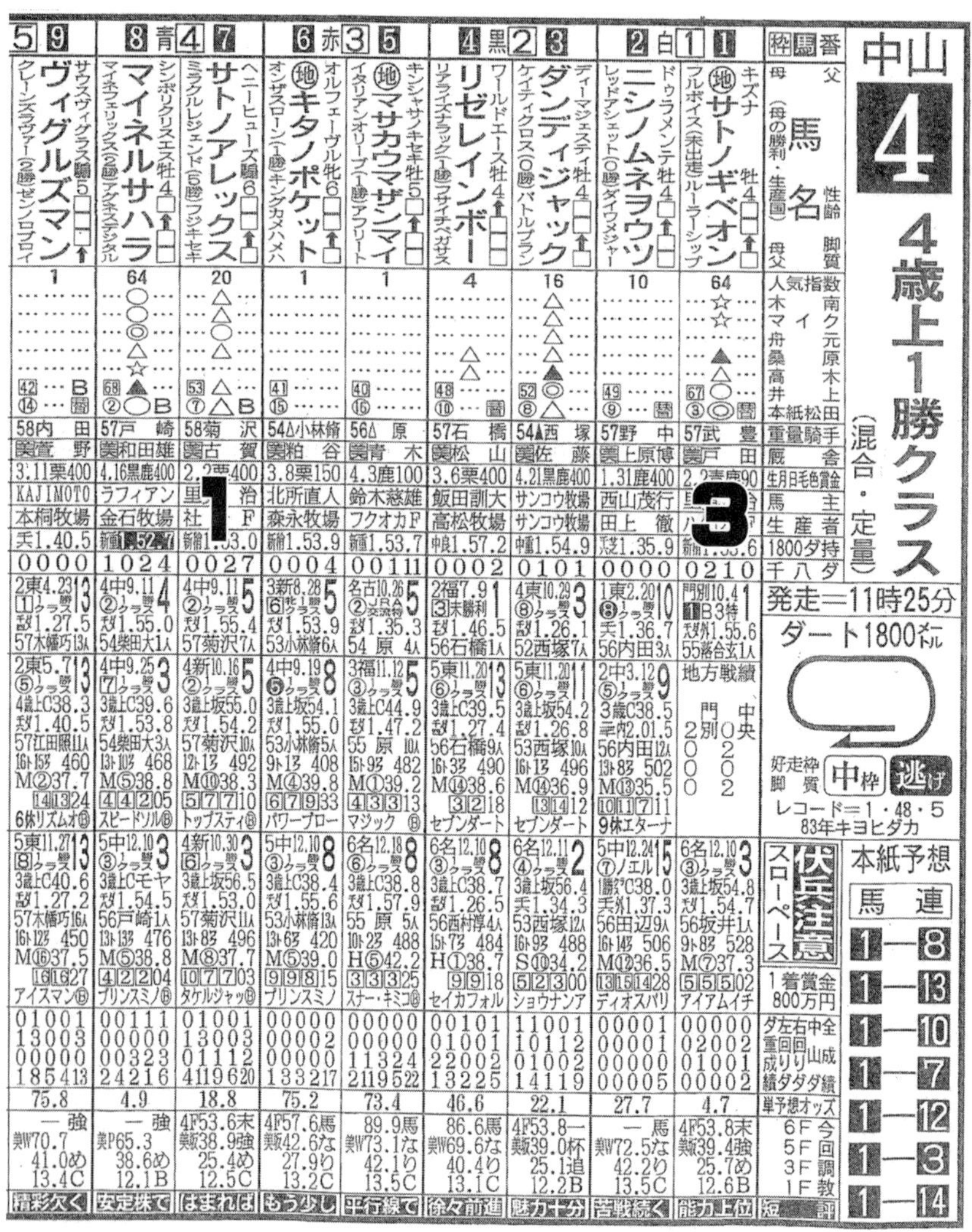

中山 4 4歳上1勝クラス（混合・定量）

発走＝11時25分 ダート1800メートル

好走枠 中枠 脚質 逃げ

レコード＝1・48・5 83年キヨヒダカ

	1	2	3	4	5	6	7	8	9
枠	1 白	1 白	2 黒	2 黒	3 赤	3 赤	4 青	4 青	5
父	キズナ	ドゥラメンテ	ディーマジェスティ	ワールドエース	キンシャサノキセキ	オルフェーヴル	ヘニーヒューズ	シンボリクリスエス	サウスヴィグラス
馬名	㊞サトノギベオン	ニシノムネヲウツ	ダンディジャック	リゼレインボー	㊞マサカウマザンマイ	㊞キタノポケット	サトノアレックス	マイネルサハラ	ヴィグルズマン
性齢	牡4	牡4	牡4	牡4	牡5	牝6	騸6	牡4	騸5
母（母の勝利・生産国）	フルボイス（未出走）	レッドアシェット（0勝）	ケイティクロス（0勝）	リアライズナラック（1勝）	イタリアンオリーブ（1勝）	オンザスローン（1勝）	ミラクルレジェンド（5勝）	マイネフェリックス（2勝）	クレーンズラヴァー（2勝）
母父	ルーラーシップ	ダイワメジャー	バトルプラン	フサイチペガサス	アフリート	キングカメハメハ	フジキセキ	アグネスデジタル	ゼンノロブロイ
人気指数	64	10	16	4	1	1	20	64	1
木南	☆	…	△	…	…	…	△	○	…
マイク	☆	…	△	…	…	…	△	○	…
舟元	…	…	△	…	…	…	○	◎	…
桑原	▲	…	△	△	…	…	△	△	…
高木	△	…	▲	△	…	…	…	☆	…
井上	67 ○	49 …	52 ◎	48 …	40 …	41 …	53 △	68 ▲	42 … B
本紙松田	③ ◎ 圏	⑨ … 圏	⑧ △	⑩ … 圏	⑯ …	⑮ …	⑦ △ B	② ○ B	⑭ … 圏
重量騎手	57武豊	57野中	54▲西塚	57石橋	56△原	54△小林脩	58菊沢	57戸崎	58内田
厩舎	美戸田	美上原博	美佐藤	美松山	美青木	美粕谷	美古賀	美和田雄	美萱野
生月日毛色賞金	2.2青鹿90	1.31鹿400	4.21黒鹿400	3.6栗400	4.3鹿100	3.8栗150	2.2栗400	4.16黒鹿400	3.11栗400
馬主	[illegible]	西山茂行	サンコウ牧場	飯田訓大	鈴木慈雄	北所直人	里見治	ラフィアン	KAJIMOTO
生産者	[illegible]	田上徹	サンコウ牧場	高松牧場	フクオカF	森永牧場	社台F	金石牧場	本桐牧場
1800ダ持	新1.5?.6	芝1.35.9	中1.54.9	中1.57.2	新1.53.7	新1.53.9	新1.53.0	新1.52.7	1.40.5
千八ダ	0210	0000	0101	0002	00111	0004	0027	1024	0000
前走3	門別10.4 1着 1 B3特 ダ外1.55.6 55落合玄1人	1東2.20 10着 ⑧1勝クラス 1.36.7 56内田3人	4東10.29 3着 ⑧1勝クラス ダ1.26.1 52西塚7人	2福7.9 1着 3未勝利 ダ1.46.5 56石橋1人	名古10.26 5着 ②JRA交流特 ダ1.35.3 54原4人	3新8.28 5着 6牝1勝クラス ダ1.53.9 53小林脩6人	4中9.11 5着 ②1勝クラス ダ1.55.4 57菊沢7人	4中9.11 4着 ②1勝クラス ダ1.55.0 54柴田大1人	2東4.23 13着 1 1勝クラス ダ1.27.5 57木幡巧13人
前走2	地方戦績 門別 中央 2 0 0 2 0 0 0 2	2中3.12 9着 ⑤1勝クラス 3歳C38.5 芝内2.01.5 56内田12人 13ト8ヲ 502 M⑬35.5 10 11 7 11 9休エターナ	5東11.20 11着 ⑥1勝クラス 3歳上坂54.2 ダ1.26.8 53西塚10人 16ト1ヲ 496 M⑭36.9 13 14 12 セブンダート	5東11.20 13着 ⑥1勝クラス 3歳上C39.5 ダ1.27.4 56石橋9人 16ト3ヲ 490 M⑭38.6 3 2 18 セブンダート	3福11.12 5着 ③1勝クラス 3歳上C44.9 ダ1.47.2 55原10人 15ト9ヲ 482 M①39.2 4 3 3 13 マジック Ⓑ	4中9.19 8着 ⑤1勝クラス 3歳上坂54.1 ダ1.55.0 53小林脩5人 9ト1ヲ 408 M④39.8 6 7 9 33 パワーブロー	4新10.16 5着 ②1勝クラス 3歳上坂55.0 ダ1.54.2 57菊沢10人 12ト1ヲ 492 M⑩38.3 5 7 7 10 トップスティⒷ	4中9.25 3着 7 1勝クラス 3歳上C39.6 ダ1.53.8 54柴田大3人 13ト10ヲ 468 M⑤38.8 4 4 2 05 スピードソルⒷ	2東5.7 13着 ⑤1勝クラス 4歳上C38.3 ダ1.40.5 57江田照11人 16ト15ヲ 460 M②37.7 14 13 24 6休リズムオⒷ
前走	6名12.10 3着 ③1勝クラス 3歳上坂54.8 ダ1.54.7 56坂井1人 9ト8ヲ 528 M⑦37.3 5 5 5 02 アイアムイチ	5中12.24 15着 ⑦ノエル 1勝C38.0 芝外1.37.3 56田辺9人 16ト14ヲ 506 M⑫36.5 13 15 14 28 ディオスバリ	6名12.11 2着 ④1勝クラス 3歳上坂56.4 1.34.3 53西塚12人 16ト9ヲ 488 S⑩34.2 5 2 3 00 ショウナンア	6名12.10 8着 ③1勝クラス 3歳上C38.7 ダ1.26.5 56西村淳4人 15ト7ヲ 484 H①38.7 9 9 18 セイカフォル	6名12.18 8着 ⑥1勝クラス 3歳上C38.8 ダ1.57.9 55原5人 10ト2ヲ 488 H⑤42.2 3 3 3 25 スナー・キミコⒷ	5中12.10 8着 ③1勝クラス 3歳上C38.4 ダ1.55.6 53小林脩13人 13ト6ヲ 420 M⑤39.0 9 9 8 15 プリンスミノ	4新10.30 3着 6 1勝クラス 3歳上坂56.5 ダ1.53.0 57菊沢11人 13ト8ヲ 496 M⑧37.7 10 7 7 03 タケルジャッⒷ	5中12.10 3着 ③1勝クラス 3歳上Cモヤ ダ1.54.5 56戸崎1人 13ト13ヲ 476 M⑤38.8 4 2 2 04 プリンスミノⒷ	5東11.27 13着 8 1勝クラス 3歳上C40.6 ダ1.27.2 57木幡巧16人 16ト12ヲ 450 M⑯37.5 16 16 27 アイスマンⒷ
ダ左右中全 重回回山成 成りり 績ダダダ績	00000 02002 01001 00002	00001 00001 00000 00005	11001 10112 01002 14119	00101 01001 22002 13225	00000 00000 11324 2119522	00000 00002 00000 133217	01001 13003 01112 4119620	00111 00000 00323 24216	01001 13003 00000 185413
単予想オッズ	4.7	27.7	22.1	46.6	73.4	75.2	18.8	4.9	75.8
今回調教 6F/5F/3F/1F	4F53.8末 美坂39.4強 25.7め 12.6B	— 馬 美W72.5な 42.2り 13.5C	4F53.8— 美坂39.0杯 25.1追 12.2B	86.6馬 美W69.6な 40.4り 13.1C	89.9馬 美W73.1な 42.1り 13.5C	4F57.6馬 美坂42.6な 27.9り 13.2C	4F53.6末 美坂38.9強 25.4め 12.5C	— 強 美P65.3 38.6め 12.1B	— 強 美W70.7 41.0め 13.4C
短評	能力上位	苦戦続く	魅力十分	徐々前進	平行線で	もう少し	はまれば	安定株で	精彩欠く

スローペース 伏兵注意

1着賞金 800万円

本紙予想 馬連

1—8
1—13
1—10
1—7
1—12
1—3
1—14

単⑦ 1590 円　複⑦ 330 円　⑬ 290 円　① 150 円

馬連⑦—⑬ 6650 円　馬単⑦→⑬ 13100 円

3連複①⑦⑬ 7310 円　3連単⑦→⑬→① 78280 円

●2023年1月5日・中山4R（4歳上1勝クラス、ダ1800m）

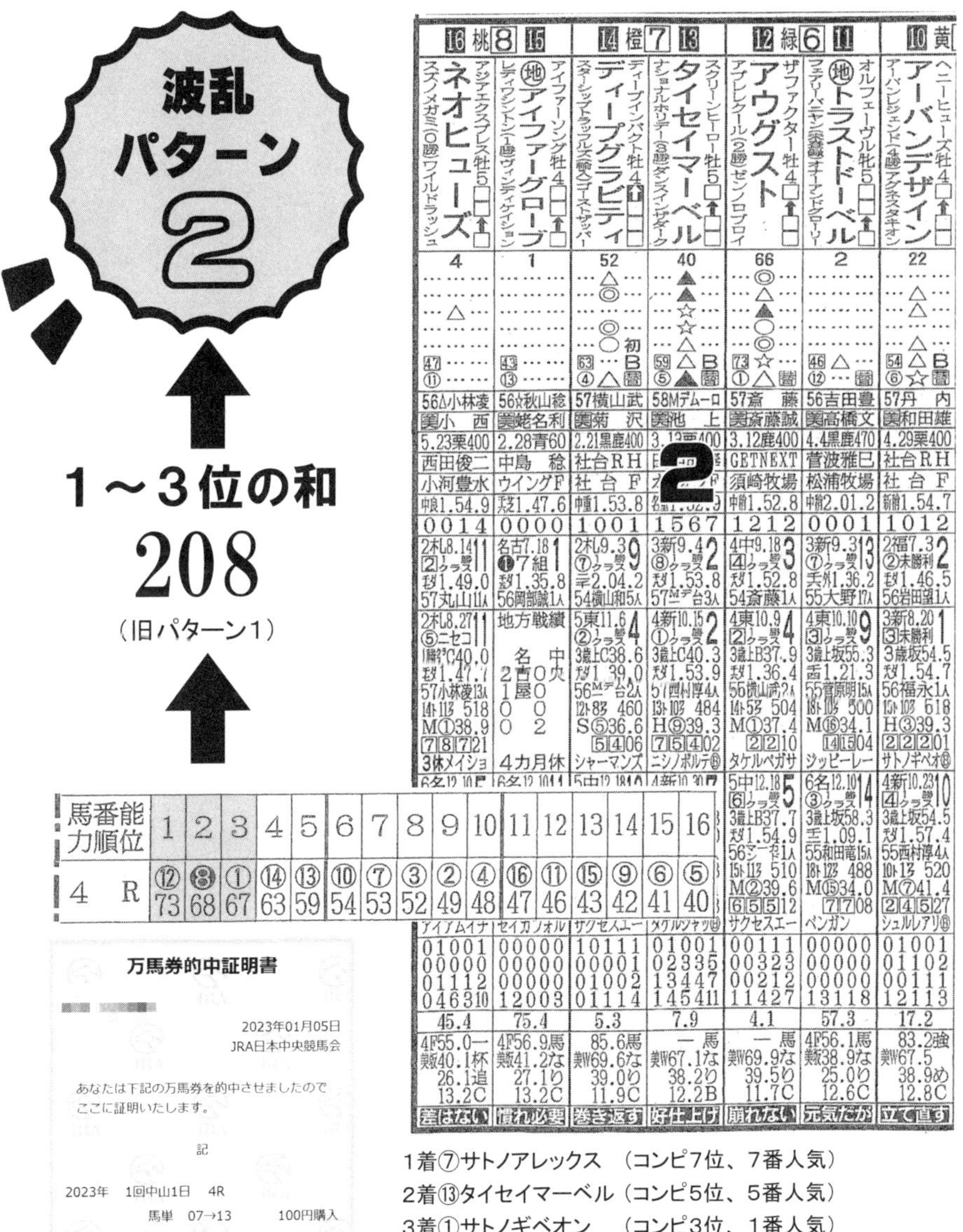

馬番	16	15	14	13	12	11	10
枠	桃8	桃8	橙7	橙7	緑6	緑6	黄
父・性齢	アジアエクスプレス牡5	アイファーソング牡4	ディープインパクト牡4	牡5	ザファクター牡4	オルフェーヴル牡5	ヘニーヒューズ牡4
馬名	ネオヒューズ	(地)アイファーグローブ	ディープグラビティ	タイセイマーベル	アウグスト	(地)トラストドーベル	アーバンデザイン
母（母父）	スズノメガミ(0勝)ワイルドラッシュ	レディウシントン(1勝)ヴィンディケイション	スターシップトラップル ゴーストザッパー	ナショナルホリデー(3勝)ダンスインザダーク	アプレレクール(2勝)ゼンノロブロイ	フェアリーバラディ オーサムアゲイン	アーバンレジェンド(4勝)アグネスタキオン
指数	4	1	52	40	66	2	22
斤量・騎手	56△小林凌	56☆秋山稔	57横山武	58Mデムーロ	57斎藤	56吉田豊	57丹内
厩舎	美小西	美蛯名利	美菊沢	美池上	美斎藤誠	美高橋文	美和田雄
生月日・毛色	5.23栗400	2.28青60	2.21黒鹿400	3.12栗400	3.12鹿400	4.4黒鹿470	4.29栗400
馬主	西田俊二	中島稔	社台RH		GETNEXT	菅波雅巳	社台RH
生産者	小河豊水	ウイングF	社台F		須崎牧場	松浦牧場	社台F
持ち時計	中京1.54.9	東京1.47.6	中山1.53.8		中京1.52.8	中京2.01.2	新潟1.54.7
成績	0014	0000	1001	1567	1212	0001	1012
オッズ	45.4	75.4	5.3	7.9	4.1	57.3	17.2
短評	差はない	慣れ必要	巻き返す	好仕上げ	崩れない	元気だが	立て直す

馬番能力順位	1	2	3	4	5	6	7	8	9	10	11	12	13	14	15	16
4R	⑫73	⑧68	①67	⑭63	⑬59	⑩54	⑦53	③52	②49	④48	⑯47	⑪46	⑮43	⑨42	⑥41	⑤40

万馬券的中証明書

2023年01月05日
JRA日本中央競馬会

あなたは下記の万馬券を的中させましたので
ここに証明いたします。

記

2023年　1回中山1日　4R

馬単　07→13　100円購入

払戻金単価　@13,100円

払戻金合計　13,100円

1着⑦サトノアレックス　（コンピ7位、7番人気）
2着⑬タイセイマーベル（コンピ5位、5番人気）
3着①サトノギベオン　（コンピ3位、1番人気）

馬単⑦→⑬
1万3100円

実践⑨2023年1月22日・小倉5R（3歳新馬、芝1800m、16頭立て）⇒馬単3万5320円

［コンピ1～3位馬の指数とパターン］

1位①71　2位⑭67　3位⑮66＝（和）204　⇒パターン1（旧テクニカル6でもパターン1）

1位71①ビヨンドザドリーム
2位67⑭タイキウルトラ
3位66⑮ガーランドスタイル（ヒモ）
4位65④ナムララジベラ（軸）
5位60⑤ルクスシャロン（軸）
6位54⑩ベレザニーニャ（軸）
7位53⑥トプシー（ヒモ）
8位52⑯ウマピョイ（ヒモ）

［結果］　1着：6位⑩　2着：8位⑯　3着：1位①

私は先述したように、馬単の表・裏購入を勧めているが、馬単100円×2も、馬連200円も金額的にはイコールだ。配当も馬単が馬連の2倍つかなければ、馬連のほうがお得。実際のところ、よほど

人気薄（コンピ下位）のほうがアタマにこないと、馬単（100円）が馬連（200円）を上回ることはない。馬連にすれば、フォーメーションのマークカード1枚で済むし、それだけマークミスの危険性だって低くなる。

ただ、例えば馬連50倍、馬単100倍という配当だったとしよう。馬連200円、馬単100円の購入なら、払い戻しは同じ1万円だ。なら馬連でいいじゃないかという人もいるだろうが、穴党なら馬単の万馬券を選ぶのではないか。

ハッキリとした差が最初からわかっていれば別だが、このスタイルは決め打ち馬券だし、いちいちオッズなど確認していたら買えるものも買えなくなる。万馬券の可能性を選ぶのが、穴党の性だと思う。まあ、これはあくまで個人的な見解なので、馬連作戦も大いにアリとは思うが。

この小倉5R、1位は2、3歳戦に特に強い中内田厩舎でしかも社台系一口クラブの①ビヨンドザドリーム。そんな馬なのに、指数71は低すぎる。さすがに波乱の匂いがプンプンするパターン1だ。馬券は次の2通り。

・④⑤⑩→④⑤⑥⑩⑮⑯（15点）

・⑥⑮⑯→④⑤⑩（9点）※計24点

果たしてレースは、先行した2頭、6位⑩ベレザニーニャ1着、8位⑯ウマピョイ2着で入線。1位①は追い込み届かずの3着に終わった。

リアルオッズではまたまた、6位⑩9番人気、8位⑯6番人気の逆転現象が起きており、これが幸いしたのか、馬単3万5320円の高配当的中となった。一方、馬連の配当は1万6340円。これが

200円購入なら3万2680円の払い戻しなので、今回はわずかながら、馬単のほうに軍配が上がったのである。

小倉 5R 3歳新馬（混合）

発走＝12時10分　芝1800メートル　好走枠 中枠　脚質 先行　レコード＝1・43・8 21年エスコーラ

枠	馬番	馬名	父	母（母の勝利・生産国）	母父	性齢	人気指数	木南	マイク	本紙伊嶋	重量騎手	厩舎	生月日毛色賞金	馬主	生産者	父産新馬芝率	厩舎新馬連率	近親	単予想オッズ
1白	1	ビヨンドザドリーム	ドリームジャーニー	ワーキングプライド（4勝）	ハービンジャー	牡3	70	▲	71 ○	① ◎	56西村淳	栗中内田	2.3黒鹿0	G1R	[illegible]		71.4%	近親 ロープティサージュ	3.7
1白	2	オーロラバローズ	バゴ	ニエロ（0勝）	スティゴールド	牝3	12	◎	50 △	⑩ △	54菱田	栗長谷川	3.11青鹿0	猪熊広次	スガタ牧場	7.4%	13.6%	ボンドマシン	27.0
2黒	3	ジャージー	ヴィクトワールピサ	カノン（4勝）	フォーティナイナーズサン	牡3	1		40	⑯	56勝浦	栗森田	4.22栗0	北山敏隆	ヒダカF	12.9%	15.0%	ミズリーナ	69.1
2黒	4	ナムララジベラ	リアルスティール	パンカティリオ（輸入）	キングマンボ	牝3	46	△	65	④ △	54高倉	栗杉山晴	3.4鹿0	奈村睦弘	いとう牧場	20.6%	26.7%	ナムラドノヴァン ナムラシェパード ナムラパフィン	6.2
3赤	5	ルクスシャロン	ルーラーシップ	スマートモニカ（0勝）	ファルブラヴ	牝3	44	△	60 ▲	⑤ △	54藤岡佑	栗四位	3.23黒鹿0	ルクス	静内山田牧場	14.8%	8.0%	ルクススパーク	6.6
3赤	6	トプシー	ラブリーデイ	フライングレディ（3勝）	ディープインパクト	牝3	12		53	⑦	54富田	栗吉田	2.1黒鹿0	金子真人HD	白井牧場	16.0%	17.4%	初子 近親 ブラックホーク	25.8
4青	7	テイエムユキフブキ	ワールドエース	グローバルフェイム（0勝）	クロフネ	牝3	2	☆	41 ☆	⑮ △	54浜中	栗鈴木孝	5.6芦0	竹園正継	静内白井牧場	6.3%	21.7%	初子 近親 メモリアルイヤー	56.7
4青	8	デルマスソバライ	ヴィクトワールピサ	デルマスピリタス（0勝）	ノヴェリスト	牝3	8		49 ◎	⑪	51▲鷲頭	栗千田	3.11栗0	浅沼広幸	ファニーヒルF	12.9%	13.0%	初子 近親 フサイチランハート	30.3
5	9	アイビーデゼル	デクラレーションオブウォー	ヴァバーウエン（輸入）	キトゥンズジョイ	牝3	2		47	⑬	53☆松本	栗吉村	4.1鹿0	石坂茂	スイートF	19.4%	22.7%	ユーロックデュード	56.9

本紙予想

意外にイケる！パターン1、2の馬単作戦

万馬券的中証明書

2023年02月18日
JRA日本中央競馬会

あなたは下記の万馬券を的中させましたので
ここに証明いたします。

記

2023年　1回阪神3日　4R
馬単　06→07　100円購入
払戻金単価　@20,100円
払戻金合計　20,100円

●2023年2月18日・阪神4R
（3歳未勝利、ダ1400m）
テクニカル6　パターン2
馬単6位⑥→5位⑦
2万100円

本文掲載以外でもこんなに獲れました！

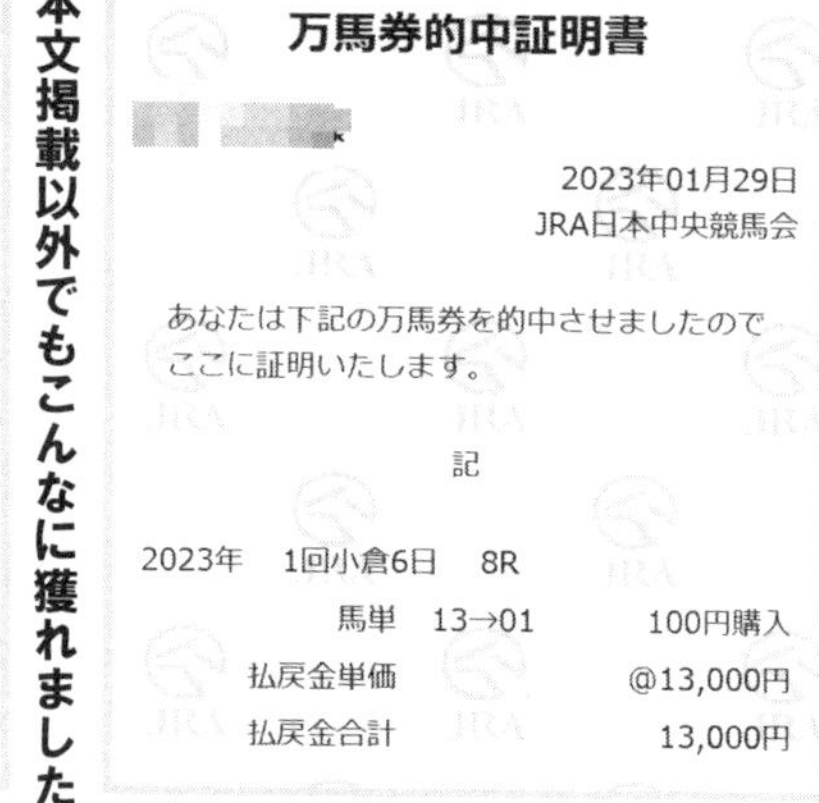
万馬券的中証明書

2023年01月29日
JRA日本中央競馬会

あなたは下記の万馬券を的中させましたので
ここに証明いたします。

記

2023年　1回小倉6日　8R
馬単　13→01　100円購入
払戻金単価　@13,000円
払戻金合計　13,000円

●2023年1月29日・小倉8R
（4歳上1勝クラス、芝1200m）
テクニカル6　パターン1
馬単8位⑬→4位①
1万3000円

●2023年１月22日・小倉５R（３歳新馬、芝1800m）

16 桃8	15 桃8	14 橙7	13 橙7	12 緑6	11 緑6	10 黄
ゴールドアクター	サトノダイヤモンド	デクラレーションオブウォー	ハービンジャー	ハーツクライ	ルーラーシップ	アメリカンペイトリオット
ウマピョイ	ガーランドスタイル	タイキウルトラ	ラミュロス	タイセイリリック	コントロッロ	ベレザニーニャ
サニーツ（0勝）ロードカナロア	プラチナブロンド（3勝）ジャングルポケット	スノーサミット（0勝）アドマイヤムーン	レッドラミア（0勝）ディープインパクト	シュウギン（2勝）スウェプトオーヴァーボード	プリンセスペスカ（5勝）チーフベアハート	シウダニーニャ（0勝）ルロワデザニモー
牝3	牡3	牡3	牝3	牝3	牡3	牝3
10	56	54	4	12	8	10
………	…◯…	…△…	………	………	………	………
52 △…	66 △…	67 ……	46 ……	48 △…	51 ……	54 ……
⑧ ……	③ ◯…	② ▲…	⑭ ……	⑫ ☆…	⑨ ……	⑥ ……
53☆角田和	56吉田隼	56藤岡康	50★永島	54北村友	56古川吉	54小崎
栗角田	栗橋口	栗橋田	栗角田	栗小林	栗松永昌	栗小崎
2.5 鹿 0	4.26鹿 0	3.22鹿 0	3.21鹿 0	4.18鹿 0	3.6 鹿 0	2.29鹿 0
[illegible]	キャロットF	大樹F	吉田千津	田中成奉	山田信太郎	[illegible]哲也
[illegible]	ノーザンF	ビクトリーH	社台F	チャンピオンズF	藤原牧場	富[illegible]牧場
[illegible]	17.6%	19.4%	15.1%	27.1%	14.8%	20[illegible]%
19.0%	33.3%	11.1%	19.0%	5.9%	23.1%	0.0%
初子 近親 コスモメドウ	近親 ロジユニヴァース	フロストエッジ タイキスパルタン	レッドエタニティ	ショウナンラタン	プリンスオブペスカ レガーメペスカ	シダデカサドール ルアスドゥーナッハ
28.8	4.8	4.9	43.6	26.4	30.5	30.0

1

１～３位の和

204

（旧パターンでも１）

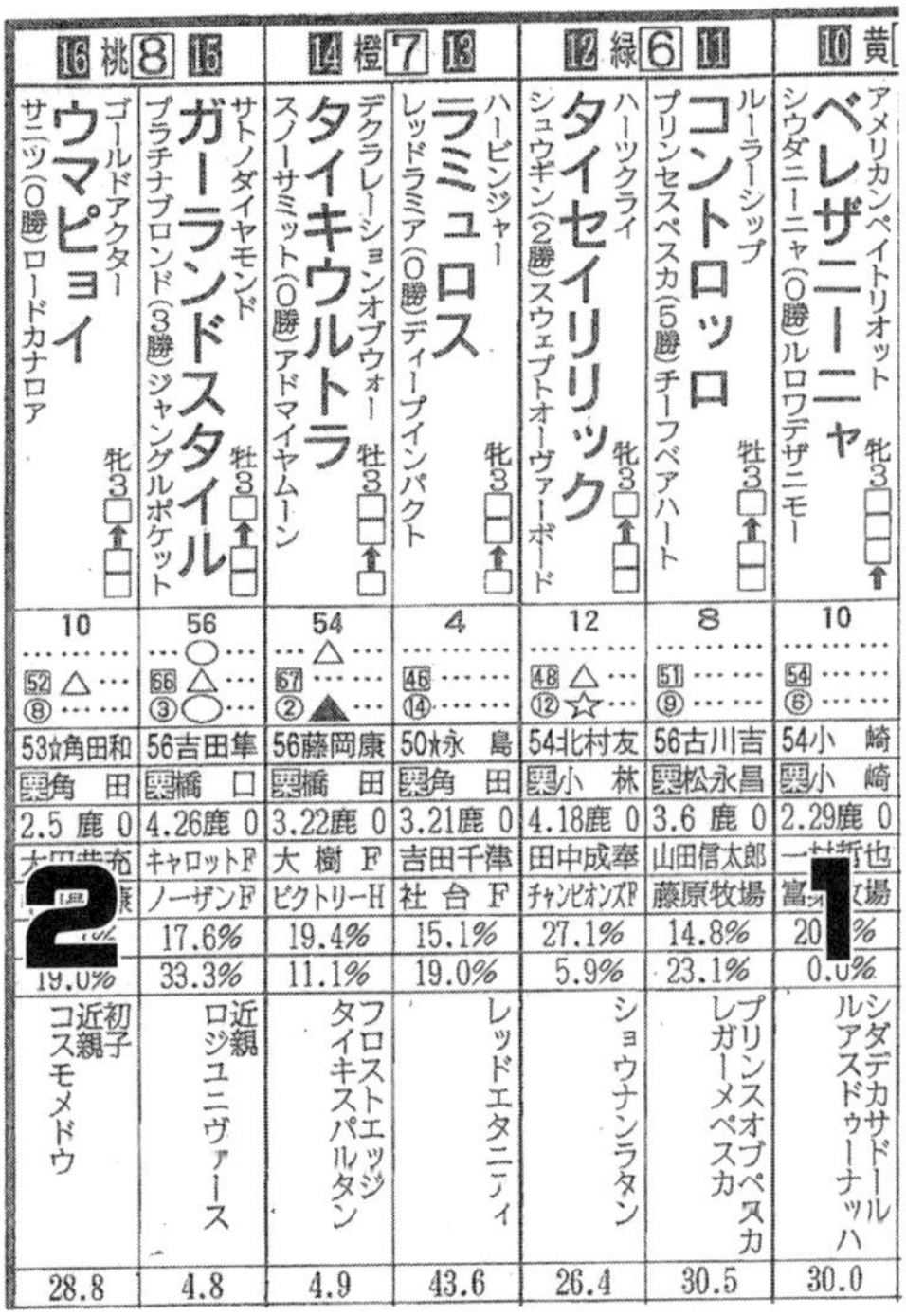

指数	1	2	3	4	5	6	7	8	9	10	11	12	13	14	15	16
5R	①71	⑭67	⑮66	④65	⑤60	⑩54	⑥53	⑯52	⑪51	②50	⑧49	⑫48	⑨47	⑬46	⑦41	③40

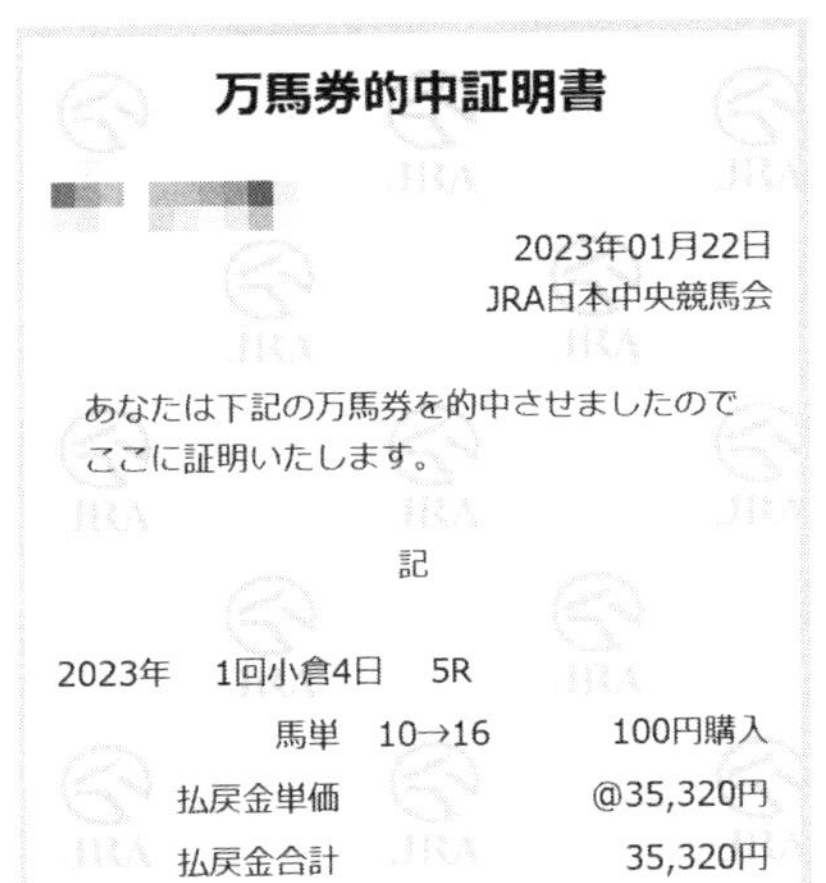

万馬券的中証明書

2023年01月22日
JRA日本中央競馬会

あなたは下記の万馬券を的中させましたので
ここに証明いたします。

記

2023年　1回小倉4日　5R

馬単　10→16　100円購入

払戻金単価　@35,320円

払戻金合計　35,320円

1着⑩ベレザニーニャ　（コンピ６位、９番人気）
2着⑯ウマピョイ　（コンピ８位、６番人気）
3着①ビヨンドザドリーム（コンピ１位、１番人気）
単⑩ 2100 円
複⑩ 450 円　⑯ 470 円　① 190 円
馬連⑩―⑯ 16430 円　馬単⑩→⑯ 35320 円
3連複①⑩⑯ 27790 円
3連単⑯→⑩→① 199110 円

馬単⑩→⑯
３万5320円

実践⑩2023年2月12日・小倉12R（4歳上1勝クラス、ダ1700m、16頭立て）
⇓3連複3万2660円

［コンピ1～3位馬の指数とパターン］

1位⑯76　2位⑬68　3位⑧66＝（和）210　**⇓パターン3**（旧テクニカル6ではパターン2）

1位76⑯シルバーブレッド（相手）
2位68⑬ビナホイアン（ヒモ）
3位66⑧アウグスト（軸）
4位60⑥マナウス（軸）
5位55⑩ハヤブサウィッシュ（ヒモ）
6位54④スターザサンライズ（ヒモ）
7位53⑨ソルトキャピタル（ヒモ）
8位52⑤タイキスパルタン（ヒモ）
9位51⑦シアープレジャー（ヒモ）
10位50⑮ブレイクザアイス（ヒモ）
11位49①メイショウピスカリ（ヒモ）※ＨＢレンジ＝的中率90％ライン

［結果］1着：1位⑯　2着：4位⑥　3着：11位①

ここからは波乱パターンの3連系馬券を解説していく。

このレースはパターン3で、傾向としては「やや波乱」。パターン1、2に比べるといささか心もとないのだが、贅沢はいえない。新テクニカル6では5、6といった堅めのパターンが増えている。少しでも波乱の可能性があるのなら、手を出していきたい。

1位は70台であり、パターン3の軸は従来通り3、4位となる。

ここで購入したのが3連複のフォーメーションだ。

軸3、4位—相手（1、2位からなるべく1頭選択）—ヒモ（HBレンジの的中率90%ライン）

ご覧のように、相手が1頭なので、こちらを軸と呼ぶべきかもしれないが……。「1、2位」を相手に選ぶなんて「穴党らしくないぞ！」ともいわれそうだが、3連系の場合、ヒモ次第でいくらでも万馬券になる。

もうひとつ、やはり確率的に上位馬を押さえておいたほうが的中率も上がる。馬連・馬単とは異なり、第三の馬には上位が滑り込む確率が高いのだ。

このレースの場合、1位⑯シルバーブレッドと2位⑬ビナホイアンを比較すると断然、1位だ。⑯は前走が小倉の同舞台でアタマ差の2着。一方、⑬は前走は休み明けで、中京のダート1800m戦を9着。⑬は叩き2戦目の上昇、初ブリンカーが加味されての2位とは思うが、3着以内という安定感では1位の⑯だろう。

そしてヒモはなるべく、穴を拾いたいのでHBレンジの的中率90%ラインまで広げるべき。「パターン3・16頭立て」では11位までとなる。で、買い目は次の通り。

⑥⑧—⑯—①④⑤⑥⑦⑧⑨⑩⑬⑮（17点）

結果は1位⑯が圧勝、2着に軸4位⑥マナウス、3着にはギリギリ11位の①メイショウピスカリが飛び込み、3連複3万馬券が的中したのである。

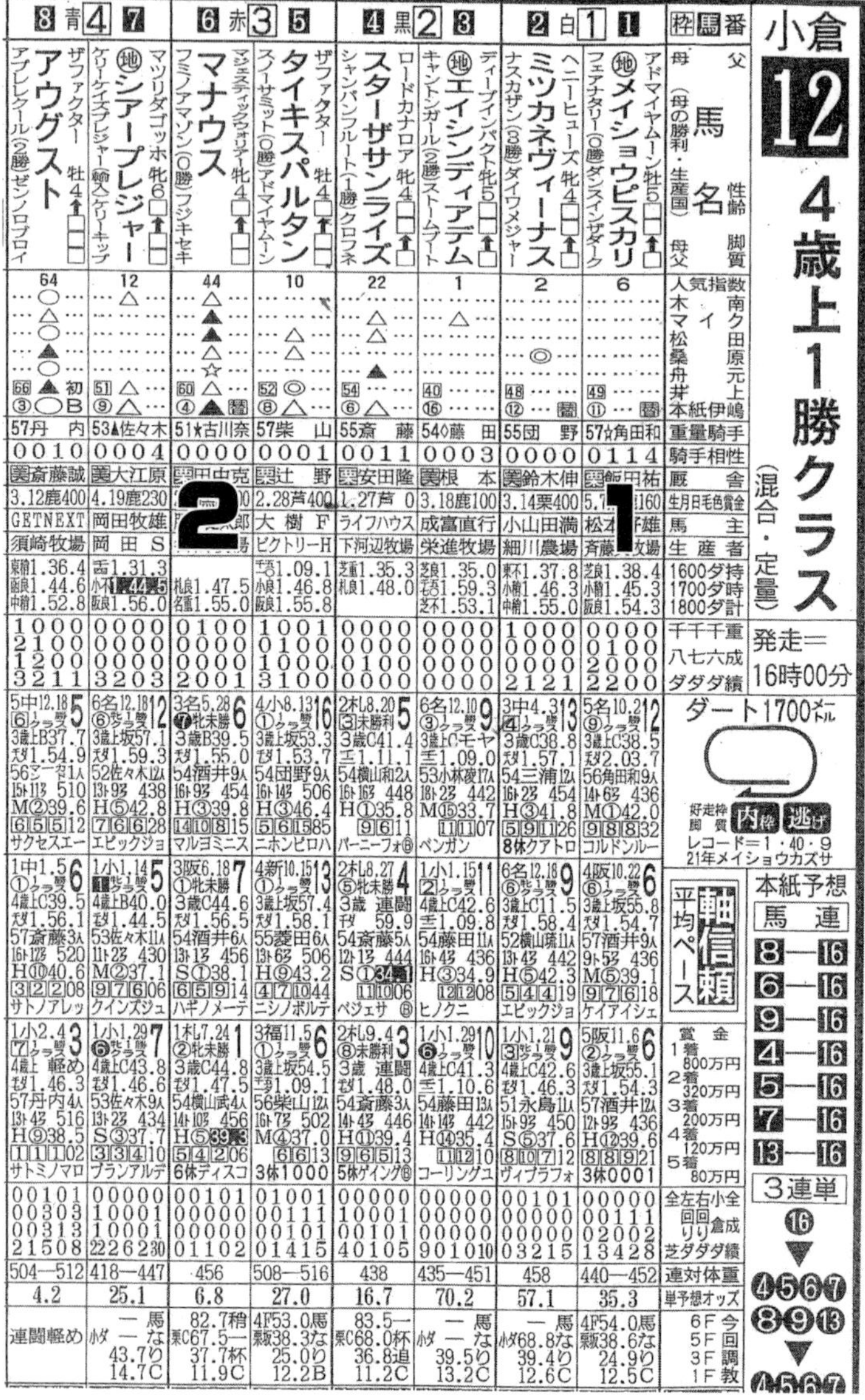

小倉12 4歳上1勝クラス（混合・定量）

発走＝16時00分

ダート1700メートル　レコード＝1・40・9　21年メイショウカズサ

好走枠 内枠　脚質 逃げ

馬番	1	2	3	4	5	6	7	8
枠	1白	2白	2黒	4黒	3赤	6赤	4青	8青
馬名 性齢	メイショウピスカリ 牡5	ミツカネヴィーナス 牝4	エイシンディアデム 牝5	スターザサンライズ 牝4	タイキスパルタン 牡4	マナウス 牝4	シアープレジャー 牝6	アウグスト 牡4
父	アドマイヤムーン	ヘニーヒューズ	ディープインパクト	ロードカナロア	ザファクター	マジェスティックウォリアー	マツリダゴッホ	ザファクター
母（母の勝利・生産国）母父	フェアナタリー（0勝）ダンスインザダーク	ナスカザン（3勝）ダイワメジャー	キャントンガール（2勝）ストームキャット	シャンパンフルート（1勝）クロフネ	スノーサミット（0勝）アドマイヤムーン	フミノアマゾン（0勝）フジキセキ	ケリーケイズプレジャー（輸入）ケリーキップ	アプレレクール（2勝）ゼンノロブロイ
人気指数	6	2	1	22	10	44	12	64
重量騎手	57☆角田和	55団野	54◇藤田	55斎藤	57柴山	51★古川奈	53▲佐々木	57丹内
騎手相性	0114	0000	0003	0011	0001	0000	0004	0010
厩舎	栗飯田祐	美鈴木伸	美根本	栗安田隆	栗辻野	栗田中克	美大江原	美斎藤誠
生月日毛色賞金	5.7[illegible]1160	3.14栗400	3.18鹿100	1.27芦0	2.28芦400	[illegible]	4.19鹿230	3.12鹿400
馬主	松本好雄	小山田満	成富直行	ライフハウス	大樹F	[illegible]	岡田牧雄	GETNEXT
生産者	斉藤[illegible]牧場	細川農場	栄進牧場	下河辺牧場	ビクトリーH	[illegible]	岡田S	須崎牧場
1600ダ・1700ダ・1800ダ 持時計	芝良1.38.4 小稍1.45.3 阪良1.54.3	東不1.37.8 小稍1.46.3 中稍1.55.0	芝良1.35.0 1.59.3 1.53.1	芝重1.35.3 札良1.48.0	1.09.1 小良1.46.8 阪良1.55.8	札良1.47.5 名重1.55.0	1.31.3 小不1.44.5 阪良1.56.0	東稍1.36.4 阪良1.44.6 中稍1.52.8
連対体重	440—452	458	435—451	438	508—516	456	418—447	504—512
単予想オッズ	35.3	57.1	70.2	16.7	27.0	6.8	25.1	4.2

軸信頼　平均ペース

賞金　1着 800万円　2着 320万円　3着 200万円　4着 120万円　5着 80万円

本紙予想

馬連
8—16
6—16
9—16
4—16
5—16
7—16
13—16

3連単
16
▼
4567 8913
▼
4567

単⑯ 280円

複⑯ 150円　⑥ 320円　① 1110円

馬連⑥—⑯ 1880円　馬単⑯→⑩ 2760円

3連複①⑥⑯ 32660円　3連単⑯→⑥→① 91820円

●2023年2月12日・小倉12R(4歳上1勝クラス、ダ1700m)

1～3位の和

210

(旧パターンでは2)

	16 桃8	15	14 橙7	13	12 緑6	11	10 黄5	9
父	シルバーステート	ラニ	エピファネイア	ホッコータルマエ	ネオユニヴァース	ドレフォン	ダイワメジャー	ワールドエース
馬名	シルバーブレッド	ブレイクザアイス	(地)パリスデージー	ビナホイアン	(地)マスケティアーズ	イカロス	ハヤブサウィッシュ	ソルトキャピタル
性齢	牡4	牡4	牝6	牡4	牡5	牡4	牡4	牡6
母(勝)母父	アルテーロ(0勝)ハービンジャー	チェストケハーツ(0勝)ハーツクライ	ルミナスハッピー(未出走)アグネスタキオン	アエノアビリティー(未登録)ヨハネスブルグ	ミスマープル(1勝)シンダー	トゥルーストーリー(1勝)キンシャサノキセキ	ビートゴーズオン(3勝)カーリン	ブルーフォブライフ(0勝)ヴィンディケイション
	80	8	2	56	1	2	30	14
印	☆ 〇 ◎ ◎ ◎ 〇 ◎	▲ △ △ △		☆ △ △ △			◎ ☆ △ △ △ ☆	△ ◎ ☆ △ ☆
	76 ①	50 ⑩ B	47 ⑬	68 ② 初 B	41 ⑮	46 ⑭	55 ⑥	53 ⑦
騎手	57菱田	57幸	55☆秋山稔	56☆松本	58勝浦	55△小林脩	57浜中	58古川吉
	1102	0000	0002	1203	0000	0000	1001	0001
厩舎	栗石坂	美高橋裕	美佐藤	栗杉山佳	美小桧山	美武藤	栗吉村	栗木原
	[illegible]	4.19芦400	2.1黒鹿480	4.28鹿400	4.16黒鹿160	5.2鹿400	1.22栗400	3.16鹿400
馬主	[illegible]郎	コウトミック	松谷翔太	井之口三三雄	加藤徹	那須野牧場	武田修	杉浦敏夫
生産	佐藤鉄也	幌村牧場	ノーザンF	プログレスF	広富牧場	前田F	社台C白老F	オリオンF
持ち時計	芝良1.34.3 小稍1.45.7 新良1.55.8	東稍1.39.1 小重1.44.9 中重1.54.4	東良1.38.0 福不1.45.6 新稍1.53.8	函1.27.5 福良1.46.4 新良1.54.4	東良1.40.2 阪良1.59.7	芝良1.36.8	芝不1.38.0 函稍1.46.2 名重1.53.1	芝良1.35.0 京良1.54.4
	0100 0100 0000 1300	0100 0000 2001 1313	0000 0000 0101 1321	0100 1100 0000 1200	0000 0000 0000 1022	0000 0000 0000 0002	0100 0000 2001 3100	0000 2001 0000 1000
前走	3福11.12 4着 3歳上坂55.3 ダ1.46.9 55富田6人 15ト8ｽ 424 M①38.7 4 6 6 10 マジック	1札8.7 7着 ⑥1勝クラス 3歳上C38.8 ダ1.47.5 54勝浦5人 14ト3ｽ 450 M⑤37.4 13 13 13 09 5休スズカマ	3福11.6 12着 ②牝1勝クラス 3歳上C30.7 ダ1.47.5 55斎藤11人 15ト4ｽ 446 M⑧40.0 6 4 5 21 スマートムー	3小7.23 11着 ⑦1勝クラス 3歳上坂54.4 ダ1.47.1 52松本1人 16ト4ｽ 444 H⑦39.8 9 11 9 22 タガノエスコ	5中12.4 14着 ②1勝クラス 3歳上B37.9 ダ1.13.6 57武士沢16人 16ト6ｽ 462 H⑮38.6 13 14 21 セイウンハル	3福11.5 4着 ①1勝クラス 3歳上坂56.3 ダ1.08.9 56富田5人 16ト13ｽ 478 M②37.5 1 1 11 サザンエルフ	5名9.19 2着 ⑤1勝クラス 3歳上B39.0 ダ2.00.9 54川又3人 12ト8ｽ 454 M⑨38.6 2 1 1 01 スーパーチー	5名10.2 6着 ⑨1勝クラス 3歳上坂53.2 芝1.21.0 57太宰10人 17ト14ｽ 534 M②34.5 16 16 09 3休レゾンド
	[illegible] モナルヒ	[illegible] サンライズジ	[illegible] ライラスター	[illegible] 4休テイエム	10 12 10 カイタロー	福11.20 14着 1勝クラス 3歳上坂54.5 1.10.2 富田5人 9ｽ 492 ①38.6 1 1 14 サイモンルピ	5名10.21 12着 ⑨1勝クラス 3歳上坂58.1 ダ1.55.1 55川又2人 16ト13ｽ 458 H①40.8 3 4 3 19 ワンダープレ	1名1.7 13着 ②1勝クラス 4歳上坂53.1 芝1.22.1 58太宰1人 18ト13ｽ 548 M⑯34.2 18 18 14 スコールユニ
	1小1.22 2着 ④1勝クラス 4歳上C53.9 ダ1.45.7 57菱田6人 16ト9ｽ 422 S⑤36.4 サトノスライ	1小2.4 6着 ⑦1勝クラス 4歳上C38.2 ダ1.47.3 57勝浦5人 13ト11ｽ 464 H③38.9 9 7 7 12 サトミノマロ	1小1.29 10着 ⑥牝1勝クラス 4歳上C39.8 ダ1.47.6 56斎藤13人 13ト8ｽ 442 S⑦37.7 12 13 12 20 ブランアルデ	1名1.5 9着 ①1勝クラス 4歳上坂52.1 ダ1.56.2 56松本7人 12ト10ｽ 462 M⑧38.2 8 10 9 12 レイクリエイ	1東1.29 13着 ②1勝クラス 4歳上C40.3 ダ1.40.7 56山田14人 16ト6ｽ 476 M⑦37.7 12 11 22 グリュースゴ	1小2.5 13着 ⑧1勝クラス 4歳上坂53.6 ダ1.01.1 58富田7人 13ト10ｽ 474 H①38.2 3 5 26 デルマシルフ⑱	5阪11.26 7着 ⑦1勝クラス 3歳上C40.2 ダ2.07.6 55浜中5人 9ト4ｽ 466 M①38.7 2 2 2 16 オブジェダー	1小1.29 7着 ⑥1勝クラス 4歳上坂50.7 芝1.10.2 58太宰4人 14ト9ｽ 536 H⑭34.6 14 14 06 コーリングユ
	00101 00111 00000 514010	00101 00000 01102 02628	00000 40004 20103 933215	00101 01112 01001 01223	00000 00000 00000 476017	00101 00000 00000 229113	00101 01001 11103 21508	10001 10203 40004 1822022
馬体重	422—432	446	432—445	438—448	464—470	486	454—456	504—514
オッズ	3.0	29.8	57.4	4.9	70.4	57.8	11.7	23.3
調教	85.3馬 栗C70.1な 39.9り 12.2B	連闘軽め	一馬 小ダ67.1な 38.8り 12.5C	4F52.5末 栗坂38.0強 25.1め 12.8B	一馬 美B67.4な 39.1り 12.5C	連闘軽め	82.6一 栗C68.1杯 38.8追 13.1C	4F52.1強 栗坂37.2 24.5め 12.6B

指数	1	2	3	4	5	6	7	8	9	10	11	12	13	14	15	16
12R	⑯76	⑬68	⑧66	⑥60	⑩55	④54	⑨53	⑤52	⑦51	⑮50	①49	②48	⑭47	⑪46	⑫41	③40

万馬券的中証明書

2023年02月12日
JRA日本中央競馬会

あなたは下記の万馬券を的中させましたので
ここに証明いたします。

記

2023年　2回小倉2日　12R
3連複 01－06－16　100円購入
払戻金単価　@32,660円
払戻金合計　32,660円

3連複①⑥⑯
3万2660円

1着⑯シルバーブレッド　(コンピ1位、1番人気)
2着⑥マナウス　(コンピ4位、5番人気)
3着①メイショウピスカリ(コンピ11位、12番人気)

実践⑪2023年3月18日・中京12R（4歳上1勝クラス、ダ1400m、16頭立て）
⇓3連複1万9120円

［コンピ1～3位馬の指数とパターン］

1位⑩80　2位⑯62　3位⑬59＝（和）201　**⇓パターン1**（旧テクニカル6でもパターン1）

1位80⑩ボブズヤアンクル（相手）
2位62⑯イスラグランデ（相手）
3位59⑬カールスモーキー（ヒモ）
4位58⑨サンライズジョワ（軸）
5位57⑪キングクー（軸）
6位56⑮オリ（ヒモ）
7位55②ベルカノア（ヒモ）
8位51④ダンディジャック（ヒモ）
9位49⑧ビートエモーション（ヒモ）
10位48⑥メリーセンス（ヒモ）
11位47⑭ニシノフウジン（ヒモ）
12位44⑫キーフェイス（ヒモ）
13位43⑦キュールエライジン（ヒモ）※HBレンジ＝的中率90％ライン

［結果］1着：8位④　2着：2位⑯　3着：5位⑪

もう一丁、3連複万馬券のケースをいこう。

このレースはパターン1なので、軸は4、5、6位の3頭が該当。しかし3頭は多いので、ここから2頭セレクトする。私は4位⑨サンライズジョワ、5位⑪キングクーをマークした。2頭とも、地方・園田からの転厩初戦で今回が狙いと判断したから（もし、1頭なら5位⑪にする。園田でのクラスが上だからだ）。

問題は相手の対象となる1、2位。本来、1頭選択なのだが、1位⑩ボブズヤアンクルは連続3着という安定感はあるものの、ツメの甘さが気にかかる。2位⑯イスラグランデは前走の芝戦こそ9着だが、今回が初ダートで、砂をかぶらない大外は吉。さらに前走58キロ→今回54キロの斤量減も好材料だ。ならば、相手は1、2位ともに残すこととした。

ただ、ご覧のようにヒモは「パターン1、16頭」のHBレンジ90％ラインでは、13位までとなる。軸2頭―相手2頭―ヒモ1～13位の3連複フォーメーションは40点にもなってしまう。余裕のある方はそのまま買ってもいいが、私はヒモを削ることにした。穴狙いを徹底し、1～5位をヒモからカット。これで次のような買い目となった。

⑨⑪―⑩⑯―②④⑥⑦⑧⑫⑭⑮（ヒモは6～13位）32点

32点も、まあ多いといえば多いのだが……このあたりは臨機応変ということで、ご了承願いたい。

結果は、1着8位④ダンディジャック、2着2位⑯イスラグランデ、3着には先行した5位⑨キングクーが粘り、3連複万馬券が的中。なお、ツメの甘さが気になった1位⑩ボブズヤアンクルは、やっぱりというか4着止まりだった。

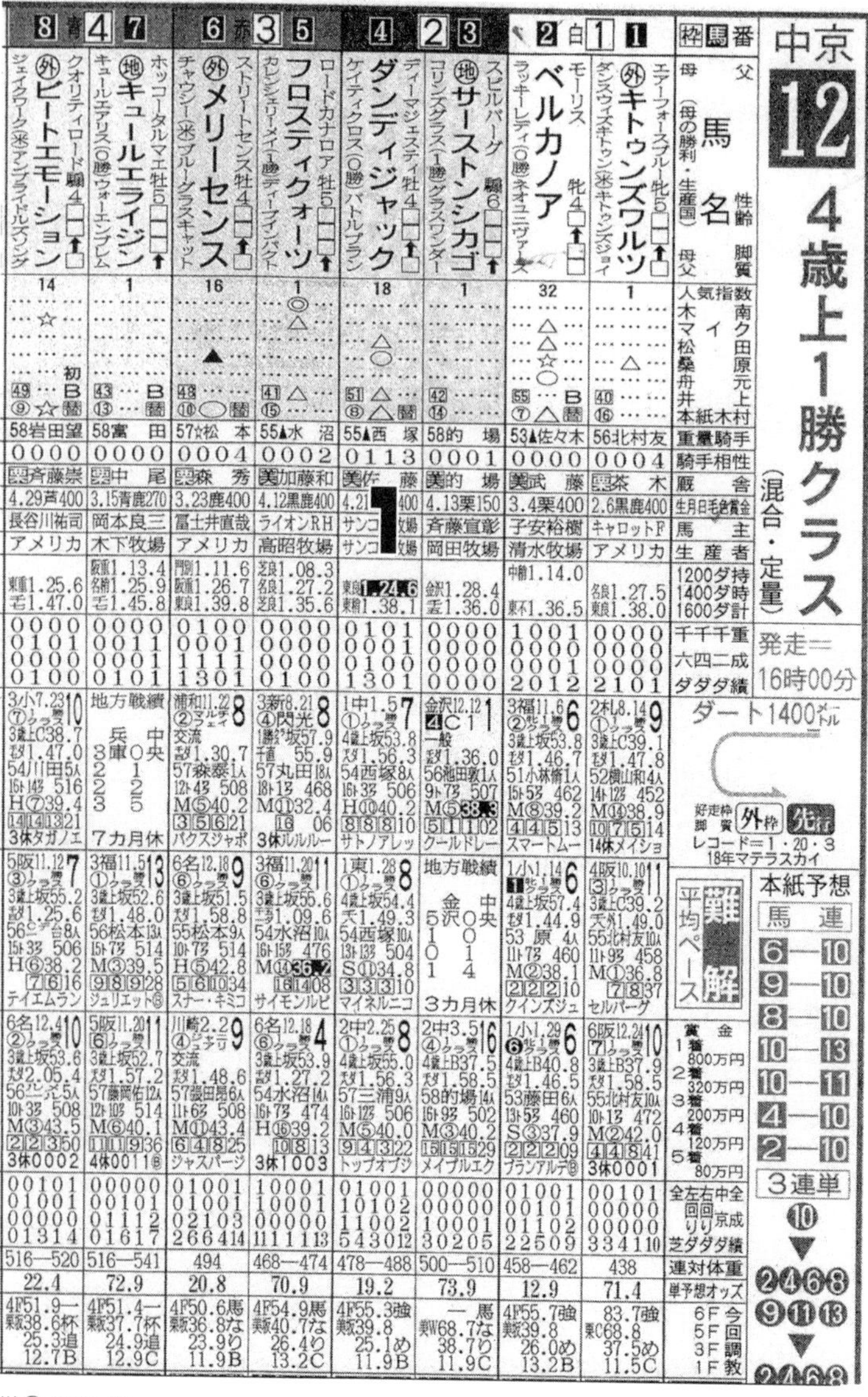

中京 12 4歳上1勝クラス（混合・定量） 発走＝16時00分

枠・馬番	白1 1	白1 2	2 3	2 4	赤3 5	赤3 6	青4 7	青4 8
父	エアーフォースブルー	モーリス	スピルバーグ	ディーマジェスティ	ロードカナロア	ストリートセンス	ホッコータルマエ	クオリティロード
馬名 性齢	㊕キトゥンズワルツ 牝5	ベルカノア 牝4	㊞サーストンシカゴ 騸6	ダンディジャック 牡4	フロスティクォーツ 牡5	㊕メリーセンス 牡4	㊞キュールエライジン 牡5	㊕ビートエモーション 騸4
母（母の勝利・生産国）	ダンスウィズキトゥン（米）	ラッキーレディ（0勝）	コリンズグラス（1勝）	ケイティクロス（0勝）	カレンシェリーメイ（1勝）	チャウシー（米）	キュールエアリス（0勝）	ジェイクワーク（米）
母父	キトゥンズジョイ	ネオユニヴァース	グラスワンダー	バトルプラン	ディープインパクト	ブルーグラスキャット	ウォーエンブレム	アンブライドルズソング
人気指数	1	32	1	18	1	16	1	14
木南	…	…	…	…	◎	…	…	…
マイク	…	△	…	…	△	…	…	☆
松田	…	△	…	…	…	…	…	…
桑原	…	☆	…	△	…	…	…	…
舟元	△	○	…	○	…	▲	…	…
井上	40 …	55 … B	42 …	51 △	41 △	48 …	43 … B	49 … B（初）
本紙木村	⑯ …	⑦ △ 醫	⑭ …	⑧ △ 醫	⑮ …	⑩ ○ 醫	⑬ … 醫	⑨ ☆ 醫
重量騎手	56北村友	53▲佐々木	58的場	55▲西塚	55▲水沼	57☆松本	58富田	58岩田望
騎手相性	0004	0000	0001	0113	0002	0004	0000	0000
厩舎	栗茶木	美武藤	美的場	美佐藤	美加藤和	栗森秀	栗中尾	栗斉藤崇
生月日毛色賞金	2.6黒鹿400	3.4栗400	4.13栗150	4.21[illegible]400	4.12黒鹿400	3.23鹿400	3.15青鹿270	4.29芦400
馬主	キャロットF	子安裕樹	斉藤宣彰	サンコ[illegible]牧場	ライオンRH	冨士井直哉	岡本良三	長谷川祐司
生産者	アメリカ	清水牧場	岡田牧場	サンコ[illegible]牧場	高昭牧場	アメリカ	木下牧場	アメリカ
1200ダ / 1400ダ / 1600ダ 持時計	名良1.27.5 東良1.38.0	中稍1.14.0 東不1.36.5	金沢1.28.4 盛1.36.0	東良1.24.6 東稍1.38.1	芝良1.08.3 名良1.27.2 芝良1.35.6	門別1.11.6 阪重1.26.7 東良1.39.8	阪重1.13.4 名稍1.25.9 毛1.45.8	東重1.25.6 毛1.47.0
千六ダ / 千四ダ / 千二ダ / 重成績	0000 0000 0000 2101	1001 0000 0001 2012	0000 0000 0000 0000	0101 0001 0100 1301	0000 0000 0000 0100	0100 0001 1111 1301	0000 0011 0001 0101	0000 0101 0000 0100
前走	2札8.14 9 ①1勝クラス 3歳上C39.1 芝1.47.8 52横山和4人 14ト12ゲ 452 M⑭38.9 10 7 5 14 14休メイショ	3福11.6 6 ②牝1勝 3歳上坂53.8 ダ1.46.7 51小林脩1人 15ト5ゲ 462 M⑧39.2 4 4 5 13 スマートムー	金沢12.12 1 4C1 一般 ダ1.36.0 56池田敦1人 9ト7ゲ 507 M⑤38.3 5 1 1 02 クールドレー	1中1.5 7 ①1勝クラス 4歳上坂53.8 ダ1.56.3 54西塚8人 16ト3ゲ 506 H⑩40.2 8 8 8 10 サトノアレッ	3新8.21 8 ④閃光 1勝クラス坂57.9 千直 55.9 57丸田18人 18ト1ゲ 468 M⑪32.4 16 06 3休ルルルルー	浦和11.22 8 ②マルチフェイ 交流 ダ1.30.7 57森泰1人 12ト4ゲ 508 M⑤40.2 3 5 6 21 パクスジャポ	地方戦績 兵庫 中央 3 0 2 1 2 2 3 5 7カ月休	3小7.23 10 ⑦1勝クラス 3歳上C38.7 芝1.47.0 54川田5人 16ト14ゲ 516 H⑦39.4 14 14 13 21 3休タガノエ
2走前	4阪10.10 11 ③1勝クラス 3歳上C39.2 芝外1.49.0 55北村友10人 11ト9ゲ 458 M①36.8 7 8 37 セルバーグ	1小1.14 6 1牝1勝 4歳上坂57.4 ダ1.44.9 53原4人 11ト7ゲ 460 M②38.1 2 2 2 10 クインズジュ	地方戦績 金沢 中央 5 0 1 0 0 1 1 4 3カ月休	1東1.28 8 ①1勝クラス 4歳上坂54.4 芝1.49.3 54西塚8人 13ト13ゲ 504 S①34.8 3 3 3 10 マイネルニコ	3福11.20 11 ⑥1勝クラス 3歳上坂55.6 千直1.09.6 54水沼10人 16ト15ゲ 476 M⑭36.2 16 14 08 サイモンルピ	6名12.18 9 ⑥1勝クラス 3歳上坂51.5 ダ1.58.8 55松本8人 10ト7ゲ 514 H⑤42.8 5 6 10 34 スナー・キミコ	3福11.5 13 ①1勝クラス 3歳上坂52.6 ダ1.48.0 56松本13人 15ト7ゲ 514 M③39.5 9 8 9 28 ジュリエット⑮	5阪11.12 7 ③1勝クラス 3歳上坂55.2 ダ1.25.6 56[illegible]8人 15ト3ゲ 506 H⑥38.2 7 6 16 テイエムラン
3走前	6阪12.24 10 ⑦1勝クラス 3歳上B37.9 ダ1.58.5 55北村友10人 10ト1ゲ 472 M②42.0 4 4 8 41 3休0001	1小1.29 6 ⑥牝1勝 4歳上B40.8 ダ1.46.5 53藤田6人 13ト5ゲ 460 S③37.9 2 2 2 09 ブランアルテ⑮	2中3.5 16 ④1勝クラス 4歳上B37.5 ダ1.58.5 58的場14人 16ト9ゲ 502 M③40.2 15 15 15 29 メイプルエク	2中2.25 8 ①1勝クラス 4歳上坂55.0 ダ1.56.3 57三浦9人 16ト12ゲ 506 M⑤40.0 9 4 3 22 トップオブジ	6名12.18 4 ⑥1勝クラス 3歳上坂53.9 ダ1.27.2 54水沼14人 16ト7ゲ 474 H⑯39.2 10 8 13 3休1003	川崎2.2 9 ④ジャニアリ 交流 ダ1.48.6 57張田昂6人 11ト6ゲ 508 M⑪43.4 6 4 8 25 ジャスパージ	5阪11.20 11 ⑥1勝クラス 3歳上坂52.7 ダ1.57.2 57藤岡佑12人 12ト10ゲ 514 M⑥40.1 11 11 9 36 4休0011⑮	6名12.4 10 ②1勝クラス 3歳上坂53.6 ダ2.05.4 56[illegible]5人 10ト3ゲ 508 M③43.5 2 2 3 50 3休0002
全左右中全 / 回回 / り 京成 / 芝ダダダ績	00101 00000 00000 334110	01001 00101 01102 22509	00000 00000 10001 30205	01001 10102 11002 543012	10001 10001 00000 1111113	01001 01001 02103 266414	00000 00101 01112 01617	00101 01001 00000 01314
連対体重	438	458—462	500—510	478—488	468—474	494	516—541	516—520
単予想オッズ	71.4	12.9	73.9	19.2	70.9	20.8	72.9	22.4
今回調教 6F / 5F / 3F / 1F	83.7強 栗C68.8 37.5め 11.5C	4F55.7強 美坂39.8 26.0め 13.2B	一 馬 美W68.7な 38.7り 11.9C	4F55.3強 美坂39.8 25.1め 11.9B	4F54.9馬 美坂40.7な 26.4り 13.2C	4F50.6馬 栗坂36.8な 23.9り 11.9B	4F51.4一 栗坂37.7杯 24.9追 12.9C	4F51.9一 栗坂38.6杯 25.3追 12.7B

ダート1400メートル

好走枠 外枠　脚質 先行

レコード＝1・20・3 18年マテラスカイ

平均ペース　難解

賞金 1着800万円 2着320万円 3着200万円 4着120万円 5着80万円

本紙予想

馬連

6—10
9—10
8—10
10—13
10—11
4—10
2—10

3連単

⑩
▼
②④⑥⑧⑨⑪⑬
▼
②④⑥⑧

単④ 1470 円

複④ 370 円　⑯ 390 円　⑪ 290 円

馬連④—⑯ 6320 円　馬単④→⑯ 15410 円

3連複④⑪⑯ 19120 円　3連単④→⑯→⑪ 136870 円

●2023年３月18日・中京12R（４歳上１勝クラス、ダ1400m）

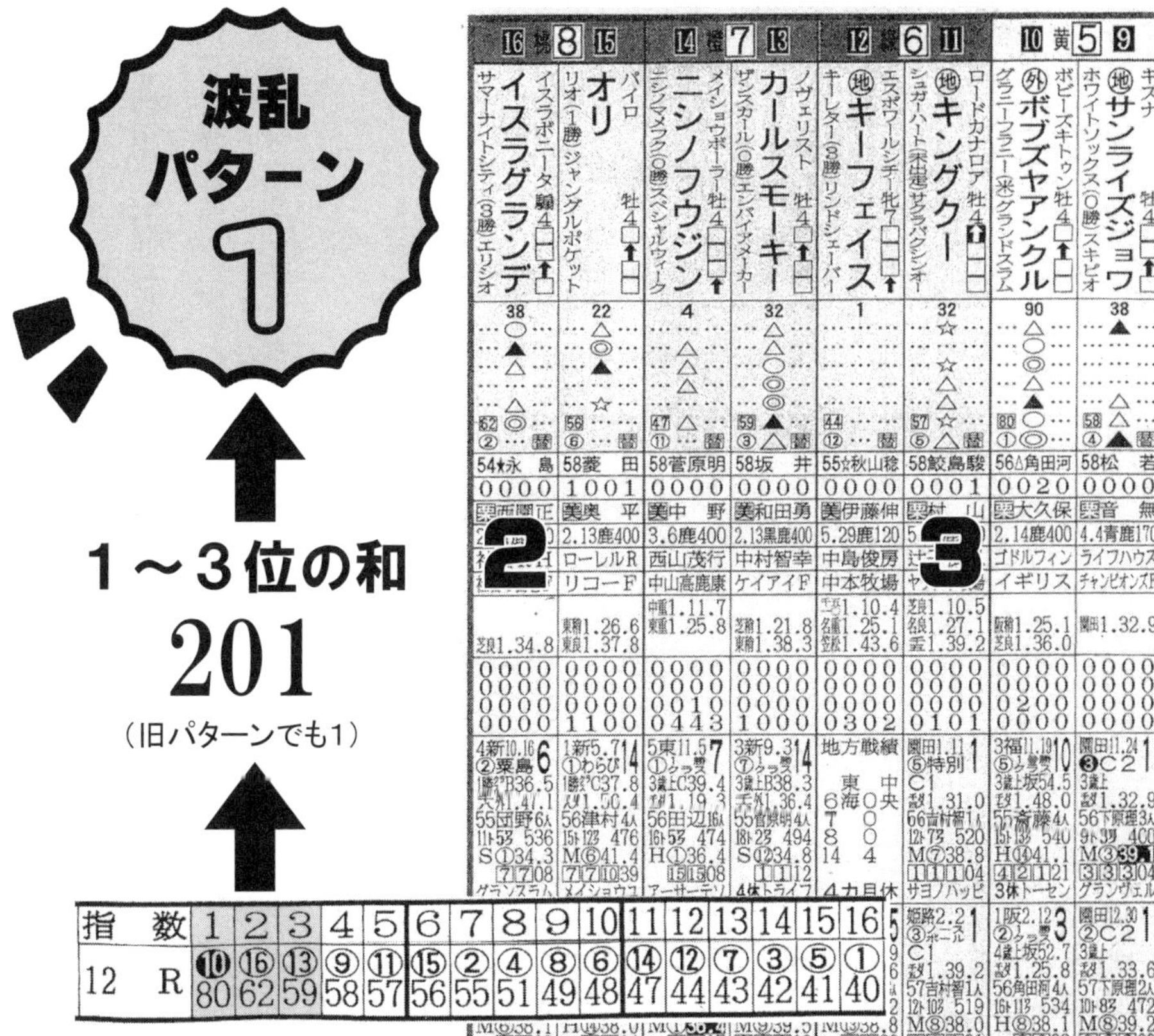

指数	1	2	3	4	5	6	7	8	9	10	11	12	13	14	15	16
12R	⑩80	⑯62	⑬59	⑨58	⑪57	⑮56	②55	④51	⑧49	⑥48	⑭47	⑫44	⑦43	③42	⑤41	①40

万馬券的中証明書

2023年03月18日
JRA日本中央競馬会

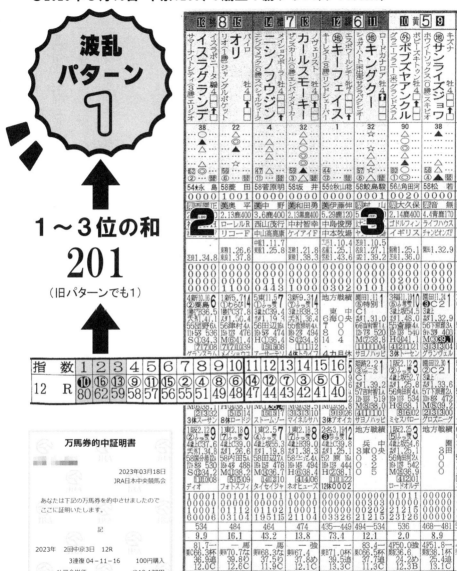

あなたは下記の万馬券を的中させましたので
ここに証明いたします。

記

2023年　2回中京3日　12R
3連複 04－11－16　100円購入
払戻金単価　@19,120円
払戻金合計　19,120円

３連複④⑪⑯
１万9120円

1着④ダンディジャック　（コンピ８位、７番人気）
2着⑯イスラグランデ　（コンピ２位、４番人気）
3着⑪キングクー　（コンピ５位、３番人気）

実践⑫2023年3月19日・中京12R（4歳上1勝クラス、ダ1200m、16頭立て）
⇓3連単7万1790円

［コンピ1～3位馬の指数とパターン］

1位⑨72　2位⑩64　3位②60＝（和）196　**⇓パターン1**（旧テクニカル6でもパターン1）

1位72⑨スペシャルナンバー（相手）
2位64⑩ソナトリーチェ（ヒモ）
3位60②トランザクト（ヒモ）
4位59⑭サカエショウ（ヒモ）
5位58⑧クリーンジーニアス（軸）
6位57①サダムゲンヤ（軸）
7位55⑯アスクドンキバック（ヒモ）
8位52③トモノボーイ（ヒモ）
9位51⑤クリノスパークル（ヒモ）
10位50⑫ベアグッジョブ（ヒモ）
11位49⑬ツヴァイシュテルネ（ヒモ）
12位48④キクノロージズ（ヒモ）
13位47⑦ステップ（ヒモ）　※HBレンジ＝的中率90％ライン

［結果］ 1着：5位⑧　2着：1位⑨　3着：10位⑫

本章ラストはお待ちかね、3連単だ。これも3連複の延長線上にある馬券構成で、軸がアタマ、相手が2、3着付けになる。

具体的には、次のような2通りのフォーメーションだ。

・軸（パターン2なら4、5位。1なら4、5、6位からなるべく2頭選択）↓相手（1、2位からなるべく1頭選択）↓ヒモ

・軸↓ヒモ↓相手

このレースはパターン1なので、まず軸2頭を選択する。ここは単騎で逃げられそうな5位⑧クリーンジーニアスと、58キロ↓54キロの減量が効きそうな6位①サダムゲンヤだ。

相手は、9カ月の休み明けとなる2位⑩ソナトリーチェではなく、1位⑨スペシャルナンバーでいい。

・①⑧↓⑨↓①②③④⑤⑦⑧⑩⑫⑬⑭⑯（22点）

・①⑧↓①②③④⑤⑦⑧⑩⑫⑬⑭⑯↓⑨（22点）計44点

44点が多いと感じたら、またヒモの5位以内をカットするダイエット版でもいいが、3連単の場合は上位馬が絡んでも万馬券になることも多いので、あまりオススメしない。

レースは案に相違して差してきた5位⑧クリーンジーニアスが1着。1位⑨スペシャルナンバーは2着止まり。3着には10位⑫ベアグッジョブが入り、3連単は7万馬券とハネた。ちなみに、もう1頭の軸①サダムゲンヤも4着と健闘している。

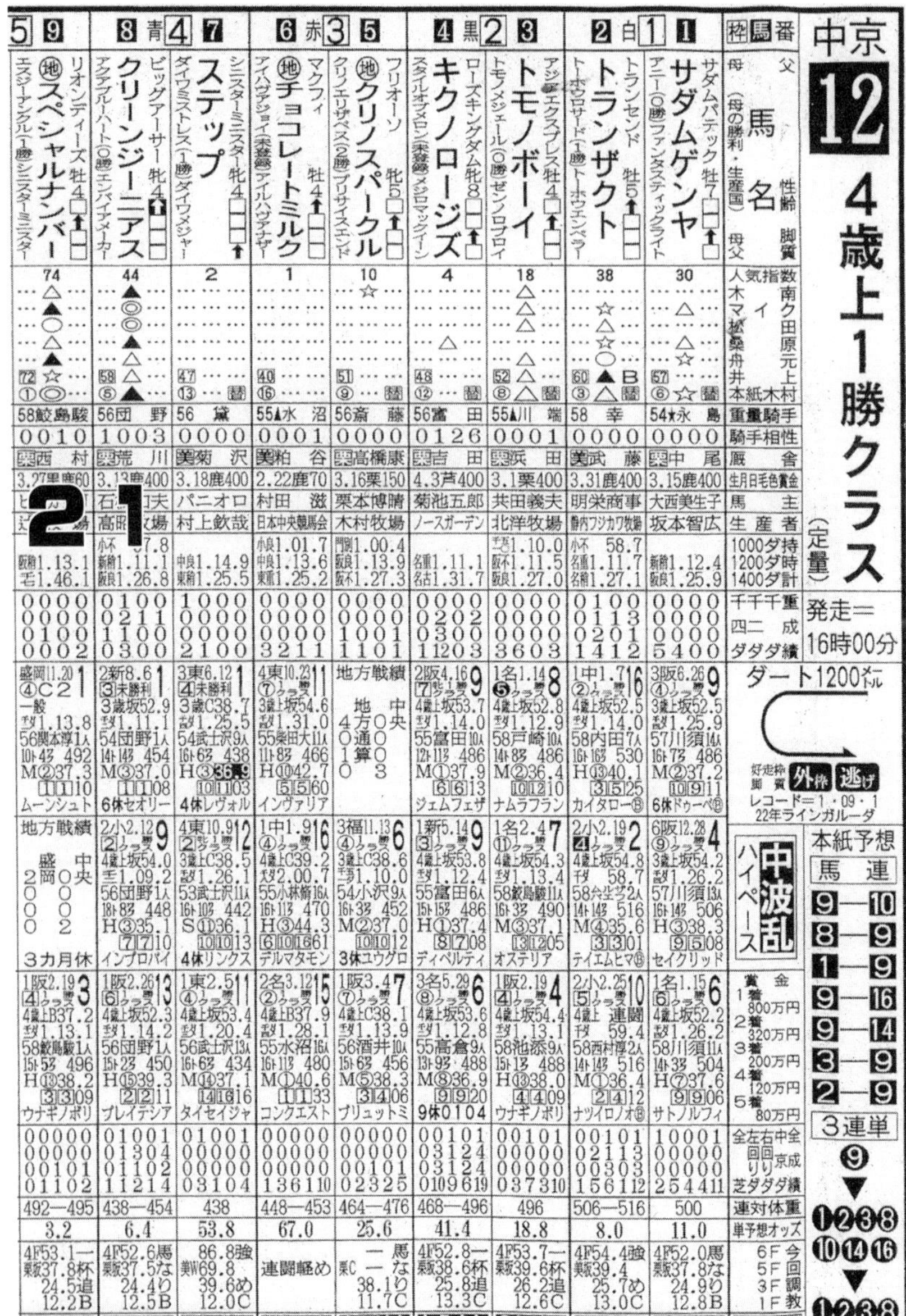

中京 12 4歳上1勝クラス（定量）

発走＝16時00分　ダート1200メートル　好走枠 外枠　脚質 逃げ　レコード＝1・09・1 22年ラインガルーダ

馬番	枠	父	馬名	性齢	母（母の勝利）	母父	人気指数	重量騎手	騎手相性	厩舎	生月日毛色賞金	馬主	生産者	1000ダ	1200ダ	1400ダ	連対体重	単予想オッズ
1	1白	サダムパテック	サダムゲンヤ	牡7	アニー（0勝）	ファンタスティックライト	30	54★永島	0000	栗中尾	3.15鹿400	大西美生子	坂本智広		新稲1.12.4	阪良1.25.9	500	11.0
2	1白	トランセンド	トランザクト	牡5	トーホウロサード（1勝）	トーホウエンペラー	38	58 幸	0000	美武藤	3.31鹿400	明栄商事	静内フジカワ牧場	小不58.7	名稲1.11.7	名稲1.27.1	506—516	8.0
3	2黒	アジアエクスプレス	トモノボーイ	牡4	トモノメジェール（0勝）	ゼンノロブロイ	18	55▲川端	0001	栗浜田	3.1栗400	共田義夫	北洋牧場	千良1.10.0	阪不1.11.5	阪良1.27.0	496	18.8
4	2黒	ローズキングダム	キクノロージズ	牡8	スタイルオブメロン（未勝）	メジロマックイーン	4	56富田	0126	栗吉田	4.3芦400	菊池五郎	ノースガーデン		名稲1.11.1	名良1.31.7	468—496	41.4
5	3赤	フリオーソ	クリノスパークル	牝5	クリノエリザベス（2勝）	プリサイスエンド	10	56斎藤	0000	栗高橋康	3.16栗150	栗本博晴	木村牧場	門別1.00.4	阪良1.13.9	阪不1.27.3	464—476	25.6
6	3赤	マクフィ	チョコレートミルク	牡4	アイハヴァジョイ（未勝）	アイルハヴアナザー	1	55▲水沼	0001	美柏谷	2.22鹿70	村田滋	日本中央競馬会	小良1.01.7	小良1.13.6	東稲1.25.2	448—453	67.0
7	4青	シニスターミニスター	ステップ	牝4	ダイワミストレス（1勝）	ダイワメジャー	2	56 黛	0000	美菊沢	3.18鹿400	パニオロ	村上欽哉		中良1.14.9	東稲1.25.5	438	53.8
8	4青	ビッグアーサー	クリーンジーニアス	牝4	アスティルハート（0勝）	エンパイアメーカー	44	56団野	1003	栗荒川	3.13鹿400	石…夫	高田牧場	小不57.8	新稲1.11.1	阪良1.26.8	438—454	6.4
9	5	リオンディーズ	スペシャルナンバー	牡4	エスプリーナンクル（1勝）(?)	シニスターミニスター	74	58鮫島駿	0010	栗西村	3.27黒鹿60				阪稲1.13.1	1.46.1	492—495	3.2

本紙予想　中波乱　ハイペース

馬連　9—10　8—9　1—9　9—16　9—14　3—9　2—9

3連単　9 ▼ 1238 10 14 16 ▼ 1238

賞金　1着 800万円　2着 320万円　3着 200万円　4着 120万円　5着 80万円

単⑧ 740 円

複⑧ 290 円　⑨ 170 円　⑫ 630 円

馬連⑧—⑨ 1290 円　馬単⑧→⑨ 3120 円

3連複⑧⑨⑫ 16210 円　3連単⑧→⑨→⑫ 71790 円

●2023年3月19日・中京12R（４歳上１勝クラス、ダ1400m）

1～3位の和

196

（旧パターンでも1）

16 桃8	15	14 橙7	13	12 緑6	11	10 黄5
キングカメハメハ牡5	ディスクリートキャット牝5	ダイワメジャー牡4	リオンディーズ牡4	バゴ 牡4	スマートファルコン牡7	ルーラーシップ牝5
(地)アスクドンキバック	(地)キュートラン	サカエショウ	(地)ツヴァイシュテルネ	ベアグッジョブ	(地)ホシフルドヒョウ	(地)ソナトリーチェ
マルトク(5勝)マーベラスサンデー	ビーキュート(1勝)マヤノトップガン	タピルージュ(2勝)ワイルドラッシュ	ドリームアドリーム(0勝)ディープインパクト	ナイキトライアンフ(0勝)ボストンハーバー	エアプリエ(0勝)エアエミネム	ソムニア(1勝)スペシャルウィーク
24	1	32	10	10	2	56
58横山典	56荻野極	58三浦	58長岡	58古川吉	55▲佐々木	56吉田隼
0000	0000	0000	0001	0000	0000	0000
栗梅田	美高橋文	美大竹	栗羽月	美杉浦	美岩戸	栗奥村豊
4.15栗360	4.12鹿290	4.26鹿400	2.25黒鹿60	4.18鹿400	4.30黒鹿80	3.1鹿70
広崎智子	岡村善行	齊藤栄一	ライオンRH	[illegible]	芳賀克也	DMMドリーム
清水牧場	前野牧場	下河辺牧場	追分F	[illegible]	藤原牧場	ノーザンF
450―461	456―477	514	489―493	484―512	476―494	456―480
14.4	67.6	10.2	28.5	28.1	53.4	4.6

3

指数	1	2	3	4	5	6	7	8	9	10	11	12	13	14	15	16
12 R	⑨	⑩	②	⑭	⑧	①	⑯	③	⑤	⑫	⑬	④	⑦	⑪	⑮	⑥
	72	64	60	59	58	57	55	52	51	50	49	48	47	46	41	40

万馬券的中証明書

2023年03月19日
JRA日本中央競馬会

あなたは下記の万馬券を的中させましたので
ここに証明いたします。

記

2023年　2回中京4日　12R

3連単 08→09→12　100円購入

払戻金単価　@71,790円

払戻金合計　71,790円

3連単
7万1790円

1着⑧クリーンジーニアス　（コンピ5位、4番人気）
2着⑨スペシャルナンバー　（コンピ1位、1番人気）
3着⑫ベアグッジョブ　（コンピ10位、11番人気）

相手(1位か2位)の2、3着付け3連単で重賞ヒット!

●2023年1月5日・中京11R京都金杯(GⅢ、芝1600m)

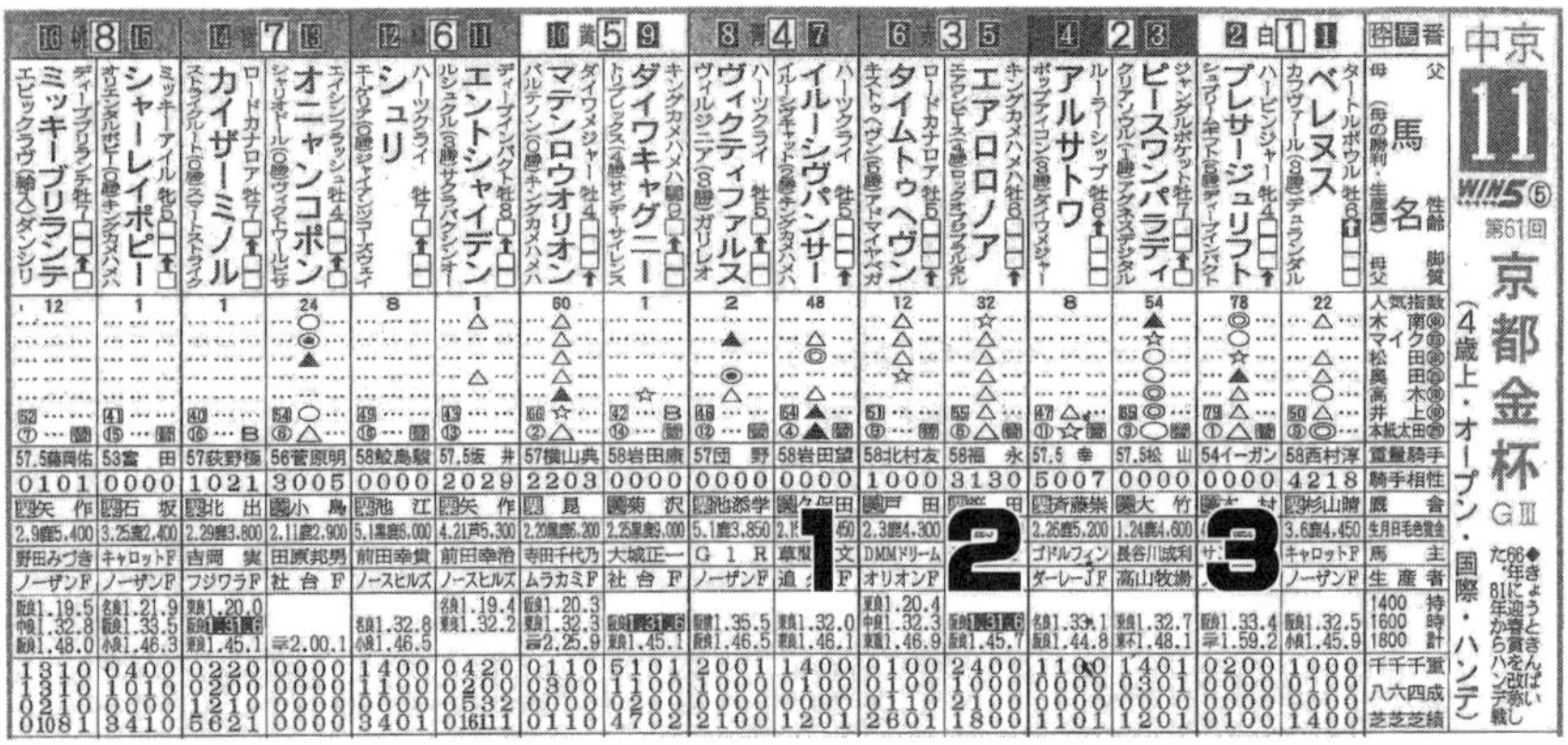

中京 11 WIN5⑤ 第61回 京都金杯 GⅢ (4歳上・オープン・国際・ハンデ)

◆きょうときんぱい 66年に迎春賞を改称した。81年からハンデ戦

枠	馬番	父	馬名	性齢	母(母の勝利・生産国) 母父	人気指数	印(木南・マイク田・松田・奥田・高木・井上・本紙太田)	重量騎手	騎手相性	厩舎	生月日毛色賞金	馬主	生産者	持時計(1400・1600・1800)	成績(千八・千六・千四・芝芝芝)
1白	1	タートルボウル	ベレヌス	牡6	カフヴァール(3勝)デュランダル	22	△ … △ △ ○ △ ◎ (50 ⑨)	58西村淳	4218	栗杉山晴	3.6鹿4,450	キャロットF	ノーザンF	阪良1.32.5 小良1.45.9	1000 0100 0000 1400
1白	2	ハービンジャー	プレサージュリフト	牝4	シュプリームギフト(5勝)ディープインパクト	78	◎ ○ ☆ ▲ △ △ △ (79 ①)	54イーガン	0000	美木村	[illegible]	サ[illegible]	[illegible]	阪良1.33.4 芝1.59.2	0200 0000 0000 0100
2黒	3	ジャングルポケット	ピースワンパラディ	牡7	クリアンサス(1勝)アグネスデジタル	54	▲ ☆ ○ ○ ◎ ◎ ○ (65 ③)	57.5松山	0000	美大竹	1.24鹿4,600	長谷川成利	高山牧場	東良1.32.7 東不1.48.1	1401 0301 0000 1201
2黒	4	ルーラーシップ	アルサトワ	牡6	ポップアイコン(3勝)ダイワメジャー	8	… … … … … △ ☆ (47 ⑪)	57.5幸	5007	栗斉藤崇	2.26鹿5,200	ゴドルフィン	ダーレーJF	名良1.33.1 阪良1.44.8	1100 0000 0000 1101
3赤	5	キングカメハメハ	エアロロノア	牡6	エアワンピース(4勝)ロックオブジブラルタル	32	☆ △ △ △ △ △ △ (55 ⑤)	58福永	3130	栗笹田	[illegible]	[illegible]	[illegible]	阪良1.31.6 阪良1.45.7	2400 1000 2100 1800
3赤	6	ロードカナロア	タイムトゥヘヴン	牡5	キストゥヘヴン(5勝)アドマイヤベガ	12	△ △ △ ☆ … … … (51 ⑧)	58北村友	1000	美戸田	2.3鹿4,300	DMMドリーム	オリオンF	東良1.20.4 中良1.32.3 東重1.46.9	0100 0100 0110 2601
4青	7	ハーツクライ	イルーシヴパンサー	牡5	イルーシヴキャット(2勝)キングカメハメハ	48	… △ ◎ … △ ▲ ▲ (64 ④)	58岩田望	0000	美久保田	2.1[illegible]450	草間[illegible]文	追[illegible]F	東良1.32.0 東良1.46.1	1400 0100 0000 1201
4青	8	ハーツクライ	ヴィクティファルス	牡5	ヴィルジニア(8勝)ガリレオ	2	… ▲ … ◉ △ … … (46 ⑫)	57団野	0000	栗池添学	5.1鹿3,850	GIR	ノーザンF	阪稍1.35.5 阪良1.46.5	2001 1000 0000 2100
5黄	9	キングカメハメハ	ダイワキャグニー	騸9	トリプレックス(4勝)サンデーサイレンス	1	… … … … ☆ B (42 ⑭)	58岩田康	0000	美菊沢	2.25黒鹿9,000	大城正一	社台F	阪良1.31.6 東良1.45.1	5101 1100 0200 4702
5黄	10	ダイワメジャー	マテンロウオリオン	牡4	パルテノン(0勝)キングカメハメハ	60	△ △ △ △ ▲ ☆ △ (66 ②)	57横山典	2203	栗昆	2.20黒鹿6,200	寺田千代乃	ムラカミF	阪良1.20.3 東良1.32.3 芸2.25.9	0110 0300 0000 0110
6緑	11	ディープインパクト	エントシャイデン	牡8	ルシュクル(3勝)サクラバクシンオー	1	△ … … △ … … … (43 ⑬)	57.5坂井	2029	栗矢作	4.21芦5,300	前田幸治	ノースヒルズ	名良1.19.4 東良1.32.2	0420 0200 0532 016111
6緑	12	ハーツクライ	シュリ	牡7	エーゲリナ(0勝)ジャイアンツコーズウェイ	8	… … … … … … … (49 ⑯)	58鮫島駿	0000	栗池江	5.1黒鹿5,000	前田幸貴	ノースヒルズ	名良1.32.8 小良1.46.5	1400 1100 0000 3401
7橙	13	エイシンフラッシュ	オニャンコポン	牡4	シャリオドール(0勝)ヴィクトワールピサ	24	○ ◉ ▲ … … ○ △ (54 ⑥)	56菅原明	3005	美小島	2.11鹿2,900	田原邦男	社台F	芸2.00.1	0000 0000 0000 0000
7橙	14	ロードカナロア	カイザーミノル	牡7	ストライクルート(0勝)スマートストライク	1	… … … … … … B (40 ⑯)	57荻野極	1021	栗北出	2.29鹿3,800	吉岡実	フジワラF	東良1.20.0 阪良1.31.6 東良1.45.1	0220 0200 1210 5621
8桃	15	ミッキーアイル	シャーレイポピー	牝5	オリエンタルポピー(0勝)キングカメハメハ	1	… … … … … … … (41 ⑮)	53富田	0000	栗石坂	3.25鹿2,400	キャロットF	ノーザンF	名良1.21.9 阪良1.33.5 小良1.46.3	0400 1010 0000 3410
8桃	16	ディープブリランテ	ミッキーブリランテ	牡7	エピッククラウ(輸入)ダンシリ	12	… … … … … … … (52 ⑦)	57.5藤岡佑	0101	栗矢作	2.9鹿5,400	野田みづき	ノーザンF	阪良1.19.5 中良1.32.8 阪良1.48.0	1310 1310 0210 01081

1 2 3

馬番能力順位	1	2	3	4	5	6	7	8	9	10	11	12	13	14	15	16
中京11R	② 79	⑩ 66	③ 65	⑦ 64	⑤ 55	⑬ 54	⑯ 52	⑥ 51	① 50	⑫ 49	④ 47	⑧ 46	⑪ 43	⑨ 42	⑮ 41	⑭ 40

万馬券的中証明書

2023年01月05日
JRA日本中央競馬会

あなたは下記の万馬券を的中させましたので
ここに証明いたします。

記

2023年　1回中京1日　11R
3連単 07→05→02　100円購入
払戻金単価　@24,480円
払戻金合計　24,480円

1着⑦イルーシヴパンサー
（コンピ4位、5番人気）
2着⑤エアロロノア
（コンピ5位、4番人気）
3着②プレサージュリフト
（コンピ1位、2番人気）

1～3位の和＝ 210
テクニカル6　パターン3（軸3、4位）
※実践⑫のように軸がアタマ、1位②の2, 3着付けで的中。

3連単⑦→⑤→②
2万4480円

第4章

コンピの可能性無限大！

『極ウマ・プレミアム』コラボ大作戦

極ウマAI予想って、知っていますか？

序章でも述べた通り、私は「コンピのみで結論を出すことには限界があり、コンピ一本でいくよりも、プラスαがあることによって、より正解に近づける」と考えています。コンピ以外のファクターと融合させたり、コラボレーションしたりして、より強力な馬券作戦が見いだせるのであれば、それに越したことはありません。だから私は、つねに新たな切り口を求めて研究に勤しんでいます。

現在、最も力を入れているのは、日刊スポーツ公式競馬情報サイト『極ウマ・プレミアム』で提供されているコンテンツとのコラボ作戦です。

具体的には**「極ウマAI予想」**と**「コンピ×騎手」**の2つ。これらを、私の理論に落とし込むことで、さらに予想精度を上げることができるのです。

本章では、応用的手法として、「極ウマAI予想」ならびに「コンピ×騎手」を活用した作戦を紹介していきます。

まずは「極ウマAI予想」からいきましょう。

昨今は世の中のさまざまな分野でAIの存在が大きくなってきており、競馬予想界にもその波が押し寄せてきています。競馬メディアの各社も、当然のようにAI予想を研究していることでしょう。

そんななか、大手スポーツ紙でいち早くAI予想（極ウマAI予想）を世に送り出したのが日刊スポーツでした。

２０１８年10月に本格導入。そして２０２０年10月にリニューアルされ、従来の極ウマＡＩ予想に比べ、的中率と回収率の大幅アップを実現させています。

私はコンピ研究家であると同時に、『極ウマ・プレミアム』愛好家でもあるので、その存在にずっと注目してきました。

極ウマＡＩ予想の活用方法の前に、簡単に概要をお伝えします。

極ウマＡＩ予想には前日予想と直前予想が存在し、開催前夜の19時ごろに前日予想が、各レースの約30分前に直前予想が、それぞれ公開されます。

ＡＩが堅いと判断すると最小３点、荒れると判断した場合は最大７点の馬連馬券を推奨。臨機応変に買い目点数を変化させることで、回収率の最大化を目指す仕様になっています。

基本的に本命◎がメインの軸馬、対抗○がサブの軸馬として、馬連の買い目が構築されます。そして、ＡＩ予想がメインの軸馬（本命◎）が堅実だと判断した場合は１頭軸となり、点数は少なくなります。
△は12頭立て以下の場合は１頭だけ、13頭立て以上の場合は４頭が選ばれる仕様です。
まずは、前日予想と直前予想のシルシ別の成績をご覧いただきましょう（次ページの表１、２）。データ集計期間は、リニューアル後の２０２０年10月～22

2022年7月17日(日)福島

R	予想	自信度	買い目(馬連)							結果
3R	前日	B	◎16 ○14 ▲4 ☆8 △12 △6 △13 △3					単複馬 8		1,200円的中
			14-16	4-16	4-14	8-16	12-16	8-14	12-14	
	直前	B	◎16 ○14 ▲4 ☆8 △12 △6 △13 △3					単複馬 16		
			14-16	4-16	8-16	12-16	4-14			

極ウマ AI 予想の前日予想と直前予想の例。

表1●極ウマAI予想の前日予想のシルシ別成績

シルシ	着別度数	勝率	連対率	複勝率	単回値	複回値
◎	2324- 1393- 939- 3100/ 7756	30.0%	47.9%	60.0%	80	82
○	1436- 1356- 1063- 3899/ 7754	18.5%	36.0%	49.7%	82	84
▲	956- 1061- 1079- 4666/ 7762	12.3%	26.0%	39.9%	74	80
☆	704- 860- 889- 5304/ 7757	9.1%	20.2%	31.6%	73	76
△	1383- 1710- 1891-18689/23673	5.8%	13.1%	21.1%	79	77
—	988- 1392- 1916-47740/52036	1.9%	4.6%	8.3%	63	65

表2●極ウマAI予想の直前予想のシルシ別成績

シルシ	着別度数	勝率	連対率	複勝率	単回値	複回値
◎	2418- 1443- 959- 2909/ 7729	31.3%	50.0%	62.4%	81	84
○	1443- 1381- 1084- 3818/ 7726	18.7%	36.6%	50.6%	79	84
▲	975- 1092- 1097- 4568/ 7732	12.6%	26.7%	40.9%	73	81
☆	740- 834- 910- 5247/ 7731	9.6%	20.4%	32.1%	78	75
△	1338- 1719- 1912-18625/23594	5.7%	13.0%	21.1%	79	78
—	877- 1303- 1815-48231/52226	1.7%	4.2%	7.6%	63	65

表3●極ウマAI予想◎○の自信度別成績

シルシ	自信度	着別度数	勝率	連対率	複勝率	単回値	複回値
前日◎	A	201- 117- 93- 272/ 683	29.4%	46.6%	60.2%	71	87
	B	1569- 890- 569-1748/4776	32.9%	51.5%	63.4%	83	84
	C	554- 386- 277-1080/2297	24.1%	40.9%	53.0%	76	78
前日○	A	120- 108- 92- 362/ 682	17.6%	33.4%	46.9%	88	80
	B	929- 893- 680-2271/4773	19.5%	38.2%	52.4%	81	86
	C	387- 355- 291-1262/2295	16.9%	32.3%	45.0%	83	80
直前◎	A	66- 32- 22- 27/ 147	44.9%	66.7%	81.6%	78	93
	B	1497- 801- 543-1400/4241	35.3%	54.2%	67.0%	83	85
	C	855- 610- 394-1482/3341	25.6%	43.8%	55.6%	79	81
直前○	A	26- 35- 22- 63/ 146	17.8%	41.8%	56.8%	69	81
	B	842- 782- 625-1994/4243	19.8%	38.3%	53.0%	84	86
	C	575- 564- 437-1760/3336	17.2%	34.1%	47.2%	74	81

表4●条件①を満たす馬の成績

条件	着別度数	勝率	連対率	複勝率	単回値	複回値
前日予想	374-125- 66-136/701	53.4%	71.2%	80.6%	96	92
直前予想	410-132- 75-154/771	53.2%	70.3%	80.0%	96	91

年12月です。

◎は1番人気、○は2番人気、▲は3番人気と同じくらいの成績を期待できますが、前日と直前に大きな差はありません。

極ウマAI予想には自信度がA、B、Cと三段階に分かれているので、自信度別に◎と○の成績も確認してみましょう（右ページの表3）。

自信度別に見ていくと、AとBはやや成績が上昇し、Cはやや劣る印象です。強調できるような、目立った差は生じていません。

しかし、この極ウマAI予想のシルシと自信度は、テクニカル6とコラボすることで、素晴らしい働きをしてくれるのです。

極ウマAI予想とテクニカル6がタッグを組むと……

■パターン5～6×コンピ1位83以上の信頼度チェック

最初に紹介するのは、堅い傾向にあるレースにおけるコンピ1位83以上の信頼度を測る手法。次の条件①を満たす馬の成績をご覧になってください（右ページの表4）。

［条件①］

・テクニカル6のパターン5～6のレース

・コンピ1位83以上
・極ウマAI予想のシルシが◎
・極ウマAI予想の自信度がAかB

前日予想、直前予想ともに、高い回収値を示しています。好走率も文句なし。かなり信頼できる軸馬と評価すべきでしょう。

このように、パターン5〜6のコンピ1位83以上の信頼度を測るに際し、極ウマAI予想は非常に役立つのです。

■パターン1〜2×コンピ4〜7位の爆発力チェック

続いて、極ウマAI予想の「単複馬」を使って、荒れる傾向にあるレースで好配当によく貢献してくれる、コンピ4〜7位の勝負度合いの見極め可能にする手法を紹介します。

単複馬とは、馬連の買い目とは別に、単勝と複勝を狙うのに最適な1頭として極ウマAI予想が推奨している馬のことです。単勝3番人気より少し優秀といえるくらいの成績をマークしています（左ページの表5）。

こちらも前日予想と直前予想で大きな差はないので、どちらを使っても構いません。

以上の単複馬の情報を踏まえたうえで、次の条件②を満たす馬の成績をご覧になってください（左ページの表6）。

表5●極ウマAI予想の単複馬の成績

条件	着別度数	勝率	連対率	複勝率	単回値	複回値
前日予想	1153- 1137- 980- 4484/ 7754	14.9%	29.5%	42.2%	82	87
直前予想	1163- 1132- 979- 4936/ 8210	14.2%	28.0%	39.9%	84	84

表6●条件②を満たす馬の成績

条件	パターン	着別度数	勝率	連対率	複勝率	単回値	複回値
前日予想	2	57- 63- 61-364/545	10.5%	22.0%	33.2%	87	84
	1	85- 70- 68-438/661	12.9%	23.4%	33.7%	103	92
	全	142- 133- 129- 802/1206	11.8%	22.8%	33.5%	95	89
直前予想	2	55- 58- 66-362/541	10.2%	20.9%	33.1%	90	84
	1	86- 85- 72-466/709	12.1%	24.1%	34.3%	97	90
	全	141- 143- 138- 828/1250	11.3%	22.7%	33.8%	94	87

2022年7月16日(土)小倉

R	予想	自信度	買い目(馬連)							結果
3R	前日	B	◎8 ○6 ▲16 ☆13 △2 △5 △7 △9 単複馬 5							2,380円的中
			6-8	8-16	8-13	6-16	6-13	2-8	5-8	
	直前	B	◎8 ○6 ▲16 ☆13 △2 △5 △9 △7 単複馬 5							
			6-8	8-16	8-13	2-8				

AI 予想の推奨単複馬の例。

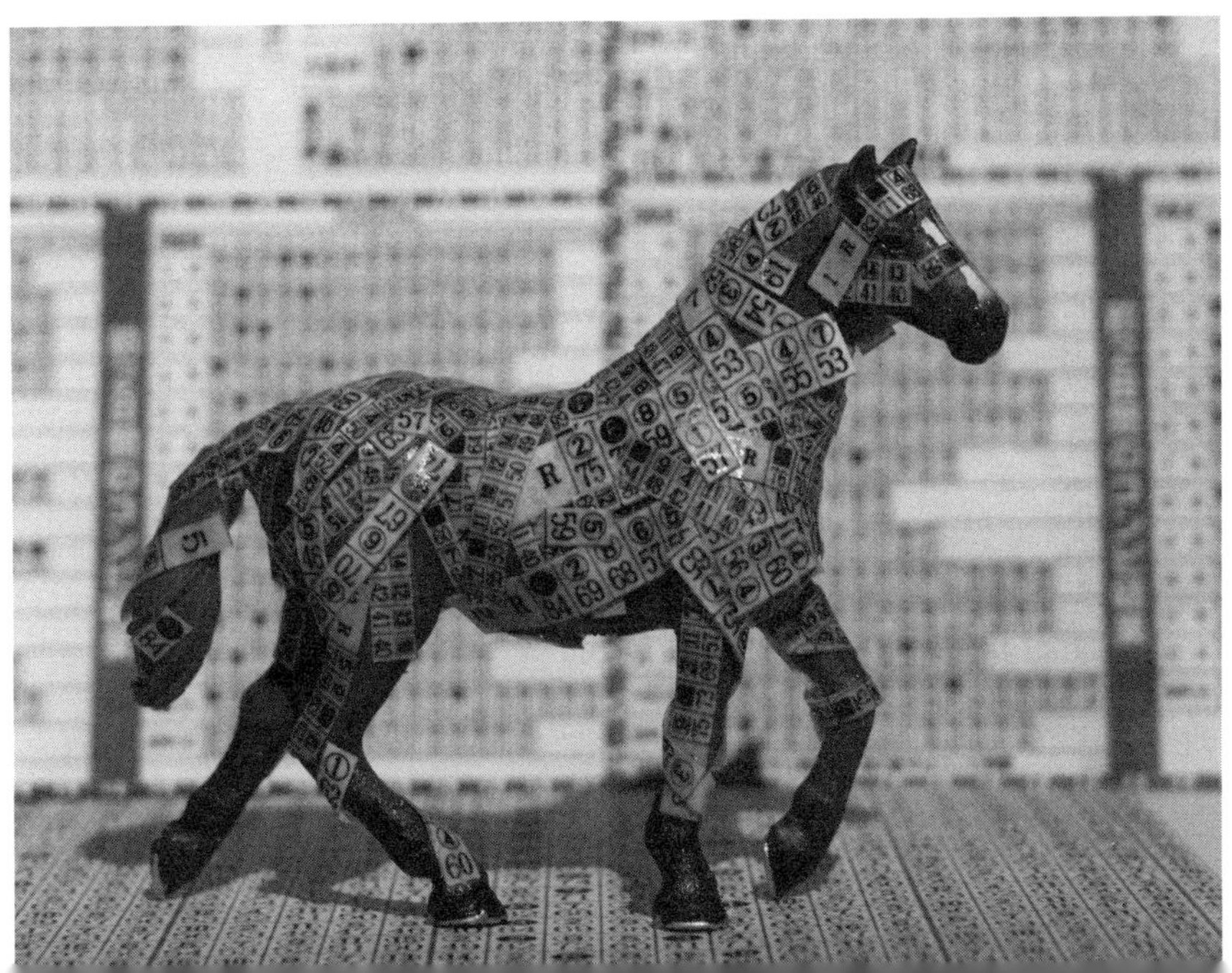

［条件②］
・テクニカル6のパターン1～2のレース
・コンピ4～7位
・極ウマＡＩ予想の単複馬

前日予想のパターン1の場合、ベタ買いで単勝回収値が１００超えています。これは買わない手はありません。

パターン1～2のレースでコンピ4～7位を狙う場合は、なにはさておき、極ウマＡＩ予想の単複馬に該当しているか否かをチェックしましょう。該当していたら期待大。その馬絡みの買い目の勝負度合い（購入金額）を上げて馬券を買うことを推奨します。

極ウマAI予想で単複馬を攻略する

■極ウマAI予想の単複馬狙い撃ち条件①

今度は、テクニカル6のパターンに関係なく、単複馬を積極的に狙っていける条件を取り上げます。

じつは極ウマＡＩ予想の単複馬にはレアケースがあり、その条件に該当する馬の期待値が大きく跳ね上がるのです。

狙い目条件は、単複馬が極ウマＡＩ予想のシルシと重複していないとき。

表7●極ウマAI予想単複馬のシルシ別成績

条件	シルシ	着別度数	勝率	連対率	複勝率	単回値	複回値
前日予想	◎	368- 249- 141- 473/1231	29.9%	50.1%	61.6%	85	87
	○	228- 228- 178- 672/1306	17.5%	34.9%	48.5%	80	86
	▲	221- 244- 248- 957/1670	13.2%	27.8%	42.7%	76	89
	☆	168- 209- 199-1106/1682	10.0%	22.4%	34.2%	81	79
	△	141- 181- 179-1154/1655	8.5%	19.5%	30.3%	84	93
	重複なし	27- 26- 35- 122/ 210	12.9%	25.2%	41.9%	124	103
直前予想	◎	354- 221- 153- 433/1161	30.5%	49.5%	62.7%	86	88
	○	229- 218- 174- 711/1332	17.2%	33.6%	46.6%	84	84
	▲	247- 282- 277-1158/1964	12.6%	26.9%	41.0%	81	88
	☆	183- 219- 208-1249/1859	9.8%	21.6%	32.8%	87	80
	△	107- 150- 123- 958/1338	8.0%	19.2%	28.4%	91	89
	重複なし	7- 5- 9- 49/ 70	10.0%	17.1%	30.0%	113	78

5R	前日	C	◎4 ○[illegible] ▲3 ☆8 △1					単複馬 4
			2-4	3-4	4-8	1-4		
	直前	C	◎4 ○0 ▲6 ☆1 △7					単複馬 4
			4-8	4-6	1-4	6-8	1-8	1-6
6R	前日	C	◎9 ○8 ▲7 ☆1 △6					単複馬 11
			8-9	7-9	7-8	1-9	1-8	
	直前	C	◎9 ○8 ▲7 ☆1 △6					単複馬 11
			8-9	7-9	1-9	7-8		

5Rは単複馬4と◎が重複しているケース。
6Rは単複馬 11 が、いずれのシルシとも重複していないケース。

通常、単複馬は◎○▲☆△のいずれかのシルシが打たれた馬と重複するのですが、まれにカブらないケースが出現します。

具体例を見ていきましょう。前ページに掲載した画像の5Rの単複馬④は◎と重複していますが、6Rの単複馬⑪はどのシルシとも重複していません。

そして、この重複していないときが激アツなのです（前ページの表7）。出現頻度は低いですが、見つけたときは買いの一手。高確率で馬券に貢献してくれます。

■極ウマAI予想の単複馬狙い撃ち条件②

単複馬をさらに掘り下げて分析していくと、妙味のある狙い目条件が新たに見えてきます。先ほど述べたように、単複馬のパフォーマンスは3番人気とほぼ同等。単複の払戻率を考慮すれば回収値は80台と悪くはないのですが、なんの工夫もなく、このまま買うわけにはいきません。

そこで、私は期待値がアップする条件を探してカスタマイズを試みました。結論として推奨できるのが、「前走6番人気以下＋6着以下」の馬にフォーカスを当てる手法です。前走成績については、『極ウマ・プレミアム』内のPDF出馬表、またはデジタル出馬表で閲覧可能です（もちろん、前走成績がわかる媒体であればなんでも構いません）。

予想に臨む前に、全レースの単複馬をメモ帳などに書き出して、前走の人気と着順をチェックするといいでしょう。

この条件に該当する馬の成績はご覧の通り（左ページの表8）。直前予想の単勝回収値は100を超えているように、期待値は飛躍的にアップします。パッとしない前走成績が馬の能力以上に人気を落とす要因になり、このような状況を生みだしているのでしょう。

これだけでもじゅうぶんに思えますが、ここにテクニカル6のパターン1～3というフィルターを重ねると、さらに成績は上昇します。荒れる傾向にあるレースでは、「前走6番人気以下＋6着以下」の単複馬がさらに輝きを増すのです（下の表9）。

前日予想、直前予想のどちらも、単複の回収値が100を超えています。コンピ順位は関係ないので、どのレースも幅広く狙えるのがこの作戦の特徴です。

激アツ単複馬を軸にした馬連作戦

単複馬狙い撃ち条件②に該当する馬を軸にした、馬連作戦を紹介します。

恥ずかしながら、作戦と呼べるほど立派なものではありません。

該当馬から極ウマＡＩ予想でシルシが打たれた馬に流す――たったのこれだけです。

表8●「前走6番人気以下＋6着以下」に該当する極ウマAI予想単複馬の成績

条件	着別度数	勝率	連対率	複勝率	単回値	複回値
前日予想	134- 149- 141- 735/1159	11.6%	24.4%	36.6%	95	99
直前予想	140- 148- 127- 719/1134	12.3%	25.4%	36.6%	102	99

表9●パターン1～3における「前走6番人気以下＋6着以下」の極ウマAI予想単複馬の成績

条件	着別度数	勝率	連対率	複勝率	単回値	複回値
前日予想	76- 66- 56-326/524	14.5%	27.1%	37.8%	110	106
直前予想	82- 63- 62-331/538	15.2%	27.0%	38.5%	113	105

しかし、シンプルだからと侮るなかれ。破壊力はバツグンで、オイシイ馬券を高確率でしとめることができます。

論より証拠、成績を確認していきましょう。

【前日予想の「前走6番人気以下＋6着以下」の単複馬が軸】

該当レース数　1159

的中レース数　231

的中率　19・9％

回収率　102・4％

【パターン1～3×前日予想の「前走6番人気以下＋6着以下」の単複馬が軸】

該当レース数　524

的中レース数　115

的中率　21・9％

回収率　111・0％

【直前予想の「前走6番人気以下＋6着以下」の単複馬が軸】

該当レース数　1134

的中レース数　２４２
的中率　21・３％
回収率　１１０・４％

【パターン1〜3×直前予想の「前走6番人気以下＋6着以下」の単複馬が軸】

該当レース数　５３８
的中レース数　１２０
的中率　22・３％
回収率　１０６・６％

このように、すべてのパターンで回収率１００％を大きく超えてきます。的中率はおおむね20％。５回に１回的中してプラスになるのなら、万々歳といえるのではないでしょうか。

軸となる単複馬の選出精度を上げる工夫をすれば、さらに回収率を上げられるはずです。

テクニカル6でフォロー、快打連発！

極ウマＡＩ予想の単複馬を使った馬連作戦の的中例を、同じ開催日、同じ競馬場で行なわれたレースから２つ見ていきましょう。

手順はとてもシンプルということが、おわかりいただけるはずです。

■2023年4月15日・福島1R（3歳未勝利、ダ1150m）

この馬連作戦は、極ウマAI予想の単複馬をチェックすることからスタートします。前日予想の単複馬は⑥デアシュトゥルム、直前予想の単複馬は⑧レヴィアタンです。両者の前走成績をチェックしていきましょう。

⑥デアシュトゥルムの前走人気は「6」、前走着順は「7」。⑧レヴィアタンの前走人気は「3」、前走着順は「3」。「前走6番人気以下＋6着以下」が軸馬の条件になるので、ここで⑧レヴィアタンが脱落し、⑥デアシュトゥルムが軸に選ばれます。

この時点で馬連作戦を発動してもOKなのですが、念のため新テクニカル6のレース判定も行ない、どのパターンに該当するかを見ていきましょう。

コンピ1位⑦ルクスメテオールの指数値は「78」、2位⑫メモリーグラスは「67」、3位⑩リュウノステルスは「64」。78＋67＋

R	予想	自信度	買い目（馬連）						
1	前日	A	◎7 ○12 ▲10 ☆8 △6 △15 △13 △1						単複馬6
			7-12	7-10	7-8	8-12	10-12	8-10	6-7
			3連複	BOX		6 12 10 8 15 7			20通り
			3連単	BOX		6 12 10 8			24通り
	直前	B	◎7 ○12 ▲10 ☆8 △6 △15 △13 △1						単複馬8
			7-12	7-10	7-8	10-12	8-12	6-7	8-10
			3連複	BOX		8 12 10 7 6 15			20通り
			3連単	BOX		8 12 10 7			24通り

2023年4月15日・福島1Rの極ウマAI予想。

64＝「２０９」で、このレースはパターン３に判定されます。

パターン１～３のレースで、前日予想の単複馬が軸馬の条件を満たす場合、的中率と回収率がともに上昇する傾向にあることは先ほど示した通りです。ゆえにここは、勝負度合いを上げてもいいでしょう。

このレースの極ウマＡＩ予想のシルシは次の通り（前日予想と直前予想で単複馬は変更されるもシルシは同じ）。

◎⑦ルクスメテオール
○⑫メモリーグラス
▲⑩リュウノステルス
☆⑧レヴィアタン
△⑥デアシュトゥルム（単複馬＝軸）
△⑮リーゼントミニー
△⑬ナムラダリウス
△①ランベントライト

よって、買い目は次のようになります。

［買い目］

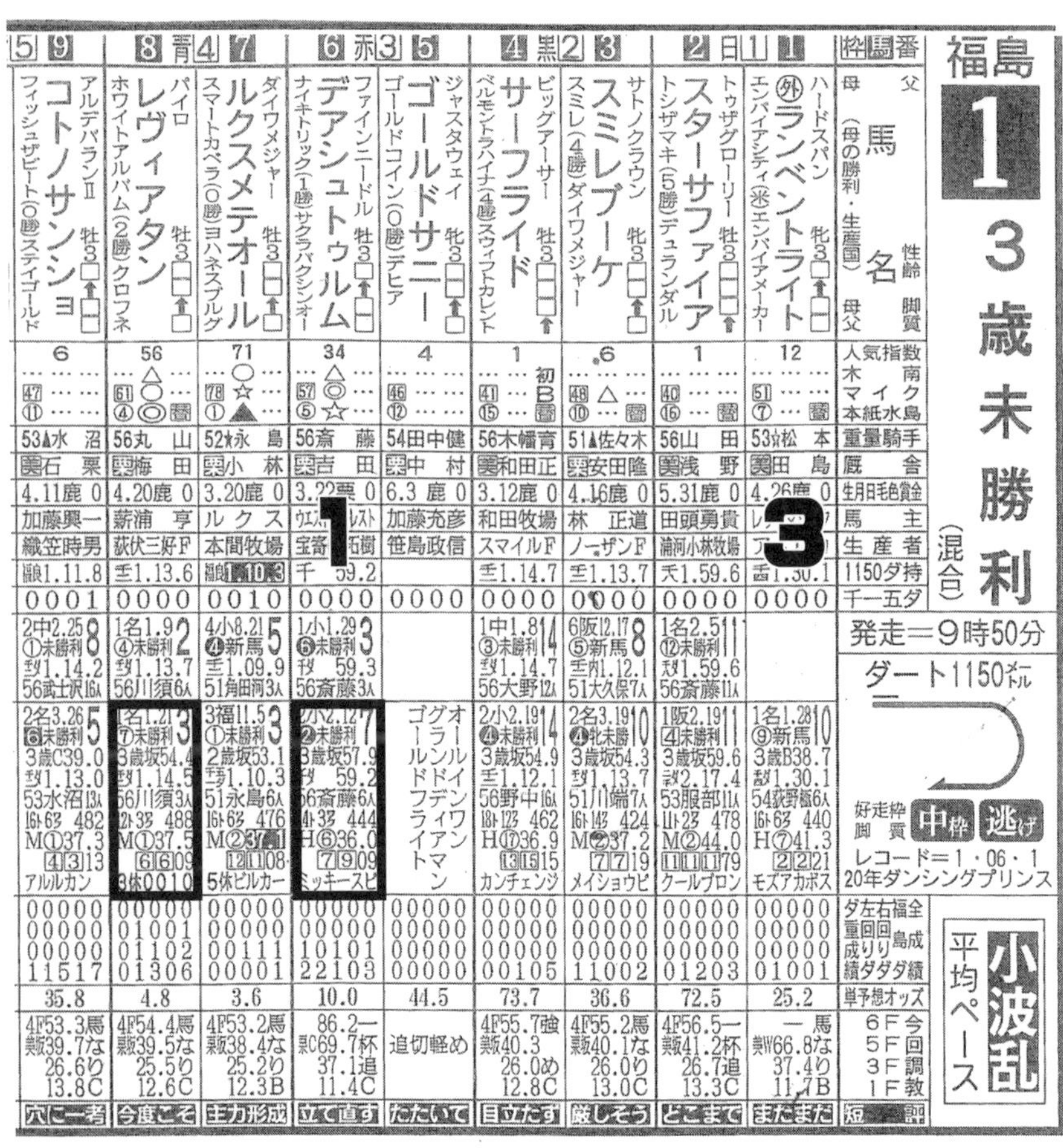

福島 1 3歳未勝利（混合）

発走＝9時50分

ダート1150メートル

好走枠 中枠　脚質 逃げ

レコード＝1・06・1 20年ダンシングプリンス

小波乱　平均ペース

枠馬番	1 白 1	2 白 2	2 黒 3	黒 4	3 赤 5	赤 6	4 青 7	青 8	5 9
父	ハードスパン	トゥザグローリー	サトノクラウン	ビッグアーサー	ジャスタウェイ	ファインニードル	ダイワメジャー	パイロ	アルデバランII
馬名	(外)ランベントライト	スターサファイア	スミレブーケ	サーフライド	ゴールドサニー	デアシュトゥルム	ルクスメテオール	レヴィアタン	コトノサンショ
性齢	牝3	牡3	牝3	牡3	牝3	牡3	牡3	牡3	牡3
母（母の勝利・生産国）母父	エンバイアシティ(米)エンバイアメーカー	トシザマキ(5勝)デュランダル	スミレ(4勝)ダイワメジャー	ベルモントラハイナ(4勝)スウィフトカレント	ゴールドコイン(0勝)デピア	ナイキトリック(1勝)サクラバクシンオー	スマートカペラ(0勝)ヨハネスブルグ	ホワイトアルバム(2勝)クロフネ	フィッシュザビート(0勝)ステイゴールド
人気指数	12	1	.6	1	4	34	71	56	6
木南	…	…	…	初	…	△	○	△	…
マイク	51 …	40 …	48 △	41 B	46 …	57 ◎	78 ☆	61 ○	47 …
本紙水島	⑦ …	⑯ …	⑩ …	⑮ …	⑫ …	⑤ ☆	① ▲	④ ◎	⑪ …
重量騎手	53☆松本	56山田	51▲佐々木	56木幡育	54田中健	56斎藤	52★永島	56丸山	53▲水沼
厩舎	美田島	美浅野	美安田隆	美和田正	美中村	美吉田	美小林	美梅田	美石栗
生月日毛色賞金	4.26鹿 0	5.31鹿 0	4.16鹿 0	3.12鹿 0	6.3 鹿 0	3.22栗 0	3.20鹿 0	4.20鹿 0	4.11鹿 0
馬主	レ[illegible]	田頭勇貴	林 正道	和田牧場	加藤充彦	ウエス[illegible]レスト	ルクス	薪浦 亨	加藤興一
生産者	ア[illegible]	浦河小林牧場	ノーザンF	スマイルF	笹島政信	宝審[illegible]石樹	本間牧場	荻伏三好F	織笠時男
1150ダ持	1.30.1	1.59.6	1.13.7	1.14.7		59.2	1.10.3	1.13.6	1.11.8
千一五ダ	0000	0000	0000	0000	0000	0000	0010	0000	0001
前々走		1名2.5 ⑫未勝利 11 ダ1.59.6 56斎藤11人	6阪12.17 ⑤新馬 8 芝内1.12.1 51大久保7人	1中1.8 ③未勝利 14 ダ1.14.7 56大野12人		1小1.29 ⑥未勝利 3 千ダ 59.3 56斎藤3人	4小8.21 ④新馬 5 芝1.09.9 51角田河3人	1名1.9 ④未勝利 2 ダ1.13.7 56川須6人	2中2.25 ①未勝利 8 ダ1.14.2 56武士沢16人
前走	1名1.28 ⑨新馬 10 3歳B38.7 ダ1.30.1 54荻野極6人 16ト6ヲ 440 H⑦41.3 2 2 21 モズアカボス	1阪2.19 4未勝利 11 3歳坂59.6 ダ2.17.4 53服部11人 11ト2ヲ 478 M②44.0 11 11 11 79 クールブロン	2名3.19 ④牝未勝 10 3歳坂54.3 ダ1.13.7 51川端7人 16ト14ヲ 424 M②37.2 7 7 19 メイショウビ	2小2.19 ④未勝利 14 3歳坂54.9 芝1.12.1 56野中16人 18ト12ヲ 462 H⑰36.9 13 15 15 カンチェンジ	オールイワン グランドディアマン ゴールドフライト	2小2.12 ②未勝利 7 3歳坂57.9 千ダ 59.2 56斎藤6人 14ト3ヲ 444 H⑥36.0 7 9 09 ミッキースピ	3福11.5 ①未勝利 3 2歳坂53.1 ダ1.10.3 51永島6人 16ト6ヲ 476 M②37.1 12 11 08 5休ビルカー	1名1.21 ⑦未勝利 3 3歳坂54.4 ダ1.14.5 56川須3人 12ト3ヲ 488 M①37.5 6 6 09 3休0010	2名3.26 ⑥未勝利 5 3歳C39.0 ダ1.13.0 53水沼13人 16ト6ヲ 482 M①37.3 4 3 13 アルルカン
ダ重成績	00000	00000	00000	00000	00000	00000	00000	00000	00000
左回りダ	00000	00000	00000	00000	00000	00000	00000	01001	00000
右回りダ	00000	00000	00000	00000	00000	10101	00111	01102	00000
福島成績・全成績	01001	01203	11002	00105	00000	22103	00001	01306	11517
単予想オッズ	25.2	72.5	36.6	73.7	44.5	10.0	3.6	4.8	35.8
今回調教 6F	一 馬	4F56.5一	4F55.2馬	4F55.7強	追切軽め	86.2一	4F53.2馬	4F54.4馬	4F53.3馬
5F	美W66.8な	美坂41.2杯	美坂40.1な	美坂40.3		美C69.7杯	美坂38.4な	美坂39.5な	美坂39.7な
3F	37.4り	26.7追	26.0り	26.0め		37.1追	25.2り	25.5り	26.6り
1F	11.7B	13.3C	13.0C	12.8C		11.4C	12.3B	12.6C	13.8C
短評	まだまだ	どこまで	厳しそう	目立たず	たたいて	立て直す	主力形成	今度こそ	穴に一考

1着⑥デアシュトゥルム　（コンピ5位、5番人気）＝単複馬（前日予想）

2着⑫メモリーグラス　（コンピ2位、2番人気）

3着①ランベントライト　（コンピ7位、7番人気）

単⑥ 950 円　複⑥ 290 円　⑫ 160 円　① 410 円

馬連⑥—⑫ 1710 円　馬単⑥→⑫ 4950 円

3連複①⑥⑫ 9400 円　3連単⑥→⑫→① 49750 円

●2023年４月15日・福島１R（３歳未勝利、ダ1150m）

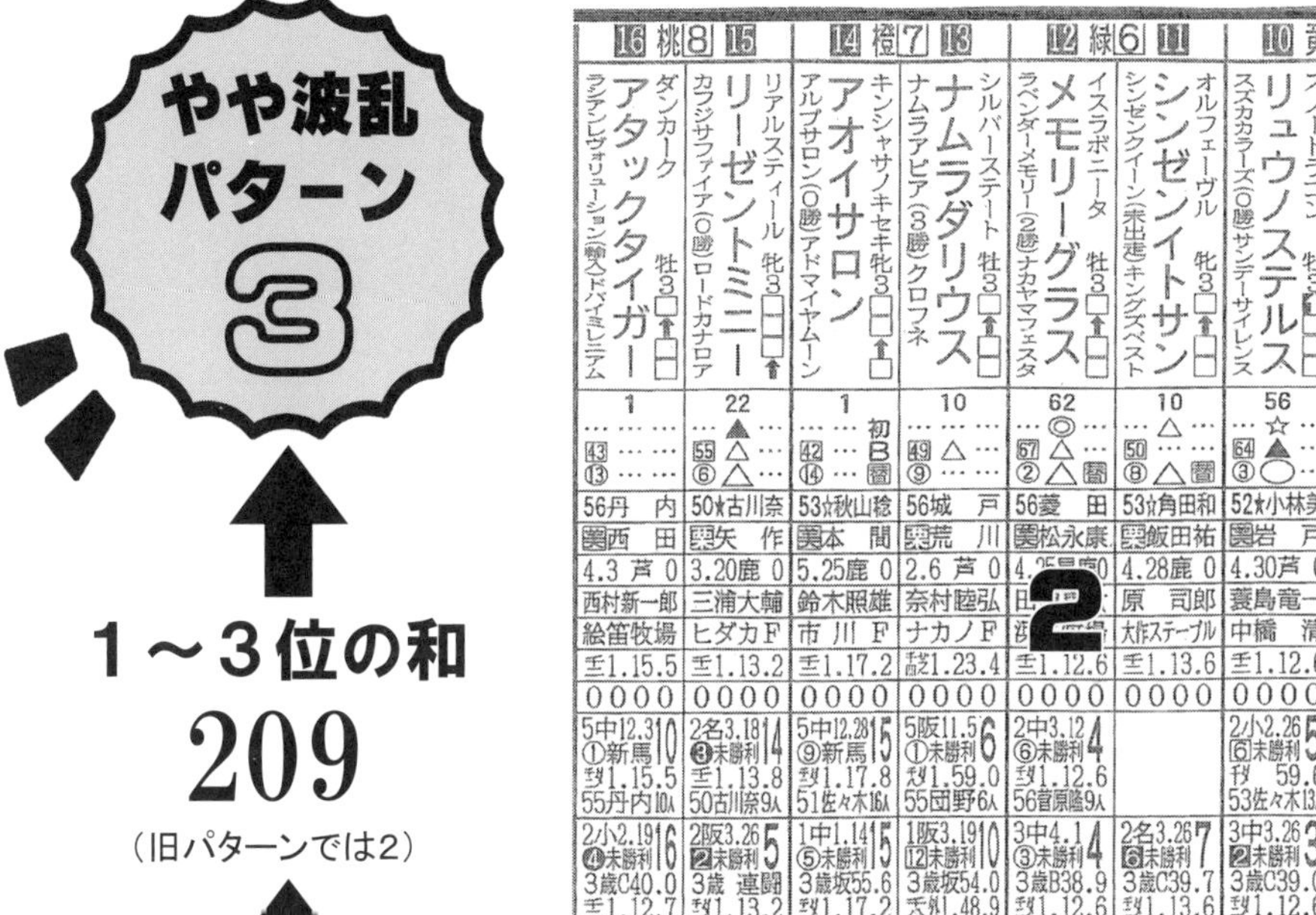

指　数	1	2	3	4	5	6	7	8	9	10	11	12	13	14	15	16
1　R	⑦78	⑫67	⑩64	⑧61	⑥57	⑮55	①51	⑪50	⑬49	③48	⑨47	⑤46	⑯43	⑭42	④41	②40

受付番号：0001	
購入金額合計	3,500 円
払戻／返還金額合計	8,550 円

通番	場名	曜日	レース	式別	馬／組番	購入金額	的中／返還	払戻単価	払戻／返還金額
001	福島	土	1R	馬連	01－06	500円	－	－	0円
002	福島	土	1R	馬連	06－07	500円	－	－	0円
003	福島	土	1R	馬連	06－08	500円	－	－	0円
004	福島	土	1R	馬連	06－10	500円	－	－	0円
005	福島	土	1R	馬連	06－12	500円	06－12	1,710円	8,550円
006	福島	土	1R	馬連	06－13	500円	－	－	0円
007	福島	土	1R	馬連	06－15	500円	－	－	0円

馬連⑥－⑫
1710円

馬連流し　⑥→①⑦⑧⑩⑫⑬⑮（7点）

結果は軸馬⑥デアシュトゥルムが1着、相手馬⑫メモリーグラスが2着で、馬連1710円があっさりと的中します。

■2023年4月15日・福島12R（4歳上1勝クラス、ダ1700m）

まずは、このレースの極ウマＡＩ予想を確認していきます。前日予想、直前予想ともに、単複馬は③ダノンマジックです。

続いて、この馬の前走成績をチェックします。前走人気は「8」、前走着順は「10」です。いずれも6を下回っているので、勝負条件を満たします。

今度は、新テクニカル6のレース判定を行ない、このレースがどのパターンに該当するかを確認していきます。

コンピ1位⑤ワンダーウィルクの指数値は「75」、2位⑨ファンジオは「74」、3位④ホウオウニンジャは「65」。75＋74＋65＝「214」で、このレースはパターン4に判定されます。

パターン1～3なら勝負度合いを上げていきたいところですが、波乱度は平均レベルのパターン4なので、通常モードで勝負するのがオススメです。

このレースの極ウマＡＩ予想のシルシは次の通り。

◎⑤ワンダーウィルク
○⑨ファンジオ
▲④ホウオウニンジャ
☆③ダノンマジック（単複馬＝軸）
△⑥ワンダフルヘヴン
△⑦ディーエスボンバー
△⑬フェズカズマ
△②サフランブライト

よって、買い目は次のようになります。

［買い目］
馬連流し　③→②④⑤⑥⑦⑨⑬（7点）

結果は軸馬③ダノンマジックが1着、相手馬⑨ファンジオが2着で、馬連2000円がすんなり的中します。

いかがでしょう？

予想のベースは新テクニカル6としながらも、コンピの周辺にあ

12	前日	B	◎5 ○9 ▲4 ☆3 △6 △7 △13 △2						単複馬3
			5-9	4-5	4-9	3-5			
			3連複	1頭流し		3>7,9,5,4,13,6,1			21通り
			3連単	1着流し		3>7,9,5,4,13,6			30通り
	直前	C	◎5 ○9 ▲4 ☆3 △6 △13 △7 △2						単複馬3
			5-9	4-5	4-9	3-5			
			3連複	BOX		3 7 5 4 13 9			20通り
			3連単	BOX		3 7 5 4			24通り

2023年4月15日・福島12Rの極ウマAI予想。

る情報も幅広い視野でとらえ、条件が合えばコラボ作戦で勝負するのも悪くはない選択肢だと思います。

『極ウマ・プレミアム』のユーザー（およびこれから利用しようと思っている方）は、ぜひ極ウマＡＩ予想にも目を向けてみてください。

福島 12

4歳上1勝クラス（混合・定量）

発走＝16時00分

ダート1700メートル

好走枠 中枠　脚質 逃げ

レコード＝1・43・1 19年ビルジキール

平均ペース　上位伯仲

枠番・馬番	白1 1	黒2 2	赤3 3	赤3 4	青4 5	青4 6	5 7
父	ホッコータルマエ	エイシンアポロン	ダノンレジェンド	ドゥラメンテ	ザファクター	ハードスパン	キンシャサノキセキ
馬名 性齢	㊞キュールエライジン 牡5	㊞サフランブライト 牡4	ダノンマジック 牡4	ホウオウニンジャ 牡4	ワンダーウィルク 牡4	㊇ワンダフルヘヴン 牝4	ディーエスボンバー 牡5
母（母の勝利・生産国） 母父	キュールエアリス(0勝) ウォーエンブレム	サフランパートナー(0勝) アドマイヤボス	ダノンボンジュール(0勝) シャマーダル	ウォッチハー(輸入) ムタクディム	ワンダービーナス(1勝) バゴ	クチュールキャット(米) ストームキャット	マロトウショウ(0勝) ワイルドラッシュ
人気指数	8	14	34	56	72	40	14
木南	◎	…	△	▲	☆	△	…
マイク	…	△	△	☆	◎	○	△
舟元	…	△	△	◎	☆	▲	…
桑原	△	○	…	…	☆	◎	…
松田	…	…	△	☆	▲	△	…
井上	49 △ …	51 △ …	57 △ B	65 ◎ 初	75 △ …	58 … …	52 ▲ B
本紙水島	⑨ … B	⑧ △ 替	⑤ ☆ 替	③ ▲ B	① ○ 替	④ △ B	⑦ … 替
重量騎手	58富田	56△小林凌	55▲佐々木	58丹内	57☆小沢	56亀田	58菱田
騎手相性	0001	0001	0000	0002	0000	0008	1115
厩舎	栗中尾	美小西	美[illegible]博	美大竹	栗今野	美久保田	栗岡田
生月日毛色賞金	3.15青鹿270	3.27鹿60	4.12[illegible]400	1.23黒鹿400	3.16芦400	1.29青鹿400	3.27黒鹿400
馬主	岡本良三	海原聖一	ダノ[illegible]ス	小笹芳央	山本能成	レッドマジック	秋谷寿之
生産者	木下牧場	林農場	白井牧場	ノーザンF	城地牧場	アメリカ	桑田牧場
1600ダ 1700ダ 1800ダ 持時計	函1.25.5 小稍1.45.8 名不1.53.2	函1.30.7 小稍1.51.6 阪重1.54.9	東重1.38.2 小重1.45.5	中稍1.55.2	東良1.40.6 小稍1.51.2 名良1.53.5	函1.28.4 函重1.45.4 名不1.51.7	函1.26.4 福重1.45.7 阪不1.54.2
千八ダ 千七ダ 千六ダ 重 成績	0000 0001 1101 3302	0000 0000 0000 3101	0100 0000 0000 0333	1000 0000 0000 5001	0000 1011 0000 2100	0100 0102 0000 5402	0100 0200 1201 31203
前走	3福11.5 13 ①1勝クラス 3歳上坂52.6 ダ1.48.0 56松本13人 15ト7ﾗ 514 M③39.5 9 8 9 28 ジュリエット(B)	地方戦績 佐賀 中央 2 0 2 0 1 0 2 4 3カ月休	1函6.19 6 ④1勝クラス 3歳上 連闘 ダ1.46.6 54菱田5人 12ト5ﾗ 442 M⑩38.3 1 1 1 06 4休キュール(B)	5中12.10 11 ③1勝クラス 3歳上B37.4 ダ1.56.1 56[illegible]6人 13ト4ﾗ 542 M⑤39.9 5 7 8 20 プリンスミノ	5名10.2 2 ⑨1勝クラス 3歳上C37.1 ダ1.53.5 55和田竜12人 16ト4ﾗ 498 H①38.8 6 6 6 03 ワンダーブレ	1小2.5 11 ⑧1勝クラス 4歳上B41.2 ダ2.37.6 55西村淳7人 12ト8ﾗ 482 S⑦40.2 3 4 3 22 ケリーズノベ(B)	2札9.4 12 ⑧1勝クラス 3歳上C39.0 ダ1.49.1 57古川吉10人 14ト8ﾗ 494 M⑦40.0 6 8 9 23 4休テーオー
2走前	5阪11.20 11 ⑥1勝クラス 3歳上坂52.7 ダ1.57.2 57藤岡佑12人 12ト10ﾗ 514 M⑥40.1 11 11 9 36 4休ゼウスバ(B)	2中3.5 13 ④1勝クラス 4歳上坂53.1 ダ1.56.3 56小林凌16人 16ト4ﾗ 522 M③38.8 7 7 6 07 メイプルエク	4東10.22 10 ⑥1勝クラス 3歳上B38.4 ダ1.40.1 55石川7人 13ト11ﾗ 440 H⑤38.8 5 4 19 3休サイモン(B)	6名12.17 6 ⑤1勝クラス 3歳上 連闘 ダ1.55.9 56西村淳7人 11ト3ﾗ 542 S②38.3 3 5 3 08 3休ハイラブ	4阪10.22 4 ⑥1勝クラス 3歳上B37.5 ダ1.53.8 55和田竜3人 9ト4ﾗ 502 M⑤38.1 6 7 9 09 ケイアイシェ	2小2.26 5 ⑥1勝クラス 4歳上C41.2 ダ1.46.1 55亀田13人 16ト9ﾗ 484 M③38.3 3 2 2 06 エルバリオ(B)	1名1.9 14 ④1勝クラス 4歳上坂53.4 ダ1.26.7 58菱田15人 16ト12ﾗ 510 H⑯39.0 11 11 15 タガノトラン(B)
3走前	2名3.18 9 ③1勝クラス 4歳上坂51.4 ダ1.25.5 58富田13人 16ト7ﾗ 534 H⑬36.8 13 13 19 ダンディジャ(B)	2阪3.25 6 ①1勝クラス 4歳上坂52.4 ダ1.54.9 58石川7人 9ト10ﾗ 514 M⑧39.2 1 1 1 09 シュガーコル	2小2.12 10 ②1勝クラス 4歳上C37.1 ダ1.45.5 57団野8人 14ト1ﾗ 444 M⑦38.7 5 4 4 10 ミキノプリン(B)	3中4.2 5 ④1勝クラス 4歳上B37.0 ダ1.55.3 58丹内4人 13ト8ﾗ 544 M①39.7 3 3 3 11 ミルニュイ	1名1.5 11 ①1勝クラス 4歳上B35.7 ダ1.56.4 57松山1人 12ト1ﾗ 504 M⑧39.2 6 8 9 14 3休0001	2名3.25 5 ⑤1勝クラス 4歳上B38.9 ダ1.51.7 56亀田7人 10ト4ﾗ 488 S④37.5 1 2 2 13 ハギノロック(B)	1小1.22 7 ④1勝クラス 4歳上坂56.9 ダ1.46.5 58古川吉11人 16ト11ﾗ 502 S⑤37.8 2 2 2 08 3休0001(B)
全芝 左回りダ 右回りダ 福島ダ 全成績	00000 00101 01102 02618	00000 00000 00000 21306	00111 00000 00000 05409	00101 00000 00000 21508	00101 02103 00101 02204	00101 00202 00000 076213	00101 00202 00313 2414220
連対体重	516—541	500—526	442	536	492—498	486—490	472—500
単予想オッズ	31.9	23.5	10.1	4.8	3.5	7.6	24.3
今回調教 6F 5F 3F 1F	4F52.8 — 栗坂38.3 杯 25.2 追 12.9C	4F56.5 馬 美坂40.7 な 26.4 り 13.1C	— 強 美W68.4 38.2 め 11.6C	4F55.6 強 美坂40.1 26.2 め 12.6C	— 馬 栗B — な 38.4 り 11.8C	84.7 馬 美W68.5 な 38.9 り 11.9C	— — 栗P68.2 杯 38.1 追 12.1C

賞金 1着 800万円 2着 320万円 3着 200万円 4着 120万円 5着 80万円

本紙予想

馬連 5—9 4—9 3—9 2—9 6—9 9—13

3連単 9 ▼ 2 3 4 5 6 13 ▼ 2 3 4 5 6 13

単③ 1090 円　複③ 350 円　⑨ 160 円　⑩ 820 円

馬連③—⑨ 2000 円　馬単③→⑨ 4620 円

3連複③⑨⑩ 24750 円　3連単③→⑨→⑩ 131270 円

●2023年４月15日・福島12Ｒ（４歳上１章クラス、ダ1700ｍ）

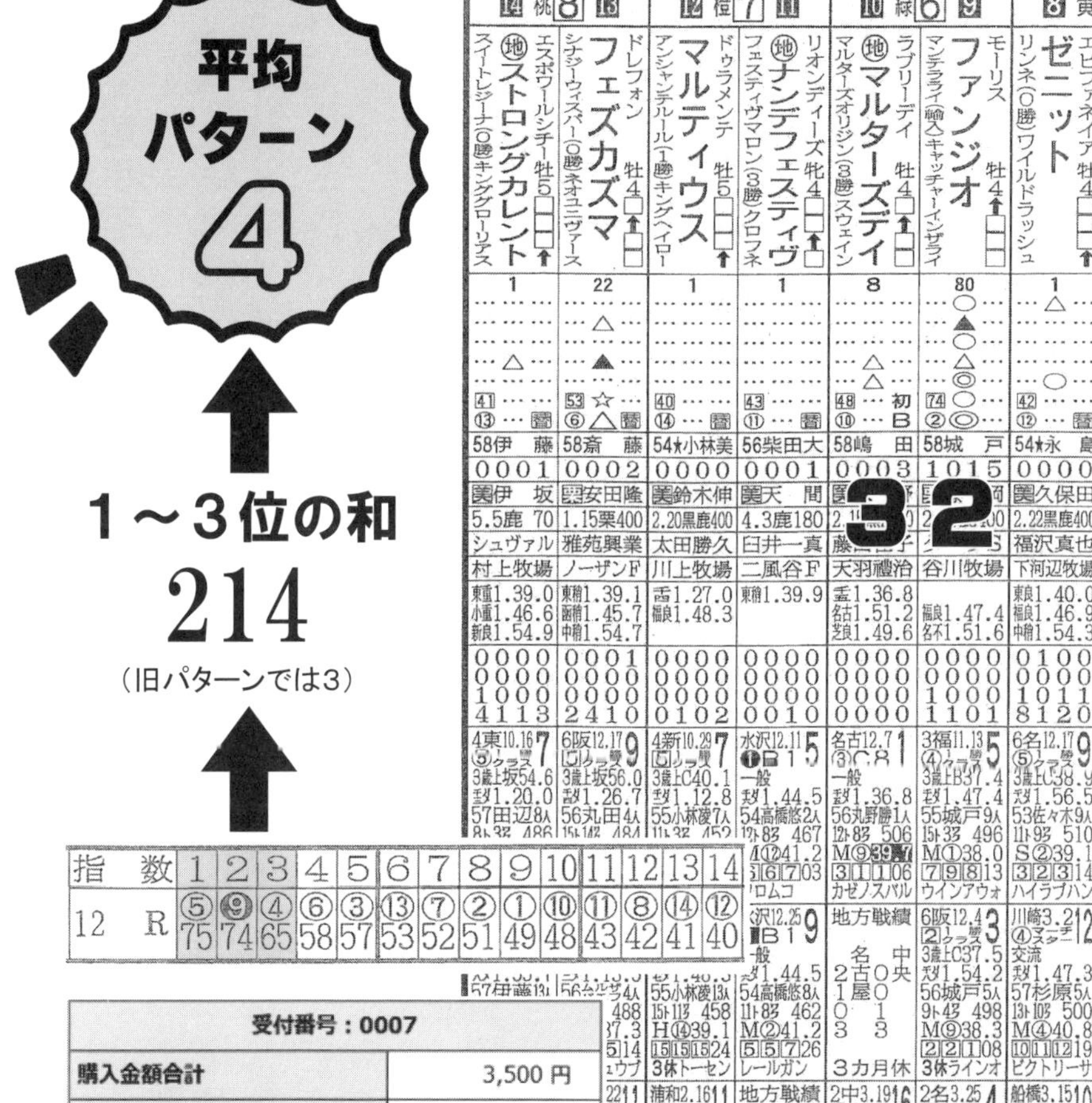

指数	1	2	3	4	5	6	7	8	9	10	11	12	13	14
12R	⑤75	⑨74	④65	⑥58	③57	⑬53	⑦52	②51	①49	⑩48	⑪43	⑧42	⑭41	⑫40

受付番号：0007	
購入金額合計	3,500円
払戻／返還金額合計	10,000円

通番	場名	曜日	レース	式別	馬／組番	購入金額	的中／返還	払戻単価	払戻／返還金額
001	福島	土	12R	馬連	02−03	500円	−	−	0円
002	福島	土	12R	馬連	03−04	500円	−	−	0円
003	福島	土	12R	馬連	03−05	500円	−	−	0円
004	福島	土	12R	馬連	03−06	500円	−	−	0円
005	福島	土	12R	馬連	03−07	500円	−	−	0円
006	福島	土	12R	馬連	03−09	500円	03−09	2,000円	10,000円
007	福島	土	12R	馬連	03−13	500円	−	−	0円

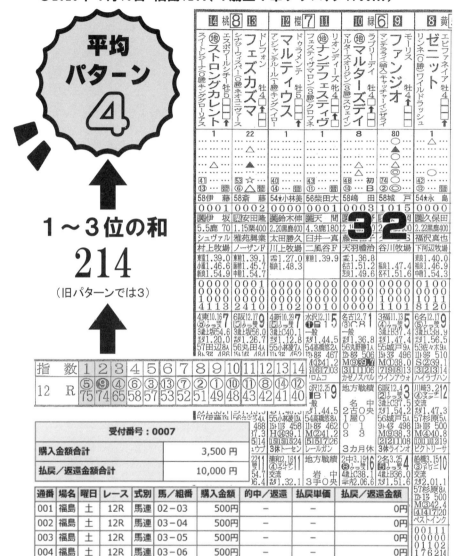

馬連③−⑨
2000円

1着③ダノンマジック　（コンピ5位、5番人気）＝単複馬
2着⑨ファンジオ　（コンピ2位、1番人気）
3着⑩マルターズデイ（コンピ 10 位、11 番人気）

「コンピ×騎手」も見逃せない！

私の理論とのコラボ作戦はもうひとつあります。２０２０年10月の『極ウマ・プレミアム』のリニューアル時にコンテンツとして新たに加わった、「コンピ×騎手」を活用した作戦です。

日刊スポーツでは、この「コンピ×騎手」を次のように説明しています。

安心と信頼の日刊コンピ指数をベースに、日刊スポーツ独自のアルゴリズムで判定した騎手成績を掛け合わせた予想ツールが満を持してデビューしました。コンピに騎乗する騎手の相性等を加味して軸、相手、穴を判定する新しいスタイルです。ぜひお試しください。

※騎手のコンピ指数を算出して優劣をつけるものではありません。

コンピ同様にアルゴリズムは公開されていませんが、結論として騎手がレースごとに、ＳＳ軸、Ｓ軸、Ａ相手、Ｂ相手、穴☆の５段階で評価されます。

それぞれの成績はとくに際立ってはいないのですが、ＳＳ軸とＳ軸に関しては、新テクニカル６と掛け合わせることによって、強力な狙い目になるか否かを判定することが可能。次のいずれかの条件に該当する馬の評価を、ワンランク上げて勝負するようにしましょう。

［条件③］

・テクニカル6のパターン5～6のレース
・コンピ1位
・「コンピ×騎手」の評価がSS軸もしくはS軸

［条件④］
・テクニカル6のパターン1～2のレース
・コンピ4～7位
・「コンピ×騎手」の評価がSS軸もしくはS軸

いずれも通常の「パターン5～6×コンピ1位」「パターン1～2×コンピ4～7位」より、高い好走率と回収値を記録しています。

該当例として、以下の4レースの馬柱、極ウマ・プレミアムでの画像、コンピ表等を掲載しますので、参考にしていただけたらと思います。

［条件③］
●2023年4月23日・福島1R
テクニカル6＝パターン5

表10●条件③に該当する馬の成績

着別度数	勝率	連対率	複勝率	単回値	複回値
22- 13- 4- 6/ 45	48.9%	77.8%	86.7%	98	107

表11●条件④に該当する馬の成績

着別度数	勝率	連対率	複勝率	単回値	複回値
10-13-10-52/85	11.8%	27.1%	38.8%	82	103

⑯キイロノトマト　1着
コンピ1位76　永島まなみ★S軸
単勝270円　馬連4620円
※馬柱等はP168〜169

●2023年5月20日・京都11R平安S
テクニカル6＝パターン5
②グロリアムンディ　1着
コンピ1位84　川田将雅★S軸
単勝280円　馬連490円
※馬柱等はP170〜171

［条件④］
●2023年4月29日・新潟10R胎内川特別
テクニカル6＝パターン1
⑩グランスラムアスク　1着
コンピ4位58　古川奈穂★SS軸
単勝690円　馬連4200円

※馬柱等はP172～173

●2023年5月14日・新潟1R
テクニカル6＝パターン2
⑫コスモスプモーニ　1着
コンピ6位56　松本大輝★SS軸
単勝520円　馬連960円
※馬柱等はP174～175

このように、新テクニカル6の狙い目に対して、『極ウマ・プレミアム』の「コンピ×騎手」をクロスさせることによって、さらに精度の高い予想が実現できるのです。

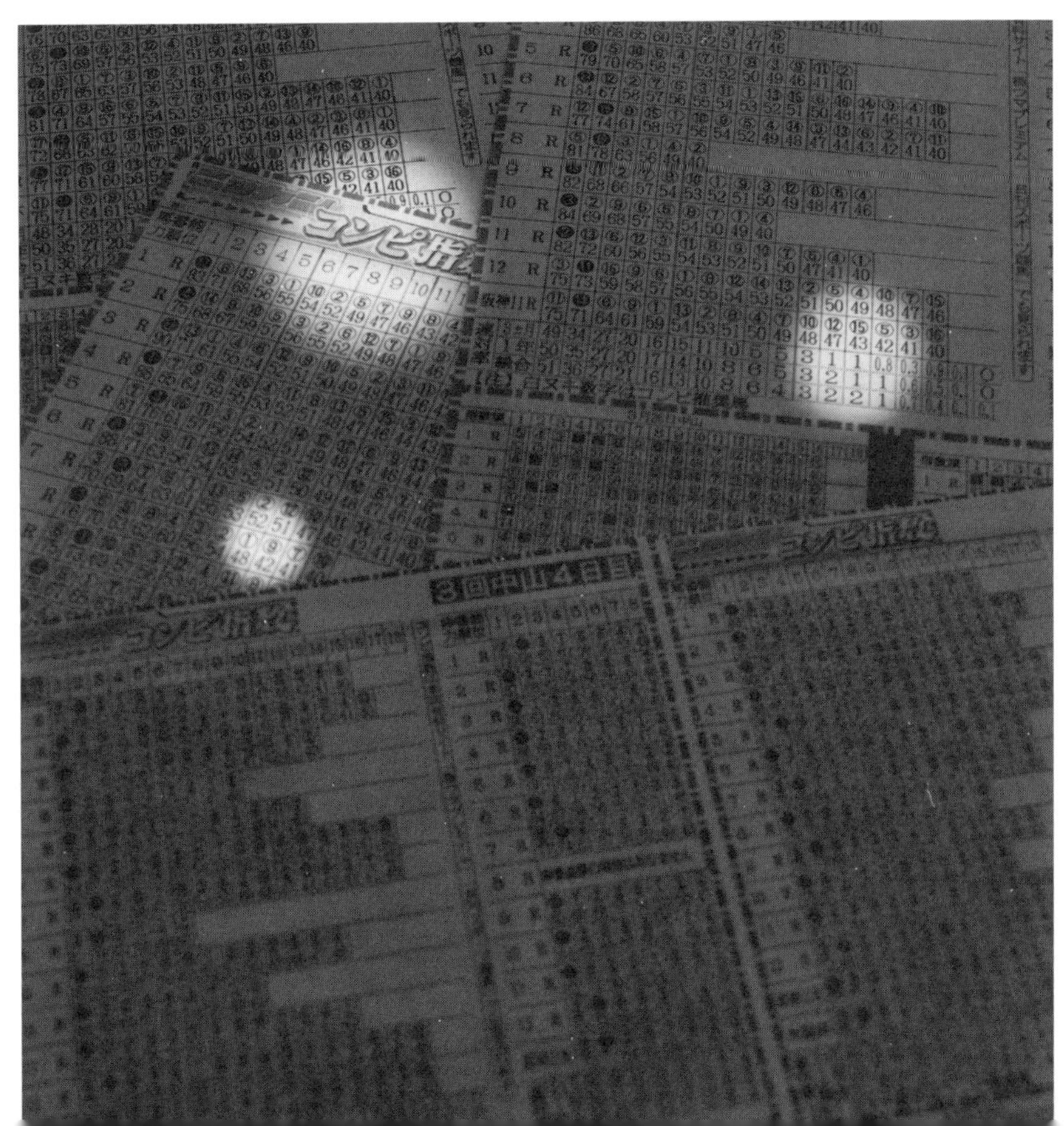

福島 1 3歳未勝利

発走＝9時50分　ダート1150メートル　好走枠 中枠　脚質 逃げ　レコード＝1・06・1 20年ダンシングプリンス　平均ペース 順当

枠	馬番	馬名	性齢	父	母（母の勝利）	母父	人気指数	木南／マイク／本紙水島	重量騎手	厩舎	生月日毛色賞金	馬主	生産者	1150ダ持	千一五ダ	前々走	前走	ダ左右福全重回回島成成りり績ダタダ績	単予想オッズ	調教（6F 5F 3F 1F）	短評
1白	1	スマートアリオン	牡3	マインドユアビスケッツ	グランス(2勝)	アグネスタキオン	1	… … … / 44 … … / ⑫ … [illegible]	56高倉	栗吉田	3.22鹿 0	大川徹	本間牧場	毛1.53.9	0000		4小8.20 14 ③新馬 2歳C38.3 ダ1.53.9 54太宰8人 15ト9ダ 480 S⑤43.1 ⑨⑨⑩96 8体ヤマニン	00000 00000 00000 00101	74.6	4F55.2馬 美坂39.3な 24.9り 12.4C	初戦大敗
1白	2	ケレス	牝3	リオンディーズ	プトラナ(0勝)	ノヴェリスト	14	… △ … / 51 △ … / ⑧ △ [illegible]	53☆横山琉	美相沢	3.[illegible]0	[illegible]博	細川農場	壬1.13.1	0000	1東2.4 16 ③未勝利 ダ1.44.7 52横山琉14人	2名3.18 7 ❸未勝利 3歳C40.7 ダ1.13.1 54小崎14人 16ト13ダ 430 M④37.8 ⑪⑪17 アスクエピソ	00000 00000 00000 12003	24.8	86.9馬 美W70.4な 40.5り 12.8C	前残り注
2黒	3	タッカーカムカム	牝3	ドレフォン	ラインキャメロン(1勝)	キングカメハメハ	2	… … … / 46 … … / ⑪ … [illegible]	51▲佐藤	美鈴木伸	3.14鹿 0	小松崎孝	高橋修	福良1.11.8	0001	1中1.5 9 ①未勝利 ダ1.14.2 52山田14人	川崎3.1 6 ③アクアマリン 牝交流 ダ1.35.4 51西塚8人 12ト7ダ 414 M①42.2 ②④⑤27 ジャスパーテ	00000 00000 00000 01325	58.8	84.3一 美W67.8杯 38.3追 12.0B	相手強い
2黒	4	クラウンレイエス	牡3	ラニ	ナナリー(0勝)	ドワイエン	1	… … … / 41 … … / ⑮ … …	53▲水沼	美西田	3.21芦 0	矢野まり子	クラウン日高牧場		0000		マリノエクスプレス	00000 00000 00000 00000	78.6	4F56.6強 美坂41.1 26.5め 12.9C	初戦は？
3赤	5	アンプレッセシチー	牡3	アジアエクスプレス	トゥービーハッピー(0勝)	バーナーディニ	30	… … … / 56 … B / ⑤ △ [illegible]	54△小林凌	美伊藤圭	4.[illegible]0	[illegible]	グランド牧場	壬1.12.1	0000	2中3.19 5 ⑧未勝利 ダ1.12.1 55永野8人	3中4.2 7 ④未勝利 3歳坂55.7 ダ1.12.9 55永野4人 16ト16ダ 504 H③39.0 ④③10 マーシヴィガ⑧	00000 00000 01001 21607	12.2	4F54.6一 美坂40.3杯 26.6追 13.8C	はまれば
3赤	6	ダノンボンド	牡3	ダノンレジェンド	ダノンボンコ(0勝)	ダノンシャンティ	42	… △ … / 58 ◎ … / ④ ☆ …	56亀田	栗高柳大	2.14青鹿0	ダノックス	稲葉牧場		0000		初子 近親 ダノンハイパワー	00000 00000 00000 00000	7.5	82.3馬 栗C67.4な 37.8り 11.5B	いきなり
4青	7	ジャズピアニスト	牝3	レッドファルクス	サトノサクラ(0勝)	シンボリクリスエス	2	… … … / 47 … … / ⑩ … …	51▲鷲頭	栗坂口	5.15芦 0	小菅誠	千代田牧場	福良1.12.1	0001	3福11.12 15 ③牝未勝 芝1.12.1 54国分優13人	1阪3.5 13 ⑧未勝利 3歳C39.0 ダ1.15.7 51鷲頭15人 16ト6ダ 464 M①39.5 ⑤⑤18 アスクダイア	00000 00000 00000 00213	60.4	79.5末 栗P62.8強 36.2め 12.0C	近走不満
4青	8	マキバシラ	牝3	ベストウォーリア	ネイルドイット(0勝)	ワークフォース	4	… … … / 48 … … / ⑨ … [illegible]	52◇藤田	美浅野	4.25青鹿0	植村仁	エムエムヤマダ	壬1.13.3	0000	1東1.28 13 ①牝未勝 ダ1.30.1 54大野8人	2中3.18 11 ❼未勝利 3歳坂52.8 ダ1.13.3 54大野10人 16ト9ダ 464 H⑮38.1 ⑭⑭13 カサブランカ	00000 00000 00000 11203	46.2	4F56.4馬 美坂41.4な 27.4り 13.5C	前崩れで
5	9	グレイシャスオーラ	牝3	マジェスティックウォリアー	エレガンテココ(1勝)	ブラックホーク	1	… … … / 43 △ … / ⑬ … …	50★古川奈	栗吉田	4.9 栗 0	岡田牧雄	岡田S	壬1.14.4	0000	6阪12.17 10 ⑤牝未勝 ダ1.16.0 54荻野琢14人	1阪3.5 ⑧未勝利 3歳C39.4 ダ 中止 50古川奈13人 16ト9ダ 440 M① S直後落馬 アスクダイア	00000 00000 00000 02507	76.1	85.3一 栗C69.6杯 37.6追 12.0C	買えない

単⑯ 270 円　複⑯ 140 円　② 540 円　⑤ 270 円

馬連②—⑯ 4620 円　馬単⑯→② 6890 円

3連複②⑤⑯ 9530 円　3連単⑯→②→⑤ 55140 円

枠	馬番	馬名	指数	順位	印	騎手	着順
6	12	マジックアワー	53	6位		小林美	
7	13	サツキフラッシュ	52	7位	B相手	丹内	4着
7	14	ホットシップ	42	14位		山田	
8	15	モノノフイエロー	67	3位		伊藤	
8	16	キイロノトマト	76	1位	★S軸	永島	1着

●2023年４月23日・福島１Ｒ(３歳未勝利、ダ1150m)

１～３位の和

218

(旧パターンでは4)

	16 桃8	15	14 橙7	13	12 緑6	11	10 黄
父	インカンテーション	ニシケンモノノフ	ルーラーシップ	リアルインパクト	ロージズインメイ	ダンカーク	デクラレーションオブウォー
馬名	キイロノトマト 牝3	モノノフィエロー 牡3	ホットシップ 牝3	サツキフラッシュ 牝3	マジックアワー 牡3	アンジェラヴ 牝3	デトネイター 牝3
母（母父）	カゼニモマケズ(1勝) パイロ	キョウワハピネス(3勝) オース	モントボーゲン(1勝) ゼンノロブロイ	スパークルレディー(0勝) フォーティナイナー	リクエストアワー(0勝) ネオユニヴァース	アンジュラミエル(0勝) カネヒキリ	ハルワカ(未登録) ワカオライデン
指数	82	66	1	14	20	1	74
騎手	50★永島	56伊藤	54山田	54丹内	52★小林美	51▲小林勝	51▲佐々木
厩舎	美石栗	美伊坂	美浅野	美新開	美岩戸	美佐々木	美中舘
生年月日	5.[illegible]栗0	5.28鹿0	2.23黒鹿0	3.26青鹿0	3.29栗0	2.12栗0	4.10鹿0
馬主	江川伸夫	ウエストフォレスト	TURH	小野博郷	田頭勇貴	ヒダカBU	中村祐子
生産者	清水S	佐藤静子	大道牧場	カケハムポニーC	浜本牧場	日進牧場	三村卓也
持ち時計	壬1.12.1	壬1.12.3		壬1.13.2	壬1.13.6		稍良1.10.8
成績	0000	0000	0000	0000	0000	0000	0001
前々走	2中3.18 ⑦未勝利 3着 壬ダ1.12.1 54山田13人	2中3.4 ③未勝利 4着 壬ダ1.13.2 56伊藤7人		5中12.25 ⑧新馬 8着 壬ダ1.14.7 54大野5人	1中1.8 ③未勝利 7着 壬ダ1.13.6 56丹内9人		1東2.4 ③未勝利 6着 壬ダ1.21.9 54菅原明8人
前走	3中4.9 ⑥牝未勝 3着 3歳C39.4 壬ダ1.12.2 54田辺4人 16ト10ト 450 H④38.0 5 5 05 リリージェー	3中4.2 ④未勝利 4着 3歳坂56.8 壬ダ1.12.3 56伊藤7人 16ト11ト 444 H③38.6 2 2 04 マーシヴィガ	ネオボーゲン	2中3.18 ⑦牝未勝 7着 3歳C39.3 壬ダ1.13.2 51石田8人 15ト11ト 442 M①37.8 8 8 14 リトルウイン	2中2.25 ①未勝利 12着 3歳坂54.8 壬ダ1.15.0 56木幡巧6人 16ト5ト 432 II①30.7 8 9 32 カイザーブリ	初子 近親 ドレッドノート	3中4.1 ③牝未勝 3着 3歳坂55.6 壬ダ1.11.9 51佐々木7人 16ト4ト 470 H①38.1 2 2 08 ニシノトレン⑬
調教	美W68.2強 39.0め 12.1C	美W69.5な 38.7り 12.2C	美W68.1強 39.9め 12.6C	美W68.7な 38.7り 11.7C	美W66.3強 31.9末 37.7め 11.6B	4F54.5一 美坂40.1杯 26.1追 12.8C	4F57.5馬 美坂42.6な 28.2り 14.2C
短評	決めたい	好勝負だ	静観妥当	そろそろ	行ければ	どこまで	ここ狙い

指数	1	2	3	4	5	6	7	8	9	10	11	12	13	14	15	16
1R	⑯ 76	⑩ 75	⑮ 67	⑥ 58	⑤ 56	⑫ 53	⑬ 52	② 51	⑧ 48	⑦ 47	③ 46	① 44	⑨ 43	⑭ 42	④ 41	⑪ 40

1着⑯キイロノトマト　（コンピ1位、1番人気）

※コンピ1位 76　永島まなみ★S軸

2着②ケレス　（コンピ8位、6番人気）

3着⑤アンプレッセシチー　（コンピ5位、5番人気）

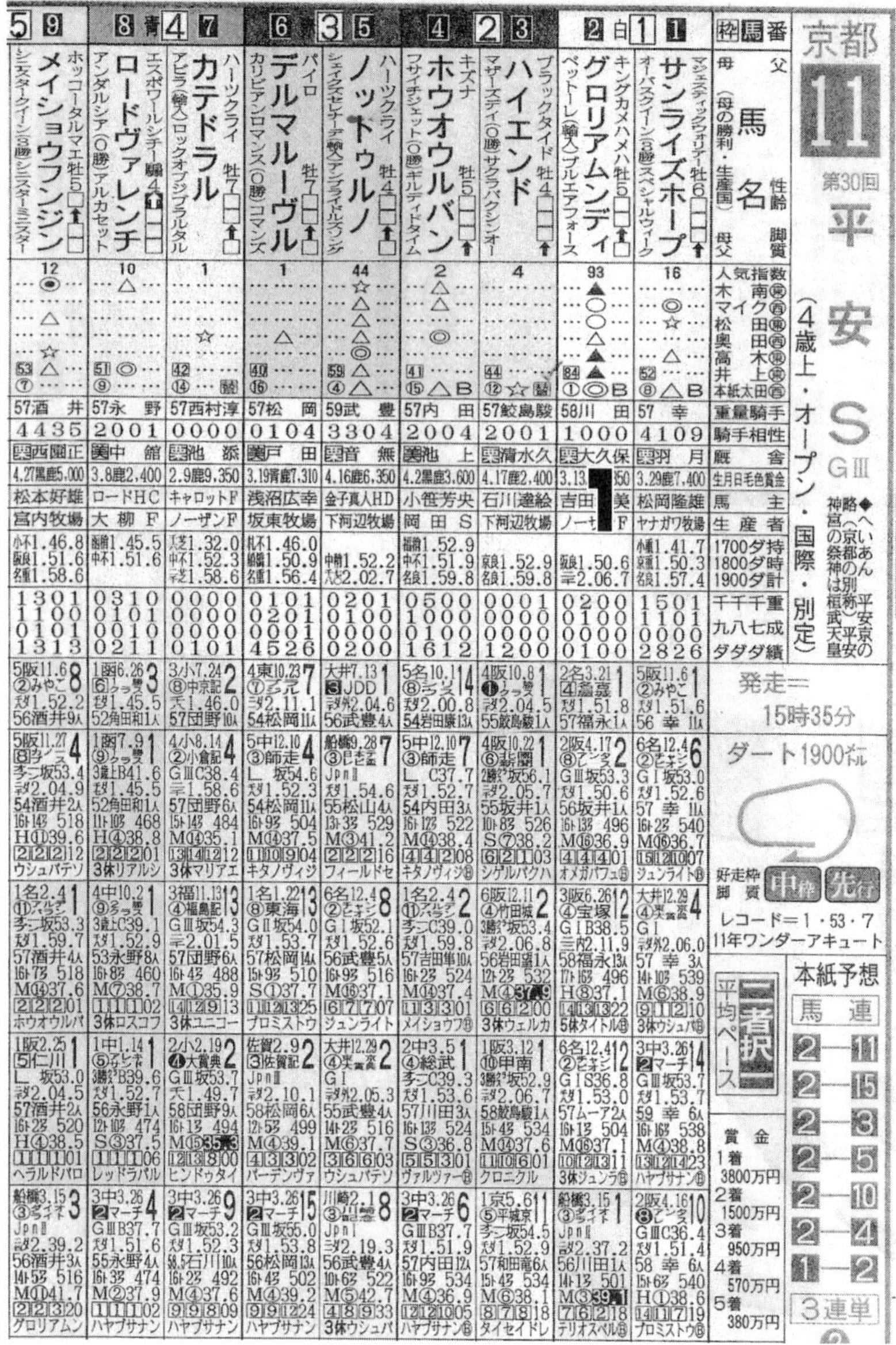

京都 11 第30回 平安S GⅢ（4歳上・オープン・国際・別定）

◆略へいあん（京都の別称）平安京の神宮の祭神は桓武天皇

発走＝15時35分　ダート1900メートル

好走枠 中枠　脚質 先行

レコード＝1・53・7 11年ワンダーアキュート

枠	馬番	馬名	父	母（母の勝利・生産国）	母父	性齢	人気指数	重量騎手	騎手相性	厩舎	生月日毛色賞金	馬主	生産者
1	1	サンライズホープ	マジェスティックウォリアー	オーバスクイーン（3勝）	スペシャルウィーク	牡6	16	57幸	4109	栗羽月	3.29鹿7,400	松岡隆雄	ヤナガワ牧場
1	2	グロリアムンディ	キングカメハメハ	ベットーレ（輸入）	ブルーエアフォース	牡5	93	58川田	1000	栗大久保	3.13 [illegible]	吉田[illegible]美	ノーザンF
2	3	ハイエンド	ブラックタイド	マザーズデイ（0勝）	サクラバクシンオー	牡4	4	57鮫島駿	2001	栗清水久	4.17鹿2,400	石川達絵	下河辺牧場
2	4	ホウオウルバン	キズナ	フサイチジェット（0勝）	ギルデッドタイム	牡5	2	57内田	2004	美池上	4.2鹿3,600	小笹芳央	岡田S
3	5	ノットゥルノ	ハーツクライ	シェイクズセレナーデ（輸入）	アンブライドルズソング	牡4	44	59武豊	3304	栗音無	4.16鹿6,350	金子真人HD	下河辺牧場
3	6	デルマルーヴル	パイロ	カリビアンロマンス（0勝）	コマンズ	牡7	1	57松岡	0104	美戸田	3.19青鹿7,310	浅沼広幸	坂東牧場
4	7	カテドラル	ハーツクライ	アビラ（輸入）	ロックオブジブラルタル	牡7	1	57西村淳	0000	栗池添	2.9鹿9,350	キャロットF	ノーザンF
4	8	ロードヴァレンチ	エスポワールシチー	アンダルシア（0勝）	アルカセット	騸4	10	57永野	2001	美中舘	3.8鹿2,400	ロードHC	大柳F
5	9	メイショウフンジン	ホッコータルマエ	シニスタークイーン（3勝）	シニスターミニスター	牡5	12	57酒井	4435	栗西園正	4.27黒鹿5,000	松本好雄	宮内牧場

馬番	1700ダ持 1800ダ時 1900ダ計	千千千重 九八七成 ダダダ績
1	小稍1.41.7 京重1.50.3 名良1.57.4	1501 1101 0000 2826
2	阪良1.50.6 京稍2.06.7	0200 0100 0000 0100
3	京良1.52.9 名良1.59.8	0001 0000 0000 1200
4	福稍1.52.9 中不1.51.9 名良1.59.8	0500 1000 0100 1612
5	中稍1.52.2 大良2.02.7	0201 0100 0000 0200
6	札不1.46.0 函稍1.50.9 名良1.56.4	0101 0201 0001 4526
7	東良1.32.0 中不1.52.3 東良1.58.6	0000 0000 0000 0101
8	函稍1.45.5 中不1.51.6	0310 0101 0010 0211
9	小不1.46.8 阪良1.51.6 名良1.58.6	1301 1100 0101 1313

馬番	近走1	近走2	近走3	近走4	近走5
1	5阪11.6 ②みやこ 1着 ダ1.51.6 56幸11人	6名12.4 ②チャンピオンズ 6着 GⅠ坂53.0 ダ1.52.6 57幸11人 16ト2ゔ 540 M⑯36.7 ⑮⑫⑩07 ジュンライト	大井12.29 ④東京大賞典 4着 GⅠ ダ外2.06.0 57幸3人 13ト10ゔ 539 M⑥38.9 ⑨⑪⑫10 3休ウシュバ	3中3.26 ❷マーチ 14着 GⅢ坂53.7 ダ1.53.7 59幸6人 16ト16ゔ 538 M④38.8 ⑬⑫⑭23 ハヤブサナン	2阪4.16 ⑧アンタレス 10着 GⅢC36.4 ダ1.51.4 58幸6人 16ト6ゔ 540 H①38.6 ⑭⑰⑰19 プロミストウ
2	2名3.21 ④名鉄 1着 ダ1.51.8 57福永1人	2阪4.17 ⑧アンタレス 2着 GⅢ坂53.3 ダ1.50.6 56坂井1人 16ト13ゔ 496 M⑯36.9 ④④④01 オメガパフュ	3阪6.26 ④宝塚 12着 GⅠB38.5 芝内2.11.9 58福永13人 17ト16ゔ 496 H⑧37.1 ⑭⑬⑬22 5休タイトル	6名12.4 ②チャンピオンズ 12着 GⅠS36.8 ダ1.53.0 57ムーア2人 16ト1ゔ 504 M⑫37.1 ⑩⑫⑬11 3休ジュンラ	船橋3.15 ③ダイオライト 1着 JpnⅡ ダ2.37.2 56川田1人 14ト1ゔ 501 M③39.1 ⑦⑥②8 テリオスベル
3	4阪10.8 ❶ 1着 ダ2.04.5 55鮫島駿1人	4阪10.22 ⑥ 1着 2勝坂56.1 ダ2.05.7 55坂井1人 10ト8ゔ 526 S⑦38.2 ⑥②①03 シゲルパクハ	6阪12.11 ④竹田城 2着 3勝坂53.4 ダ2.06.8 56岩田望1人 12ト2ゔ 532 M④37.9 ⑥⑥②00 3休ウェルカ	1阪3.12 ⑩甲南 1着 3勝坂52.9 ダ2.06.7 58鮫島駿1人 15ト4ゔ 534 M⑪37.6 ⑪⑩⑥01 クロニクル	1京5.6 ⑤平城京 11着 李ニ坂54.5 ダ1.52.9 57和田竜6人 15ト4ゔ 534 M⑥38.1 ⑧⑦⑧18 タイセイドレ
4	5名10.1 ⑧ 14着 ダ2.00.8 54岩田康13人	5中12.10 ③師走 7着 L C37.7 ダ1.52.7 54内田3人 16ト1ゔ 522 M⑭38.4 ④④②08 キタノヴィジ	1名2.4 ⑪アルデバラン 2着 李ニC39.0 ダ1.59.8 57吉田隼10人 16ト2ゔ 524 M⑭37.4 ⑪③③01 メイショウフ	2中3.5 ④総武 1着 李ニC39.3 ダ1.53.6 57川田3人 15ト1ゔ 524 S③36.8 ⑤⑤③01 ヴァルツァー	3中3.26 ❷マーチ 6着 GⅢB37.7 ダ1.51.9 57内田12人 16ト9ゔ 534 M③36.9 ⑫⑫⑩05 ハヤブサナン
5	大井7.13 ❸JDD 1着 ダ外2.04.6 56武豊4人	船橋9.28 ③日本テレビ盃 7着 JpnⅡ ダ1.54.6 55松山4人 13ト3ゔ 529 M③41.2 ②②②16 フィールドセ	6名12.4 ②チャンピオンズ 8着 GⅠ坂52.1 ダ1.52.6 56武豊5人 16ト9ゔ 516 M⑯37.1 ⑥⑦⑦07 ジュンライト	大井12.29 ④東京大賞典 2着 GⅠ ダ外2.05.3 55武豊4人 12ト4ゔ 516 M⑥37.7 ③⑥⑥03 ウシュバテソ	川崎2.1 ③川崎記念 8着 JpnⅠ ダ2.19.3 56武豊4人 10ト6ゔ 522 M⑤42.7 ④⑧⑨33 3休ウシュバ
6	4東10.23 ⑦ 7着 ダ2.11.1 54松岡11人	5中12.10 ③師走 4着 L 坂54.6 ダ1.52.3 54松岡11人 16ト9ゔ 504 M⑭37.5 ⑪⑩⑨04 キタノヴィジ	1名1.22 ⑧東海S 13着 GⅡ坂54.0 ダ1.53.7 57松岡14人 16ト9ゔ 510 S①37.7 ⑪⑫⑬25 プロミストウ	佐賀2.9 ③佐賀記念 2着 JpnⅢ ダ2.10.1 58松岡6人 12ト5ゔ 499 M④39.1 ④③③02 バーデンヴァ	3中3.26 ❷マーチ 15着 GⅢ坂55.0 ダ1.53.8 56松岡13人 16ト4ゔ 502 M④39.2 ⑨⑨⑫24 ハヤブサナン
7	3小7.24 ⑧中京記念 2着 芝1.46.0 57団野10人	4小8.14 ②小倉記念 4着 GⅢC38.4 芝1.58.6 57団野6人 15ト14ゔ 484 M④35.1 ⑬⑭⑫12 3休マリアエ	3福11.13 ④福島記念 13着 GⅢ坂54.3 芝2.01.5 57団野6人 16ト4ゔ 488 M①35.9 ⑭⑫⑨13 3休ユニコー	2小2.19 ❹小倉大賞典 2着 GⅢ坂53.7 芝1.49.7 58団野9人 16ト13ゔ 494 M⑮35.3 ⑫⑬⑧00 ヒンドゥタイ	3中3.26 ❷マーチ 9着 GⅢ坂53.2 ダ1.52.3 58.5石川10人 16ト2ゔ 492 M④37.6 ⑨⑨⑧09 ハヤブサナン
8	1函6.26 ⑥ 3着 ダ1.45.5 52角田和1人	1函7.9 ⑨ 1着 3勝 L B41.6 ダ1.45.5 52角田和1人 11ト10ゔ 468 H④38.8 ②②②01 3休リアルシ	4中10.2 ⑨ 1着 3勝C39.1 ダ1.52.9 53永野8人 16ト8ゔ 460 M⑦38.7 ①①①02 3休ロスコフ	1中1.14 ⑤ 4着 3勝B39.6 ダ1.52.7 56永野1人 16ト13ゔ 474 S③37.5 ①①①06 レッドラパル	3中3.26 ❷マーチ 4着 GⅢB37.7 ダ1.51.6 55永野4人 16ト3ゔ 474 M②37.9 ①①①02 ハヤブサナン
9	5阪11.6 ②みやこ 8着 ダ1.52.2 56酒井9人	5阪11.27 ⑧ 4着 李ニ坂53.4 ダ2.04.9 54酒井2人 16ト14ゔ 518 H①39.6 ②②②12 ウシュバテソ	1名2.4 ⑪アルデバラン 1着 李ニ坂53.3 ダ1.59.7 57酒井4人 16ト7ゔ 518 M⑭37.6 ②②②01 ホウオウルバ	1阪2.25 ⑤仁川 1着 L 坂53.0 ダ2.04.5 57酒井2人 16ト2ゔ 520 H④38.5 ①①①01 ヘラルドバロ	船橋3.15 ③ダイオライト 3着 JpnⅡ ダ2.39.2 56酒井3人 14ト5ゔ 516 M①41.7 ②②③20 グロリアムン

一考択　平均ペース

本紙予想　馬連　2—11　2—15　2—3　2—5　2—10　2—4　1—2　3連単

賞金　1着 3800万円　2着 1500万円　3着 950万円　4着 570万円　5着 380万円

単② 280円　複② 130円　⑪ 120円　⑮ 170円

馬連②—⑪ 490円　馬単②→⑪ 850円

3連複②⑪⑮ 940円　3連単②→⑯→⑤ 3030円

●2023年５月20日・京都11Ｒ平安Ｓ（ＧⅢ、ダ1900ｍ）

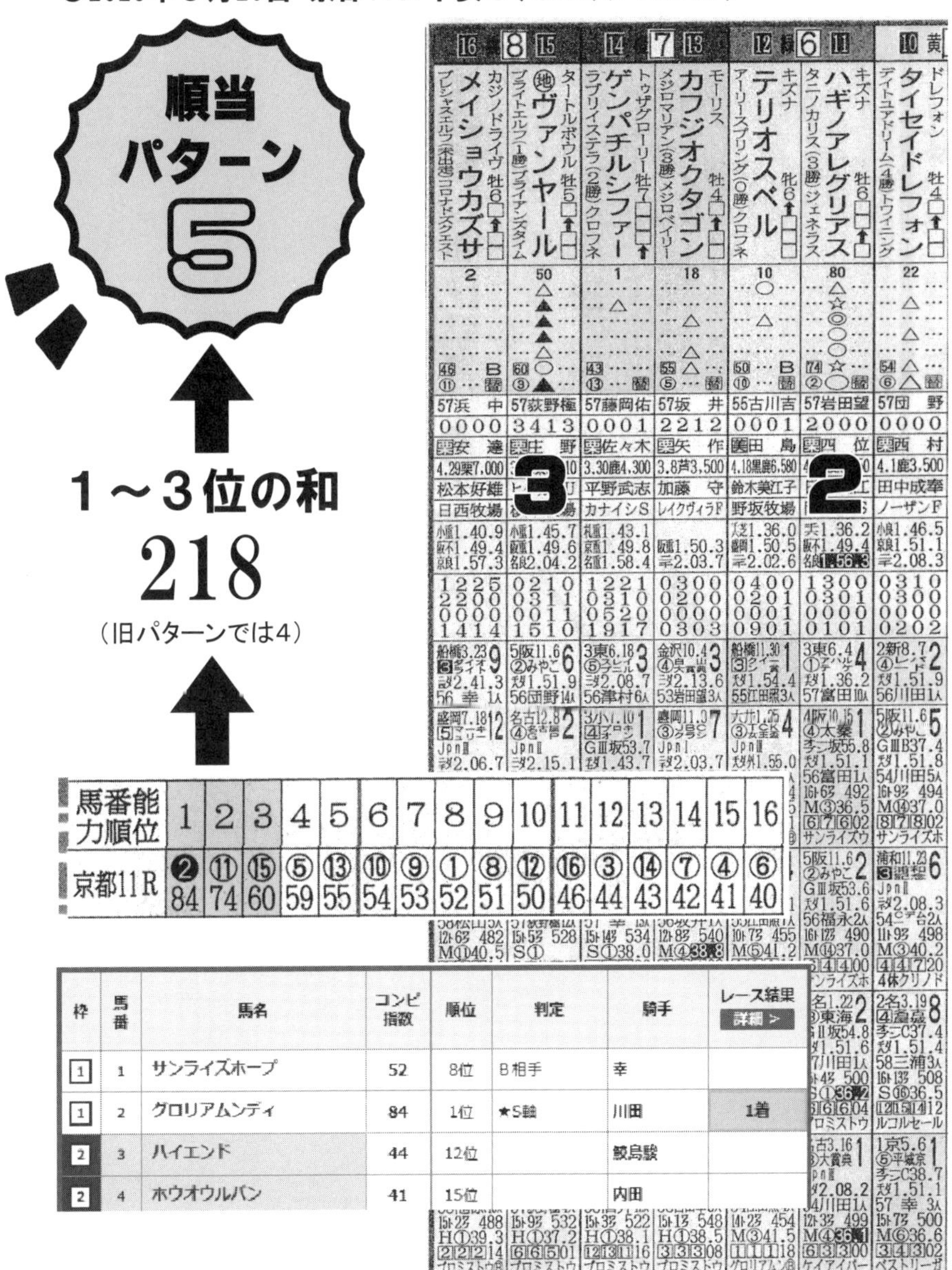

枠	馬番	馬名	父	母（母の父）	性齢	騎手	厩舎
8	16	メイショウカズサ	カジノドライヴ	プレシャスエルフ（コロナドズクエスト）	牡6	57浜中	栗安達
8	15	㊞ヴァンヤール	タートルボウル	ブライトエルフ（ブライアンズタイム）	牡5	57荻野極	栗庄野
7	14	ゲンパチルシファー	トゥザグローリー	ラブリイステラ（クロフネ）	牡7	57藤岡佑	栗佐々木
7	13	カフジオクタゴン	モーリス	メジロマリアン（メジロベイリー）	牡4	57坂井	栗矢作
6	12	テリオスベル	キズナ	アーリースプリング（クロフネ）	牝6	55古川吉	美田島
6	11	ハギノアレグリアス	キズナ	タニノカリス（ジェネラス）	牡6	57岩田望	栗四位
5	10	タイセイドレフォン	ドレフォン	デイトユアドリーム（トワイニング）	牡4	57団野	栗西村

馬番能力順位	1	2	3	4	5	6	7	8	9	10	11	12	13	14	15	16
京都11R	❷	⑪	⑮	⑤	⑬	⑩	⑨	①	⑧	⑫	⑯	③	⑭	⑦	④	⑥
	84	74	60	59	55	54	53	52	51	50	46	44	43	42	41	40

枠	馬番	馬名	コンピ指数	順位	判定	騎手	レース結果 詳細＞
1	1	サンライズホープ	52	8位	B相手	幸	
1	2	グロリアムンディ	84	1位	★S軸	川田	1着
2	3	ハイエンド	44	12位		鮫島駿	
2	4	ホウオウルバン	41	15位		内田	

1着②グロリアムンディ　（コンピ1位、1番人気）
※コンピ1位 84　川田将雅★S軸
2着⑪ハギノアレグリアス（コンピ2位、2番人気）
3着⑮ヴァンヤール　　　（コンピ3位、3番人気）

新潟 **10** **胎内川特別**

（4歳上㊗・2勝クラス・定量）

◆たいないがわ 山地の二王子連峰に源を発する川。全長33キロ

発走＝14時50分

芝・外 1800メートル

好走枠 中枠 脚質 逃げ

レコード＝1・44・1 22年ジュンブロッサム

枠馬番	白 1 1	黒 2 2	赤 3 3	青 4 4	5 5
父	バゴ	エピファネイア	ゴールドシップ	ブラックタイド	ハーツクライ
馬名	パトリックハンサム	アラビアンナイト	スウィートブルーム	セナリスト	シーニックウェイ
性齢	牡4	牝5	牝5	牝5	牝5
母（母の勝利・生産国）	トーコーユズキ（1勝）	デトロイトカフェ（0勝）	コスモバルバラ（4勝）	リアリサトリス（輸入）	オーシャンウェイ（輸入）
母父	ディープインパクト	マンハッタンカフェ	ロージズインメイ	ニューメラス	ストリートクライ
人気指数	26	64	10	28	70
木南	△	○	…	…	△
マイク	▲	△	△	…	☆
舟元	☆	▲	…	…	◎
桑原	○	△	△	◎	▲
松田	○	◎	…	△	▲
井上	57 △	67 ○	50 …	56 ▲	73 ◎
本紙水島	⑤ △	② ○	⑨ …	⑥ △	① ☆
重量騎手	58勝浦	56丸山	56丹内	56柴田大	56菱田
騎手相性	1001	0104	1014	0000	0001
厩舎	美菊沢	美田村	美和田雄	美金成	美林
生月日毛色賞金	4.21青鹿900	4.14青鹿900	4.17鹿900	1.19黒鹿900	3.27鹿900
馬主	宮崎俊也	HRR	ラフィアン	サンデーR	ゴドルフィン
生産者	辻牧場	北田剛	ビッグレッド	ノーザンF	ダーレーJF
持時計 1600	東良1.34.6	東良1.33.6	東良1.34.2	中良1.34.2	阪良1.34.4
持時計 1800	中良1.48.4	東良1.46.5	東良1.46.7	中良1.49.0	新良1.45.2
持時計 2000	中良2.02.5	東良1.59.6	小良1.59.7	東良1.59.2	小良1.58.2
重成績	0200	0021	0101	1100	1101
千六	0100	1100	1102	0000	2100
千八	0010	0120	0300	2000	3200
二千	2110	2561	51111	4211	3311
前走	3福11.13 1 ④1勝クラス 3歳上B38.9 芝1.50.2 55勝浦8人 16ト3ゾ 462 S⑩34.5 15 11 11 01 パーサヴィア	5東11.27 7 ⑧オリエンタル 2勝ダ³B37.0 芝1.59.6 53戸崎5人 14ト2ゾ 444 S⑤33.7 10 8 8 07 スパイダーゴ	1小2.4 13 ⑦別府 2勝ダ³C40.6 芝1.49.2 56丸山7人 14ト11ゾ 436 S⑥35.7 8 6 6 20 ダークエクリ	5中12.10 8 ③牝2勝クラス 3歳上B37.6 芝内2.00.6 55＊＊6人 18ト2ゾ 458 M⑬36.7 2 2 1 06 ブルームスペ	4東10.23 4 ⑦山中湖 牝2勝B37.7 芝2.00.5 55柴田善5人 9ト2ゾ 486 S③33.8 3 3 3 04 ルージュエヴ
2走前	1中1.5 12 ①2勝クラス 4歳上C39.0 芝内2.02.5 57勝浦9人 14ト8ゾ 472 M⑪36.6 10 9 8 23 ローシャムパ	1東2.5 5 ④牝2勝クラス 4歳上B38.1 芝2.00.9 56田辺5人 10ト4ゾ 452 S②33.6 7 8 8 07 ルージュリナ	2小2.26 11 ⑥八代 2勝ダ³C39.5 芝2.02.7 56中井16人 18ト14ゾ 432 S⑱36.7 11 11 10 12 ハーランズハ	1中1.21 16 ⑦初茜 牝2勝B37.4 芝外1.57.3 56＊＊6人 16ト16ゾ 468 M⑨41.9 5 5 7 35 キャリックア	5東11.5 7 ①2勝クラス 3歳上坂54.3 芝2.00.5 55田辺5人 10ト8ゾ 482 S①34.0 3 3 3 10 3休パラレル
3走前	1東2.12 7 ⑥2勝クラス 4歳上C38.5 芝1.34.8 58内田10人 12ト10ゾ 476 S③34.2 7 7 13 エターナルタ	2中3.12 9 ⑥房総 牝2勝B38.2 芝内1.49.1 56田辺6人 14ト14ゾ 452 S②33.9 13 13 13 08 サンカルパ	3中4.16 13 ⑧野島崎 牝2勝C36.7 芝内2.03.5 56野中13人 15ト12ゾ 428 H⑮38.8 6 6 6 29 モカフラワー	2中3.5 9 ④2勝クラス 4歳上C38.3 芝外1.34.2 56武藤9人 15ト12ゾ 466 S⑤35.1 3 2 3 06 ニシノスーベ	1小2.4 5 ⑦別府 2勝ダ³C38.5 芝1.47.7 56藤岡康5人 14ト2ゾ 482 S⑥34.1 6 6 6 05 3休0012
全成績	00202	02002	02012	00202	01112
新潟	00101	03013	00202	00000	02103
右回り	01001	01203	00303	01102	02305
左回り	01405	077314	0611117	10708	03417
連対体重	462—468	426—444	422—444	432—440	472—480
単予想オッズ	13.8	3.8	25.0	11.6	3.4
今回調教 6F	— 馬	— 馬	— —	— 馬	85.0強
5F	美P65.7な	美W65.8な	美P64.0杯	美W71.0な	美W68.2
3F	36.5り	37.3り	37.5追	38.1り	37.9め
1F	11.2C	12.1B	12.3C	11.5C	11.7C
短評	侮れない	末脚強烈	大敗続き	連下なら	堅実駆け

激戦 スローペース

賞金
1着 1550万円
2着 620万円
3着 390万円
4着 230万円
5着 155万円

本紙予想

馬連
2—10
7—10
5—10
1—10
4—10
9—10
10—11

3連単
⑩
▼
①②④⑤⑦⑨⑪
▼
①②④⑤

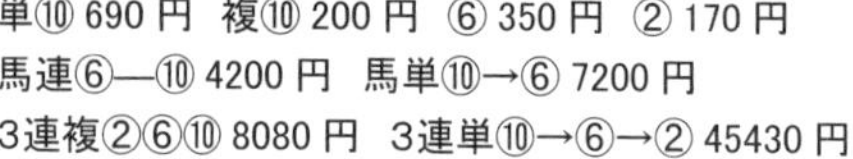
単⑩ 690円　複⑩ 200円　⑥ 350円　② 170円
馬連⑥—⑩ 4200円　馬単⑩→⑥ 7200円
3連複②⑥⑩ 8080円　3連単⑩→⑥→② 45430円

●2023年４月29日・新潟10Ｒ胎内川特別（４歳上２勝クラス、芝1800ｍ）

１～３位の和

203

（旧パターンでも1）

枠番	8	8	7	7	6	6	5
馬番	12	11	10	9	8	7	6
父	ゴスホークケン	ジャングルポケット	ディープインパクト	ディープインパクト	ジャングルポケット	ハーツクライ	ディスクリートキャット
馬名	カシノフォワード	マリノソフィア	グランスラムアスク	シーリアスラブ	ポッドヴァイン	ヴィヴァン	タガノチュール
性齢	騸5	牝6	牝4	牡7	牡4	牡5	牡5
母（母父）	セトウチダイヤ（○勝）タイキシャトル	レインボーシーカー（○勝）ダンスインザダーク	ジェニーサ（輸入）ストームキャット	シリアスアティテュード（輸入）ムトト	ポッドクヒオ（3勝）キングカメハメハ	キトゥンズクイーン（輸入）キトゥンズジョイ	アレキパ（○勝）スペシャルウィーク
	1	26	44	12	12	50	2
騎手	58秋山稔	56黛	56古川奈	58川又	58角田和	58富田	58斎藤
	2127	0124	2138	0004	0000	0000	0000
調教師	美蛯名利	美奥平	栗矢作	栗杉山佳	美小野	栗池江	栗西園翔
	5.2鹿900	2.26黒鹿900	3.11鹿900	5.1鹿900	3.29鹿900	2.25栗900	4.2栗900
馬主	柏木務	矢野恭裕	広崎利洋HD	吉田千津	小川真査雄	前田幸大	八木良司
生産者	サンローゼン	クラウン日高牧場	下河辺牧場	社台F	下屋敷牧場	ノースヒルズ	新冠タガノF
体重	430—436	448—462	456—458	452—468	412—416	484—490	454—482
	68.8	14.0	6.1	23.7	23.9	4.8	53.5
寸評	低迷続く	久々も注	ここ狙い	軽視禁物	どこまで	久々でも	もう少し

指数	1	2	3	4	5	6	7	8	9	10	11	12
10 R	⑤	②	⑦	⑩	①	④	⑪	⑨	③	⑧	⑥	⑫
	73	67	63	58	57	56	55	51	50	49	46	40

枠	馬番	馬名	指数	順位	印	騎手	着順
6	8	ポッドヴァイン	49	10位		角田和	
7	9	シーリアスラブ	51	8位		川又	
7	10	グランスラムアスク	58	4位	★SS軸	古川奈	1着
8	11	マリノソフィア	55	7位		黛	5着
8	12	カシノフォワード	40	12位	穴☆	秋山稔	

1着⑩グランスラムアスク（コンピ4位、4番人気）
※コンピ4位 58　古川奈穂★SS軸
2着⑥タガノチュール　（コンピ 11 位、6番人気）
3着②アラビアンナイト　（コンピ2位、2番人気）

新潟 **1** 3歳未勝利

発走＝9時50分

芝・外 1800メートル

好走枠 中枠　脚質 逃げ

レコード＝1・44・1 22年ジュンブロッサム

上位伯仲　平均ペース

枠馬番	2 白 1 1		4 黒 2 3		6 赤 3 5		8 青 4 7		5 9
父	カレンブラックヒル	アメリカンペイトリオット	ブラックタイド	シルバーステート	ミッキーアイル	マインドユアビスケッツ	ハービンジャー	ヴィクトワールピサ	バゴ
馬名 性齢	レアリーゼ 牡3	ネザーランドリマ 牝3	アイリーン 牝3	ゲンパチジャンヌ 牝3	ミッキーショック 牡3	エターナルスノー 牝3	クリスタルダムール 牝3	フライウィズミー 牝3	タイガーミノル 牡3
母（母の勝利・生産国）	ギブミーアチャンス(0勝)	ビバナポリ(0勝)	キューティゴールド(0勝)	ニシノプロミネンス(5勝)	ミッキーティナシー(1勝)	レットイットスノー(0勝)	シャルムダムール(0勝)	メイビーフォーエヴァー(輸入)	セブンシークィーン(5勝)
母父	エルコンドルパサー	グラスワンダー	フレンチデピュティ	ブライアンズタイム	ハービンジャー	ハーツクライ	ディープインパクト	ザフォニック	コロナドズクエスト
人気指数	1	48	54	42	4	1	2	80	28
木南	…	◎	○	△	…	…	…	☆	…
マイク	43 …	61 …	64 ▲	63 ◎	48 △	41 … B	47 △	79 …	55 ☆
本紙 水島	⑬ … 替	④ ▲	② ◎ 替	③ △ 替	⑩ … 替	⑮ … 替	⑪ … 替	① ☆	⑦ △
重量騎手	56菱田	51▲佐藤	51▲佐々木	54石橋	53▲西塚	54藤懸	53☆角田和	53☆横山琉	56荻野極
厩舎	美中川	美小桧山	栗安田翔	美西田	栗高橋亮	美岩戸	栗森田	美小島	栗北出
生月日毛色賞金	5.18青鹿0	4.11鹿0	1.19黒鹿0	4.22鹿0	2.29黒鹿0	2.2栗0	2.18鹿0	4. 2	2.28鹿0
馬主	ノルマンディー	小川敏夫	シルクR	平野武志	野田みづき	ノルマンディー	G1R	[illegible]	吉岡実
生産者	福田牧場	碧雲牧場	社台C白老F	山田牧場	坂東牧場	岡田S	追分F	ターレーJF	ゴールドアップC
1800持	福ダ1.49.9	中良1.49.1	京2.03.0	東1.34.8	函1.26.1	中ダ1.58.3	東1.36.9	東良1.46.8	京良1.47.2
千八芝	0000	0005	0000	0000	0000	0000	0000	0101	0001
前々走	1福4.16 11 ④未勝利 ダ1.49.9 56亀田4人	2中3.19 3 ⑧未勝利 東外1.36.5 51佐藤7人	1名1.29 5 ⑩新馬 京2.04.8 54鮫島駿6人	2中3.19 6 ⑧未勝利 東外1.36.8 54丹内10人	1阪2.11 12 ①新馬 ダ1.17.7 56中井11人	2中2.25 10 ①牝未勝 ダ1.58.9 54木幡巧7人		2中3.4 3 ③未勝利 東外1.34.7 52横山琉3人	1京4.22 12 ①未勝利 京内2.01.9 56池添10人
前走	2東4.29 11 ③未勝利 3歳C39.4 ダ1.40.6 56和田竜11人 16ト4ヲ 456 H⑦41.0 6 3 35 ウェイワード	1福4.9 7 ②未勝利 3歳C44.2 東1.51.6 51佐藤4人 16ト1ヲ 406 H⑫38.4 7 6 6 10 バレンタイン	2阪4.15 7 ⑦牝未勝 3歳B37.0 京内2.03.0 54北村友3人 16ト11ヲ 468 M⑧36.0 11 11 10 07 ナムララジベ	2東4.29 6 ③牝未勝 3歳坂53.4 東1.34.8 54坂井5人 12ト10ヲ 442 S⑫34.7 11 11 12 アルヴィエン	1新4.30 12 ②未勝利 3歳C38.3 函内1.26.1 55角田和10人 16ト12ヲ 452 H②35.5 15 15 27 エーデルサン	2中3.12 15 ⑥牝未勝 3歳坂55.3 ダ1.58.3 54木幡巧11人 16ト1ヲ 424 H⑦41.8 7 13 12 38 ウィンターダⓑ	4名6.4 8 ①新馬 2歳坂53.5 東1.36.9 54坂井9人 9ト5ヲ 426 S⑤35.8 3 3 3 15 11休ダイヤモ	3中3.25 7 1未勝利 3歳坂54.7 東外1.40.3 52横山琉3人 16ト8ヲ 422 H①38.9 5 7 8 21 ジュンフシナ	1京4.29 5 ③未勝利 3歳 連闘 東外1.47.2 56荻野極11人 13ト2ヲ 496 M⑧34.7 10 10 07 アースクロニ
芝左右新全 重回回潟成 成りり 績芝芝芝績	00000 00000 00000 01104	00000 00000 10101 04408	00000 00000 00000 11102	00000 00000 00000 11102	00000 00000 00000 11012	00000 00000 00000 00003	00000 00000 00000 01001	00000 01001 00101 12103	00000 00000 00000 02208
単予想オッズ	72.9	5.9	5.1	7.3	43.9	74.1	56.2	3.0	12.9
6F 5F 3F 1F 今回調教	4F55.2馬 美坂40.3な 26.5り 13.7C	83.4直 美W68.4強 39.4め 12.4C	— 馬 栗C71.2な 38.7り 11.8C	4F54.9馬 美坂39.3な 26.0り 13.4C	— 馬 栗C — な 38.8り 12.1C	— — 美P68.3杯 38.5追 11.6C	4F53.3— 栗坂38.5杯 25.2追 12.7C	85.1馬 美W69.9な 39.6り 12.1C	4F53.5— 栗坂38.9杯 25.2追 12.4C
短評	様子見か	好勝負だ	主力形成	末徹して	静観妥当	買えない	久々割引	むらだが	そろそろ

5	10	ビップピュアエース	46	12位		菊沢	
6	11	コウセイ	50	8位		原	5着
6	12	コスモスプモーニ	56	6位	★SS軸	松本	1着
7	13	ツワモノ	40	16位		水沼	
7	14	キタノマルティス	42	14位		小林脩	

●2023年５月14日・新潟１Ｒ(３歳未勝利、芝1800m)

指数	1	2	3	4	5	6	7	8	9	10	11	12	13	14	15	16
1R	⑧	③	④	②	⑮	⑫	⑨	⑪	⑯	⑤	⑦	⑩	①	⑭	⑥	⑬
	79	64	63	61	59	56	55	50	49	48	47	46	43	42	41	40

1着⑫コスモスプモーニ（コンピ6位、3番人気）
※コンピ6位 56 松本大輝★SS軸
2着⑧フライウィズミー　（コンピ1位、1番人気）
3着⑮スコプルス　　　　（コンピ5位、4番人気）

単⑫ 520 円　複⑫ 170 円　⑧ 130 円　⑮ 180 円
馬連⑧―⑫ 960 円　馬単⑫→⑧ 2150 円
3連複⑧⑫⑮ 1820 円　3連単⑫→⑧→⑮ 9830 円

●著者紹介

田中洋平(たなか　ようへい)

1976年、奈良県出身。日本で唯一の日刊スポーツ「公認」コンピ研究家。著書に『新コンピ・アナライズ　ゾーンレベル』(ＫＫベストセラーズ)、『日刊コンピ　テクニカル6バージョンα』『日刊コンピ断層インパクト!』『日刊コンピ　テクニカル6ハイブリッド!』(いずれも秀和システム刊)。日刊スポーツの競馬サイト『極ウマ・プレミアム』でテクニカル6予想などを連載中。

●『極ウマ・プレミアム』http://p.nikkansports.com/goku-uma/

田中洋平の連載ほか、開催前日の「日刊コンピ指数」公開もあり。

●田中洋平主宰のコンピサイト『ニッカンコンピ激勝馬券倶楽部』

http://www.compi-a.com

田中が自ら運営するサイト。豊富な予想コンテンツに大人気のメルマガもこちらから。

日刊(にっかん)コンピ新(しん)テクニカル6(シックス)

発行日　2023年6月29日　第1版第1刷

著　者　田中洋平(たなかようへい)&日刊(にっかん)コンピ研究(けんきゅう)チーム

発行者　斉藤　和邦

発行所　株式会社　秀和システム
〒135－0016
東京都江東区東陽2-4-2　新宮ビル2Ｆ
Tel 03-6264-3105（販売）　Fax 03-6264-3094

印刷所　三松堂印刷株式会社　Printed in Japan

ISBN978-4-7980-7040-7 C0075